现代公民法律实用丛书

百姓身边的法律服务 MODERN CIVIL LAW 常用法律常识速查速用

（应用版）

物业管理法规实用案例

徐运全／主编

增强法律观念·提高维权意识

内蒙古人民出版社

图书在版编目(CIP)数据

物业管理法规实用案例/徐运全编著. -呼和浩特:内蒙古人民出版社,2016.7

(现代公民法律实用丛书/徐运全主编)

ISBN 978-7-204-14204-0

Ⅰ.①物… Ⅱ.①徐… Ⅲ.①物业管理-法规-基本知识-中国 Ⅳ.①D922.181

中国版本图书馆CIP数据核字(2016)第184339号

现代公民法律实用丛书·物业管理法规实用案例

主　　编 徐运全
编　　著 徐运全
责任编辑 王　静
责任校对 杜慧婧
责任监印 王丽燕
封面设计 宋双成
出版发行 内蒙古人民出版社
地　　址 呼和浩特市新城区中山东路8号波士名人国际B座
网　　址 http://www.nmgrmcbs.com
印　　刷 北京龙跃印务有限公司
开　　本 710mm×1000mm　1/16
印　　张 18.25
字　　数 290千
版　　次 2016年9月第1版
印　　次 2019年11月第2次印刷
印　　数 1—7000册
书　　号 ISBN 978-7-204-14204-0/D·289
定　　价 35.00元

如发现印装质量问题,请与我社联系。联系电话:(0471)3946120

目　　录
CONTENTS

物业与物业管理

物　业

物业的称谓最先在香港地区流行，这是当地对房地产的俗称。在我国内地进行社会主义市场经济改革之前，由于我国实行的是计划经济体制，现代意义上的物业在我国内地基本上没有什么立足之地。在我国开始进行社会主义市场经济改革之初，物业的概念传入了我国内地并越来越广泛的被人所熟知。

物业对应的英文字母是“REALESTATE”或者“REALPROPERTY”，其含义是财产、资产、拥有物、房地产的意思。在我国内地，首先给“物业”界定概念的立法是深圳市1994年制定的《深圳经济特区住宅物业管理条例》，其第二条第二款规定，“本条例所称的物业，是指住宅区内各类房屋及相配套的共用设施、设备和相关场地。”

我国新颁布的《物业管理条例》第二条规定：“本条例所称物业管理，是指业主通过选聘物业管理企业，由业主和物业企业按照物业管理合同的约定，对房屋及配套的设施设备和相关场地进行维修、养护、管理，维护相关区域内的环境卫生和秩序的活动。”从中可以看出，在我国，物业的含义是指房屋及配套的设施设备和相关场地。物业可大可小，它是按照一定的区域划分的，某一特定区域内的房屋及配套的设施设备和相关的场地都是某一物业的范围。

物业管理

《物业管理条例》第二条规定：“本条例所称物业管理，是指业主通过选聘物业管理企业，由业主和物业管理企业按照物业服务合同约定，对房屋及配套的设施设备和相关场地进行维修、养护、管理，维护相关区域内的环境卫生和秩序的活动。”这是我国现有的法规对物业管理作出的最权威的定义。根据《物业管理条例》对物业管理的界定，物业管理概念可以从以下几个方面进行理解：

首先，物业管理的对象物业，它包括房屋及配套的设施设备和相关场地。

物业管理的物业所指向的房屋及配套的设施设备和相关场地不是没限制的，它是在一定的区域内的，超出了一定的区域范围就可能不是本物业管理区域的范围，而是其他物业的范围。

从《物业管理条例》的适用范围来看，物业管理的范围是相当广泛的：1.《物业管理条例》调整的对象既包括住宅物业，也包括非住宅物业，例如写字楼、商场等。2.《物业管理条例》适用的范围并不仅适用于城市中的物业管理，还适用于乡村的物业管理。一般情况下，乡村的物业管理活动相对城市来说要少得多，因为乡村大部分是独立的房子，没有大片的房屋，一般情况下用不着聘用物业管理企业进行管理。但是当前，随着经济的迅速发展，我国沿海许多乡村开始城镇化，出现了物业管理的需求。这些物业管理活动都适用《物业管理条例》。

其次，物业管理活动的内容就是对物业进行维修、养护、管理等活动，以保证相关区域内良好的环境卫生和秩序。

物业管理企业进行的物业管理活动主要有两方面的内容：一是对房屋及配套的设施设备和相关场地进行维修、养护、管理；二是维护物业相关区域内的环境卫生和秩序，包括保安、保洁、绿化、交通及车辆管理等活动。

再次，物业管理活动实现的方式是由业主大会选聘物业管理企业对物业进行管理、提供服务。

在实践中，业主可以通过不同的方式实现物业管理，这大致有三种方式：一是业主自行对物业进行管理；二是业主将不同的物业管理内容委托给不同的物业管理企业或者专门的服务企业进行管理；三是业主选聘物业管理企业对物业进行全面管理。但《物业管理条例》调整的物业管理仅指第三种方式，即由业主选聘物业管理企业对物业进行管理。通过其他两种方式对物业进行管理由其他的法律法规进行调整。

这里须明确的是，业主有权选择适合自己的方式管理自己的物业。但是，一旦业主通过选聘物业管理企业的方式来对物业进行管理，业主及其物业管理企业所进行的活动就应当遵从《物业管理条例》的规定。

最后，业主及其物业管理企业进行物业管理活动的基础和前提是物业服务合同。

物业服务合同是业主和物业管理企业就双方在物业管理活动中的权利义务所达成的协议。只有在物业服务合同的基础上，物业管理企业对某一物业进行管理才有了依据，物业管理企业和业主的权利义务都直接来自于物业服务合同的约定。对于物业管理企业来说，没有物业服务合同，就没有物业管理活动。对于业主来说，物业服务活动也确立了业主在具体的物业管理活动种所享有的权利及承担的义务。业主进行的活动也应当符合物业服务合同的约定，违反物业服务合同的约定，业主得承担相应的违约责任。

业　主

《物业管理条例》第六条第一款规定："房屋的所有权人为业主。"业主，顾名思义就是物业的主人，《物业管理条例》将业主定义为房屋的所有权人。因此，判断一个人是否为某一物业区域的业主就是以该人是否为该物业区域内房屋的所有人为标准通过。只要你是该物业小区房屋的所有权人，那么你就是该小区的业主，反之，则不是。

一旦成为小区的业主，在小区的物业管理活动中就享有一定的权利并承担相应的义务。《物业管理条例》第六条第二款规定："业主在物业管理活动中，享有下列权利：1. 按照物业服务合同的约定，接受物业管理企业提供的服务；2. 提议召开业主大会会议，并就物业管理的有关事项提出建议；3. 提出制定和修改业主公约、业主大会议事规则的建议；4. 参加业主大会会议，行使投票权；5. 选举业主委员会委员，并享有被选举权；6. 监督业主委员会的工作；7. 监督物业管理企业履行物业服务合同；8. 对物业共用部位、共用设施设备和相关场地使用情况享有知情权和监督权；9. 监督物业共用部位、共用设施设备专项维修资金（以下简称专项维修资金）的管理和使用；10. 法律、法规规定的其他权利。”

业主承担相应的义务在《物业管理条例》第七条中作出了规定：“业主在物业管理活动中，履行下列义务：1. 遵守业主公约、业主大会议事规则；2. 遵守物业管理区域内物业共用部位和共用设施设备的使用、公共秩序和环境卫生的维护等方面的规章制度；3. 执行业主大会的决定和业主大会授权业主委员会作出的决定；4. 按照国家有关规定缴纳专项维修资金；5. 按时缴纳物业服务费用；6. 法律、法规规定的其他义务。”

业主大会

业主大会由物业管理区域内的全体业主组成。《物业管理条例》第八条规定：“物业管理区域内全体业主组成业主大会。业主大会应当代表和维护物业管理区域内全体业主在物业管理活动中的合法权益。”业主大会是基于物业管理区域内物业在构成、权利归属及使用上不可分离的共同关系而产生的。只要是物业管理区域内的业主，都享有参加业主大会、对物业共同事项进行管理的权利。业主大会成立以后入住的业主自动成为业主大会的成员。

业主大会成立后，业主主要通过业主大会这一机制实现对全体业主共同利益事项的管理。业主大会不仅仅要通过会议的形式对有关物业管理的重要事项作出决定，更应当代表和维护物业管理区域内全体业主在物业管理活动中的合法权益。广大业主通过业主大会的集体决策，以主人公的身份参加物业管理，并集中全体业主的智慧，共同创造整洁优美、环境舒适、文明健康的物业环境。业主大会有以下特征：

首先，业主大会由全体业主组成，只要是小区的业主就有权参与业主大会。除非授权他人代为行使表决权，只有业主才能参加业主大会并行使表决权。在召开业主大会会议时，如果业主不能全部参加，也应该达到法定的数额，业主大会的召开才有效。

其次，业主大会是对物业区域内的物业管理活动的一个决策机构。在物业区域内，重大的物业管理活动事项都应该由业主大会进行决策。

再次，业主大会进行决策须按照一定的规则进行表决，如果表决违反约定或者违反法律的规定，那么表决的结果是无效的。

最后，业主大会进行活动的目的是为了全体业主的共同利益，业主大会的活动范围仅限于物业管理活动中的事项，超过这一范围进行的活动是无效的。业主大会有一定的职责范围，《物业管理条例》第十一条规定："业主大会履行下列职责：1. 制定、修改业主公约和业主大会议事规则；2. 选举、更换业主委员会委员，监督业主委员会的工作；3. 选聘、解聘物业管理企业；4. 决定专项维修资金使用、续筹方案，并监督实施；5. 制定、修改物业管理区域内物业共用部位和共用设施设备的使用、公共秩序和环境卫生的维护等方面的规章制度；6. 法律、法规或者业主大会议事规则规定的其他有关物业管理的职责。"

业主委员会

业主委员会是经业主大会选举产生并经房地产行政主管部门登记、在物业管理活动中代表和维护全体业主合法权益的组织。业主委员会是业主大会的常设执行机构，具有如下特点：

首先，业主委员会的成员是由业主组成的，非业主在我国现行的法律中不能选举成为业主委员会成员。《物业管理条例》第十六条规定："业主委员会应当自选举产生之日起30日内，向物业所在地的区、县人民政府房地产行政主管部门备案。业主委员会委员应当由热心公益事业、责任心强、具有一定组织能力的业主担任。业主委员会主任、副主任在业委员会委员中推选产生。"

其次，业主委员会是由业主大会选举产生的。它是业主大会的常设机构和执行机构，向业主大会负责，它的行为应该代表绝大多数业主的愿望。

再次，业主委员会应维护全体业主的合法权益。业主委员会作为业主大会的常设机构和执行机构，理应维护全体业主的合法权益，这也是业主委员会设置的初衷。

最后，业主委员会应向物业所在地的区、县人民政府房地产行政主管部门备案。这样，以便政府行政主管部门对业主委员会的情况进行必要的了解和掌握，方便政府行政主管部门通过业主委员会对相应的物业进行必要的监督和管理。在此，应注意的只是对业主委员会进行备案，而不是审核登记，因此，业主委员会自成立时起便具有合法的地位，并不需要行政主管部门审核批准。

业主委员会是业主大会的执行机构，是为维护广大业主的合法权益而设立的，因此业主委员会成立后，就应履行相应的职责。《物业管理条例》第十五条规定："业主委员会是业主大会的执行机构，履行下列职责：1. 召集业主大会会议，报告物业管理的实施情况；2. 代表业主与业主大会选聘的物业管理企业签订物业服务合同；3. 及时了解业主、物业使用人的意见和建议，监督和协助物业管理企业履行物业服务合同；4. 监督业主公约的实施；5. 业主大会赋予的其他职责。"

业主的权利和义务

业主在物业管理活动中，享有下列权利：

1. 按照物业服务合同的约定，接受物业管理企业提供的服务；

2. 提议召开业主大会会议，并就物业管理的有关事项提出建议；

3. 提出制定和修改业主公约、业主大会议事规则的建议；

4. 参加业主大会会议，行使投票权；

5. 选举业主委员会委员，并享有被选举权；

6. 监督业主委员会的工作；

7. 监督物业管理企业履行物业服务合同；

8. 对物业共用部位、共用设施设备和相关场地使用情况享有知情权和监督权；

9. 监督物业共用部位、共用设施设备专项维修资金（以下简称专项维修资金）的管理和使用；

10. 法律、法规规定的其他权利。

业主在物业管理活动中，履行下列义务：

1. 遵守业主公约、业主大会议事规则；

2. 遵守物业管理区域内物业共用部位和共用设施设备的使用、公共秩序和环境卫生的维护等方面的规章制度;

3. 执行业主大会的决定和业主大会授权业主委员会作出的决定;

4. 按照国家有关规定缴纳专项维修资金;

5. 按时缴纳物业服务费用;

6. 法律、法规规定的其他义务。

非业主使用人，指不具有物业管理的所有权，但是对物业享有使用权，并依照合同、法律规定能够行使业主的部分权利的人。非业主使用人主要是承租人。根据《物业管理条例》第四十八条规定，物业使用人在物业管理活动中的权利义务由业主和物业使用人约定，但不得违反法律、法规和业主公约的有关规定。物业使用人违反本条例和业主公约的规定，有关业主应当承担连带责任。

业主大会的职责

物业管理区域内全体业主组成业主大会。业主大会应当代表和维护物业管理区域内全体业主在物业管理活动中的合法权益。一个物业管理区域成立一个业主大会。

物业管理区域的划分应当考虑物业的共用设施设备、建筑物规模、社区建设等因素。具体办法由省、自治区、直辖市制定。

1. 业主大会的筹备

同一个物业管理区域内的业主，应当在物业所在地的区、县人民政府房地产行政主管部门的指导下成立业主大会，并选举产生业主委员会。但是，只有一个业主的，或者业主人数较少且经全体业主一致同意，决定不成立业主大会的，由业主共同履行业主大会、业主委员会职责。业主在首次业主大会会议上的投票权，根据业主拥有物业的建筑面积、住宅套数等因素确定。具体办法由省、自治区、直辖市制定。

业主筹备成立业主大会的，应当在物业所在地的区、县人民政府房地产行政主管部门和街道办事处（乡镇人民政府）的指导下，由业主代表、建设单位（包括公有住房出售单位）组成业主大会筹备组（以下简称筹备组），负责业主大会筹备工作。筹备组成员名单确定后，以书面形式在物业管理区域内公告。

筹备组应当做好下列筹备工作：

（1）确定首次业主大会会议召开的时间、地点、形式和内容；

（2）参照政府主管部门制订的示范文本，拟定《业主大会议事规则（草案）》和《业主公约（草案）》；

（3）确认业主身份，确定业主在首次业主大会会议上的投票权数；

（4）确定业主委员会委员候选人产生办法及名单；

（5）做好召开首次业主大会会议的其他准备工作。

上述（1）、（2）、（3）、（4）项的内容应当在首次业主大会会议召开15日前以书面形式在物业管理区域内公告。

业主在首次业主大会会议上的投票权数，按照省、自治区、直辖市制定的具体办法确定。筹备组应当自组成之日起30日内在物业所在地的区、县人民政府房地产行政主管部门的指导下，组织业主召开首次业主大会会议，并选举产生业主委员会。

2. 业主大会的职责

业主大会履行下列职责：

（1）制定、修改业主公约和业主大会议事规则；

（2）选举、更换业主委员会委员，监督业主委员会的工作；

（3）选聘、解聘物业管理企业；

（4）决定专项维修资金使用、续筹方案，并监督实施；

（5）制定、修改物业管理区域内物业共用部位和共用设施设备的使用、公共秩序和环境卫生的维护等方面的规章制度；

（6）法律、法规或者业主大会议事规则规定的其他有关物业管理的职责。

3. 业主大会会议

业主大会会议分为定期会议和临时会议。业主大会定期会议应当按照业主大会议事规则的规定由业主委员会组织召开。有下列情况之一的，业主委员会应当及时组织召开业主大会临时会议：

（1）20%以上业主提议的；

（2）发生重大事故或者紧急事件需要及时处理的；

（3）业主大会议事规则或者业主公约规定的其他情况。

发生应当召开业主大会临时会议的情况，业主委员会不履行组织召开会议职责的，区、县人民政府房地产行政主管部门应当责令业主委员会限期召开。业主委员会应当在业主大会会议召开15日前将会议通知及有关材料以书面形式在物业管理区域内公告。住宅小区的业主大会会议，应当同时告知相关的居民委员会。

业主因故不能参加业主大会会议的，可以书面委托代理人参加。

业主大会会议可以采用集体讨论的形式，也可以采用书面征求意见的形式；但应当有物业管理区域内持有1/2以上投票权的业主参加。

物业管理区域内业主人数较多的，可以幢、单元、楼层等为单位，推选一名业主代表参加业主大会会议。推选业主代表参加业主大会会议的，业主代表应当于参加业主大会会议3日前，就业主大会会议拟讨论的事项书面征求其所代表的业主意见，凡需投票表决的，业主的赞同、反对及弃权的具体票数经本人签字后，由业主代表在业主大会投票时如实反映。业主代表因故不能参加业主大会会议的，其所代表的业主可以另外推选一名业主代表参加。

业主大会作出决定，必须经与会业主所持投票权1/2以上通过。业主大会作出制定和修改业主公约、业主大会议事规则、选聘、解聘物业管理企业、专项维修资金使用、续筹方案的决定，必须经物业管理区域内全体业主所持投票权2/3以上通过。

业主大会会议应当由业主委员会作书面记录并存档。

业主大会作出的决定对物业管理区域内的全体业主具有约束力。业主大会的决定应当以书面形式在物业管理区域内及时公告。

业主委员会的职责

业主委员会是业主大会的执行机构，业主委员会应当自选举产生之日起3日内召开首次业主委员会会议，推选产生业主委员会主任1人，副主任1~2

人。业主委员会应当自选举产生之日起30日内，将业主大会的成立情况、业主大会议事规则、业主公约及业主委员会委员名单等材料向物业所在地的区、县人民政府房地产行政主管部门备案。业主委员会备案的有关事项发生变更的，依照前款规定重新备案。

1. 业主委员会的条件

根据规定，业主委员会委员应当符合下列条件：

（1）本物业管理区域内具有完全民事行为能力的业主；

（2）遵守国家有关法律、法规；

（3）遵守业主大会议事规则、业主公约，模范履行业主义务；

（4）热心公益事业，责任心强，公正廉洁，具有社会公信力；

（5）具有一定组织能力；

（6）具备必要的工作时间。

2. 业主委员会的职责

业主委员会履行以下职责：

（1）召集业主大会会议，报告物业管理的实施情况；

（2）代表业主与业主大会选聘的物业管理企业签订物业服务合同；

（3）及时了解业主、物业使用人的意见和建议，监督和协助物业管理企业履行物业服务合同；

（4）监督业主公约的实施；

（5）业主大会赋予的其他职责。

同时，业主委员会应当督促违反物业服务合同约定逾期不缴纳物业服务费用的业主，限期缴纳物业服务费用。

3. 业主委员会会议

经1/3以上业主委员会委员提议或者业主委员会主任认为有必要的，应当及时召开业主委员会会议。业主委员会会议应当作书面记录，由出席会议的委员签字后存档。业主委员会会议应当有过半数委员出席，作出决定必须经全体委员人数半数以上同意。业主委员会的决定应当以书面形式在物业管理区域内及时公告。

4. 业主委员会的任期、变更和终止

业主委员会任期届满2个月前，应当召开业主大会会议进行业主委员会的换届选举；逾期未换届的，房地产行政主管部门可以指派工作人员指导其换届工作。原业主委员会应当在其任期届满之日起10日内，将其保管的档案资料、印章及其他属于业主大会所有的财物移交新一届业主委员会，并做好交接手续。

经业主委员会或者20%以上业主提议，认为有必要变更业主委员会委员的，由业主大会会议作出决定，并以书面形式在物业管理区域内公告。

业主委员会委员有下列情形之一的，经业主大会会议通过，其业主委员会委员资格终止：

（1）因物业转让、灭失等原因不再是业主的；

（2）无故缺席业主委员会会议连续3次以上的；

（3）因疾病等原因丧失履行职责能力的；

（4）有犯罪行为的；

（5）以书面形式向业主大会提出辞呈的；

（6）拒不履行业主义务的；

（7）其他原因不宜担任业主委员会委员的。

业主委员会委员资格终止的，应当自终止之日起3日内将其保管的档案资料、印章及其他属于业主大会所有的财物移交给业主委员会。

业主公约

业主公约是物业管理区域内的全体业主就房屋及配套的设施设备和相关场地的管理、使用、维护及所有关系等方面所达成的书面形式的自治规则。《物业管理条例》第十七条规定："业主公约应当对有关物业的使用、维护、管理，业主的共同利益，业主应当履行的义务，违反公约应当承担的责任等事项依法作出约定。业主公约对全体业主具有约束力。"

业主公约纯属自治性的规范，由物业区域内的全体业主按照一定的程序共同制定，对全体业主具有普遍约束力，它一般以书面形式订立。业主公约作为业主对物业管理区域内一些重大事务的共同性约定和允诺，作为业主自我管理的一种重要形式和手段。要求全体业主共同遵守。业主公约是物业管理法律法规和政策的一种有益的补充，是有效调整业主之间权利与义务关系的基础性文件。要形成和谐有序的物业管理秩序，必须充分发挥业主公约的重要作用。

业主公约有以下特点：

首先，业主公约是全体业主通过业主大会制定的，对全体业主都有约束力。在物业管理中，我们提倡物业区域内全体业主进行自治管理，业主公约是业主自治的规则，它是业主自己制定的、规范小区秩序的最高的准则，全体业主都应当遵守。

其次，业主公约是对房屋及配套的设施设备和相关场地的管理、使用、维护及所有关系等方面作出的规定。因此，业主公约约定的对象范围是有一定限制的。一般情况下，业主公约中有以下主要内容：1. 有关物业的基本情况，如物业的名称、地点、面积等；有关物业的使用、维护、管理，如业主对自有房屋进行装修时应当遵守的规则等。2. 业主的共用部分的划分及其共同利益的确定。既要确定物业管理区域共用部分的范围或者各自持有的比例，也要确定对物业共用部位、共用设施设备的使用和保护，利用物业共同部位获得收益的分配；对公共秩序、环境卫生的维护等内容。3. 业主应当履行的义务。如遵守物业管理区域内的规章制度；按照国家有关规定缴纳专项维修资金；按时缴纳物业服务费用；不得擅自改变建筑物及其设施设备的结构、外貌、设计用途等。4. 违反公约应当承担的责任。确定业主不履行业主公约约定的义务要承担相应的民事责任。在违约责任中还要明确解决争议的办法，如通过业主委员会或者物业管理企业调解和处理等，业主不服调解和处理的可通过诉讼渠道解决。

最后，业主公约以书面的形式出现。公约必须以书面的形式作出，以供大家熟知并得到遵守。

业主临时公约

业主临时公约是在销售物业之前。由建设单位就有关物业的使用、维护、管理业主的共同利益，业主应履行的义务制定的规则。《物业管理条例》第二十二条规定：“建设单位应当在销售物业之前，制定业主临时公约。对有关物业的使用、维护、管理业主的共同利益，业主应当履行的义务，违反公约应当承担的责任等事项依法作出约定。建设单位制定的业主临时公约，不得侵害物业买受人的合法权益。”

通常情况下，业主公约是由业主大会筹备组草拟，经首次业主大会会议审议通过的。但是物业建成后，业主的入住是一个逐渐的过程，业主大会并不能马上成立。基于物业的正常使用和已经入住业主共同利益的考虑，需要制定业主共同遵守准则的需要，建设单位作为物业的主要的业主，一般就由它来制定业主临时公约。

业主临时公约有以下特点：

首先，制定业主临时公约的主体是建设单位。这与业主公约的制定不一样，业主公约是由全体业主通过业主大会制定的，而业主临时公约则是由物业销售之前的一个大业主——建设单位制定的。这是因为建设单位在物业销售之前是物业的唯一业主，而且建设单位这种业主的身份将一直延续到物业全部销售完毕，因此，由建设单位制定业主临时公约是合理的。

其次，制定业主临时公约的时间是在销售物业之前。因为，如果有其他业主入住，就会涉及业主之间在物业使用、维护、管理等方面权利义务的行使，因此，业主需要提前知晓业主临时公约的内容，以便能从入住时起就遵守公约的规范。另外，在实践中，建设单位一般将业主临时公约作为物业买卖合同的附件，或者在物业买卖合同中明确要求物业买受人遵守业主临时公约，这在客观上就要求业主临时公约应当在物业销售前制定。而且，在物业销售之前，建设单位制定临时公约有合理的根据，如果在物业销售过程或者售完之后，物业的业主就不仅仅是建设单位了，还有其他许多的业主，这样的话，由建设单位制定业主临时公约也就失去了合理的根据。

最后，业主临时公约的内容与业主公约的内容相同，即对有关物业的使用、维护、管理业主的共同利益，业主应当履行的义务，违反公约应当承担责任等事项依法作出约定，但是法律对业主临时公约内容作了一定的限制，即不得侵害物业买受人的合法权益。

物业管理包括哪些方面

物业即产业，是指已经建设完工并且投入使用的各类房屋建筑物以及与之相配套的附属物和相关的场地。物业大多数是指房地产，如公寓小区、商业大厦、写字楼、办公楼、工厂厂房以及厂区场地等。物业的所有权人，简称业主。

所谓物业管理，就是指物业管理企业按照物业服务合同的约定，通过对房屋以及与之相配套的设备、设施和相关场地进行专业化维修、养护、管理，以及维护相关区域内环境卫生和公共秩序，为业主提供服务的活动。

物业管理的基本内容按照物业管理企业服务的性质和服务的方式，可以分为三大类，即常规性的公共服务、针对性的专项服务和委托性的特约服务。第一大类常规性的公共服务，是物业管理企业最基本的并且必须做好的工作。主要有：1. 房屋建筑主体的管理及住房装修的日常监督；2. 房屋设备、设施的管理；3. 环境卫生的管理；4. 绿化管理；5. 配合公安和消防部门做好住宅区域内公共秩序和安全防范工作；6. 车辆道路管理；7. 公众代办性质的服务。第二大类针对性的专项服务和第三大类委托性的特约服务，是物业管理企业根据自身能力和业主的要求经协商确定的，如日常生活类服务、经纪代理中介服务、金融服务等。

物业管理公司的权利和义务

根据《物业管理条例》规定，从事物业管理活动的企业应当具有独立的法人资格。国家对从事物业管理活动的企业实行资质管理制度。具体办法由国务院建设行政主管部门制定。从事物业管理的人员应当按照国家有关规定，取得职业资格证书。

物业管理公司在物业管理中的权利、义务主要根据物业管理合同和物业管理有关法律、法规确定。

物业管理公司在物业管理中的权利主要有以下几点：

1. 有权对物业实施综合管理。物业的综合管理是指对物业本身及对物业环境、公用部位和出入该物业区域内的人和物进行的管理。通常包括对物业及其设备的维修管理、环境清洁管理、绿化管理、消防管理、治安管理、来往进出车辆及人员管理等。物业管理企业对物业实施综合管理的权利，来源于物业管理企业与业主委员会订立的物业管理合同和小区管理办法。物业管理合同明确了物业管理企业的职责权限，据此，物业管理企业行使权力，发挥作用，实现管理职能和管理目的。

2. 有权收取管理费用。物业管理企业是营利性企业单位，它以自己对物业的管理即劳动为业主服务，取得服务报酬是理所当然的。物业管理费用，应当按照物业管理合同和政府有关规定收取，遵循合理、公开及与管理服务水平相适应的原则。

3. 有权制止违反规章制度的行为。物业管理的规章制度是业主、业主大会和物业管理企业共同订立的，有利于物业管理区域内生活秩序、生产秩序和各项工作的顺利进行。任何违反物业规章制度的行为，实际都是对全体业主的权利的严重侵犯。物业管理企业作为管理小区的负有职责的单位，理应有权制止任何违反规章制度的行为，以维护全体业主的合法权益。

4. 有权要求业主委员会协助管理。物业管理区域内，涉及的管理面、涉及的单位、涉及的人际关系都非常广泛而且复杂，为了及时解决矛盾，防止扩大纠纷，更好地完成管理任务，物业管理企业有权就业主中的一些妨碍物业管理工作的问题等，要求业主委员会协助管理，帮助处理并解决问题。业主委员会也有义务协助而不应推托不理。

5. 有权选聘专营公司承担专项管理业务。物业管理企业是专业性的物业管理经营实体，它是将维修、保安、水电、绿化、卫生等分散的社会职能汇集起来，统一管理和服务。但这并不意味着所有这些职能的具体服务都只能由物业管理企业独自承担。为了更有效地为业主服务，物业管理企业有权委托专营性服务公司，如保安公司、清洁公司、绿化公司等来完成各项专门服务，以提高经济效益。物业管理企业本身职能则以管理为主。当然，有些规模较大的物业管理企业，下设各种专业服务队伍，可独立完成各类服务，充分发挥其优势。

6. 有权实行多种经营，以其收益补充物业管理经费。物业管理企业根据管理区域内不同层次业主的要求，提供优质服务，收取与此相应的费用，争取经济盈利。但是，根据实际状况，单依靠服务性收费，恐难应付大量的经费支出。因此，在法律许可的前提下，在不影响优质服务的同时，物业管理企业还可广开财路，实行多种经营，如开放夜间停车、花卉苗圃、装潢、家电维修与安装、健身房、娱乐场、餐饮等，力求有较好的经济效益，补充物业管理经费，从而扩大物业管理规模，取得良性循环。

物业管理公司在物业管理中的义务主要有以下几点：

1. 履行物业管理合同，依法经营。物业管理合同是业主委员会和物业管理企业就物业管理服务内容等作出明确规定的具有法律约束力的协议。物业管理企业必须全面、认真负责地履行管理合同所确认的各种服务事项、服务质量及服务费用，这是取信于业主，立足于物业管理服务的根本所在，也是物业管理企业赖以生存发展的基本条件。当然，物业管理企业必须严格按照法律规定经营自己的业务，比如必须具有物业管理企业的资质，必须符合经营范围等。

2. 接受业主、业主委员会的监督。物业管理企业与业主、业主大会的关系，归根结底是委托与被委托、服务与被服务的关系。委托人应尽职于被委托人，服务者应忠实于被服务者。因而，物业管理企业理应接受业主、业主委员会的监督。

3. 重大管理措施应当提交业主、业主委员会审议并认可。一般情况下，根据物业管理服务合同，物业管理企业有权采取各种管理措施。但是，如果某项管理措施涉及面广，影响较大，则需预先提请业主、业主大会讨论审议并认可，取得共识才行。否则，重大管理措施往往被业主误解而得不到广泛支持，致使措施落空。另外，未经认可的重大措施，在性质上讲是无效的。

4. 接受房地产行政主管部门、有关行政主管部门及物业所在地人民政府的监督指导。物业管理企业的主管部门是各级政府的房地产行政部门。同时，物业管理企业下属的各专业服务部门如保安、环保、卫生、绿化等必须接受相关的行政主管部门的监督指导。政府部门不直接参与物业管理企业的经营服务管理，而是通过法规等来规范物业管理企业的管理范围、管理内容和管理性质，并对物业管理企业的经营活动实行监督和指导，积极推动物业管理工作健康发展。

如何选择物业管理公司

第一，要看你未来的“管家”是否拥有《物业管理资质合格证书》，合法的身份是得到优质服务的前提和保障。

第二，物业公司的经营规模也是应该关心的重要问题。如果一家公司同时管理包括别墅、写字楼、各种类型商品房等多种类型的物业，说明其实力雄厚，根基牢固，无疑让人放心。而且，物业管理公司的管理面积大，必然促使其内部体制趋向完善、专业分工更加细致，这也就意味着业主能得到全面的专业化服务。

第三，有着丰富经验的物业管理公司无疑是最好的选择。尤其是一些著名的物业管理公司，凭借多年的管理经验，在服务上更能贴近业主的想法和需求。

怎样选举业主委员会委员

《物业管理条例》规定，业主有权选举业主委员会委员，并且有选举权和被选举权。业主委员会是经业主大会选举产生并且经房地产主管部门登记，在物业管理活动中代表和维护全体业主合法权益的组织。业主委员会是一个物业管理区域中长期存在的，代表业主行使业主自治管理权的机构。除法律规定的情形外，任何业主在其所生活和拥有物业的辖区内，都有权推举他人成为业主委员会委员，同时也有被他人选举成为业主委员会委员的权利。

当然，依照我国《民法通则》的规定，能够成为业主委员会委员的，应当具有完全的民事行为能力。也就是说，精神病人、智力障碍者、未成年人不能成为业主委员会委员。业主既享有选举权，相应地也享有罢免权，有权提出罢免业主委员会成员。

业主、业主大会、业主委员会之间的关系

业主大会及其执行机构业主委员会代表着业主的利益。在物业服务合同的履行过程中应当为业主的利益服务，与业主一起监督物业管理企业的物业管理活动，这时三者的权利是完全一致的。

但是在物业服务合同的履行过程中，它们的权利和义务往往又是分开的。这时业主委员会应当帮助业主正确地行使权利，及时地履行义务。在业主权利受到侵害时，业主委员会应当积极与物业管理企业沟通，调解双方的矛盾，维护业主的合法权利；在业主不积极履行义务时，业主委员会则应当予以督促，帮助物业管理企业收取费用等。

在物业服务合同履行过程中，还应当明确业主大会和业主委员会的权利、职责，既应当相互配合，共同行使权利维护业主利益，同时还应当注意分工，尊重各自的权限，不能行使属于对方的权利，做到既能分工明确又能相互配合。

业主大会召开的程序

业主大会筹备工作完成后，便应当由筹备组组织召开第一次业主大会，第一次业主大会一般按照以下程序进行：

1. 筹备情况介绍。由业主大会筹备组成员代表筹备组向全体业主介绍业主大会筹备的情况，业主对不明事项可以提问，由筹备者作答。

2. 业主委员会候选人提名。由业主大会筹备组成员代表筹备组介绍业主委员会候选人的基本情况，候选人也可以作自我介绍。

3. 审议、通过业主大会议事规则。业主大会议事规则由筹备组起草，在广泛征求业主意见的基础上形成。在第一次业主大会时提交全体业主讨论通过。

4. 选举产生业主委员会委员。由全体业主通过投票的方式选举业主委员会成员，在此基础上明确分工，形成业主委员会。

5. 在新产生的业主委员会的主持下审议、通过其他与物业管理相关的必须由业主大会通过的重大事项。

在第一次业主大会上，建设单位还应当做物业管理前期工作报告，物业管理企业还应当做物业承接验收情况的报告。

应对物业服务合同中的“霸王条款”

由于我国物业管理行业还没有真正走向市场，物业活动不够规范，在实践中，某些物业管理企业在合同中罗列“霸王条款”的现象就比较突出，例如，梅河口市某小区物业管理公司在供热合同中规定：“供热温度平均不低于15℃”；通化市某物业管理公司规定：“对欠交物业管理费6个月以上的住户，物业公司有权停水停电。”

通常，人们所称的“霸王条款”是指在消费领域内，商家在格式合同中罗列的一些对消费者不利的格式条款。消费者由于对某商品的需求只能予以接受，“霸王条款”在消费领域引起了消费者不满，各地纷纷通过各种途径声讨“霸王条款”。

在业主大会确定选聘某物业管理企业之后，如果物业管理企业在服务合同中罗列“霸王条款”，可以由业主委员会积极与物业管理企业协商，取消或修改“霸王条款”。如果协商不成，业主委员会可以要求召开临时业主大会，通过业主临时大会来选聘其他合适的物业管理企业。如果在物业服务合同中已经存在了这样的“霸王条款”，业主委员会在业主大会的授权下可以通过诉讼程序来撤销。

业主委员会的办公场地和办公经费

业主委员会作为业主大会的常设机构，处理物业小区的日常事务，需要一个固定的办公场所。《物业管理条例》第三十条规定：“建设单位应当按照规定在物业管理区域内配置必要的物业管理用房。”物业管理用房既包括物业管理企业从事物业活动的用房，也包括业主委员会必要的办公用房。至于建设单位应该提供什么标准的物业管理用房，《物业管理条例》并没有作具体的规定。但是，从公平诚信的角度看，建设单位应该提供与物业小区大小相适应的物业管理用房。

上海市人民政府对此作出了详细的规定。《上海市人民政府批转市房地资源局关于上海市实施〈物业管理条例〉若干意见的通知》第三条规定：“建设单位应在物业管理区域内配置物业管理办公用房和业主委员会用房（以下合称物业管理用房），在前期物业管理期间，提供给物业管理企业使用；业主大会成立后，无偿提供给业主大会。产权属全体业主所有。物业管理用房的具体标准为：物业管理办公用房，按照不低于该物业管理区域房屋总建筑面积的0．2%提供。建筑面积5万平方米及以下的，按照不低于建筑面积100平方米提供。业主委员会用房，按照不低于建筑面积30平方米提供。提供的物业管理用房应为地面以上的独用成套房屋，并具备水、电等基本使用功能。建设单位在办理房屋预售许可证和房地产初始登记时，应提交物业管理用房配置的相关资料。经审核符合以上条件的市或者区、县房地产管理部门方可核发房屋预售许可证和办理房地产初始登记。”如果建设单位没有提供合格的物业管理用房，业主委员会可以要求建设单位提供。

解决了物业管理办公用房的问题，那么业主委员会能否要求办公经费呢？显然，业主委员会需要一定的办公经费才能把工作做得更好。但是，这费用到底应该由谁出呢？法律对此并没有规定。由于业主委员会是业主大会的执行机构，是代表全体业主在物业管理中进行活动的，因此，业主委员会的办公经费理所当然应该由全体业主承担。至于具体的收费标准，则应该由业主大会决定。

业主委员会委员的津贴

是否应向业主委员会委员支付津贴，实践中对此看法各不相同。我国法律及大多数地方法规对此没有明确规定。但这是否就意味着业主委员会委员不享有津贴？业主委员会虽然是小区的业主，对小区的物业进行管理和监督是其权利也是义务，但是业主委员会的委员毕竟比一般的业主付出了更多的时间和精力。他们通常是兼职的，需要抽出自己的业余时间来管理小区的事务。因此，给予业主委员会委员一定的津贴以补偿其所付出的劳动有利于调动委员们的工作积极性，是公平合理的。在这方面做得较超前的是深圳市。《深圳市业主委员会规则》第七条规定："业委会不设专门编制，不设财务，不从事任何具体经营活动，不具体经营管理及维护任何物业及设施设备；业委会人员不领取固定工资；政府福利房、微利房住宅区、大厦的业委会不设专职主任和专职执行秘书，人员津贴标准应低于商品房住宅区、大厦；业委会的办公费用（含人员津贴）由业委会年初提出计划，经与物业管理单位协商后由业主大会通过，一并列入管理费项目，由双方共同公布账目，接受全体业主的监督和质询。"第八条规定："业委会的办公费用（包括办公费、电话费、人员津贴、水电费、旅差费、会议费、有关活动费用等），原则上按所管理房屋套数每套每年 5 ~ 8 元的标准使用。应当根据工作职责向不同的委员支付数额不等的津贴。至于津贴的具体数额，应当由业主大会或业主代表大会决定。"法规这样规定很好地解决了业主委员会津贴的问题，能够促进业主委员会委员的积极性，更好地为小区服务。

业主委员会的法律地位

业主委员会作为业主自治的管理组织，根据业主公约及业主委员会的章程协调业主之间的关系，依业主大会的授权对物业管理区域内部事务具有一定的决定权。但业主委员会在民事活动中具有何种法律地位呢？即它是否有权代表全体业主与其他民事主体签订合同？它是否可以因为全体业主的利益对他人提起诉讼？是否可以从事经营活动？

对于业主委员会的法律地位，在理论上颇有争议。主要的观点有：

1. 业主大会属于社团法人，而业主委员会为该社团法人的代表机构，对外以业主大会的名义从事各种民事活动，并由业主大会对其合法活动承担民事责任。也就是说，业主委员会不具备民事主体资格。2. 业主委员会是在一个物业管理区域内代表全体业主，对物业实施自治管理的群众性组织。它只对业主所拥有的物业负责，因此，业主委员会与物业管理企业之间是一种平等民事主体关系，通过合同约定的方式来明确双方的权利和义务。3. 业主委员会合法成立、有一定的组织机构和财产，已具备了《最高人民法院关于适用〈中华人民共和国民事诉讼法〉若干问题的意见》第四十条规定的条件，应被视为具备民事主体资格的其他组织，可以以自己的名义参加诉讼。4. 业主委员会是依法成立、有必要的财产和经费、有自己的名称、组织机构和场所并能独立承担民事责任的法人。5. 属于社会公益团体，即从事和举办社会福利事业的社会团体。

其实，从现有的《物业管理条例》来看，业主委员会显然是不具有法人资格的。因为业主委员会不具有我国法律规定的法人应当具备的4个条件：1. 依法成立；2. 有必要的财产和经费；3. 有自己的名称、组织机构和场所；4. 能够独立承担民事责任。

业主委员会是不是民事法律上的其他组织值得考虑。据《最高人民法院关于适用（民事诉讼法）若干问题的意见》第四十条的规定，“其他组织”是指“合法成立、有一定的组织机构和财产，但又不具备法人资格的组织”。业主委员会是依法成立的，也有一定的组织机构，这应该没错，但业主委员会是否有一定的财产呢？业主委员会可以拥有一定的财产，不过这财产最多只能维持正常的办公所用，不能拿来与第三人做交易的，况且这费用还得由业主缴纳，从性质上来看，应该是全体业主的财产。因此，业主委员会不具备民事法律中的其他组织的条件。如果这一分析成立的话，业主委员会在物业管理中所发挥的作用并不大，它是无权以自己的名义提起诉讼的。

但是，业主委员会可以以自己的名义进行民事活动。《物业管理条例》第十五条规定的业主委员会的职责中，业主委员会可以与物业管理企业签订物业服务合同。一些司法解释也承认业主委员会在一定的范围内是可以自己名义进行诉讼：最高人民法院给安徽省高级人民法院的《关于金湖新村业主委员会是否具备民事诉讼主体资格请示一案的复函》（2003年8月20日[2002]民立他字第46号）中写道：“根据《中华人民共和国民事诉讼法》第四十九条、最高人民法院《关于适用〈中华人民共和国民事诉讼法〉若干问题的意见》第四十条的规定，金湖新村业主委员会符合‘其他组织’条件，对房地产开发单位未向业主委员会移交住宅区规划图等资料、未提供配套公用设施、公用设施专项费、公共部位维护费及物业管理用房、商业用房的，可以自己名义提起诉讼。”《北京市高级人民法院关于审理物业管理纠纷案件的意见（试行）》第七条规定，业主委员会于下列情形下可作为原告参加诉讼，以其主要负责人（主任或副主任）作为代表人：1. 物业管理企业违反合同约定损害业主公共权益的；2. 业主大会决定提前解除物业服务合同，物业管理企业拒绝退出的；3. 物业服务合同终止时，物业管理企业拒绝将物业管理用房和《物业管理条例》第二十九条第一款规定的资料移交给业主委员会的；4. 其他损害全体业主公共权益的情形。业主委员会的成立应当符合法定程序。没有成立业主委员会的，由全体业主行使提起诉讼的权利。因此，我们可以看出，业主委员会具有一定民事行为能力，也可以自己的名义参加诉讼，但是业主委员会从事诉讼活动有一定的限制：业主委员会只有在物业管理的活动中为了全体业主的公共权益才可以以自己的名义进行民事活动，如果超出了这一范围，业主委员会就丧失了其独立的法律地位。现有的司法解释之所以这样规定是出于保护全体群众利益的需要，实际上，业主委员会之所以能够从事这些民事活动，是基于业主大会的授权，因此，业主委员会所处理的事项须是发生在物业管理活动中的事项，且是为了全体业主的权益。

业主委员会能否炒掉物业

在现实中，业主委员会与物业管理企业之间经常发生矛盾。其中，部分矛盾产生的原因在于当前规范业主委员会运作的法律法规不健全。有些业主错误地认为业主委员会的权力大，只要当上业主委员会委员，就可以操作业主委员会炒掉物业管理公司、降低物业管理费。

其实，业主委员会的权利是非常有限的。根据《物业管理条例》第十五条的规定，业主委员会是业主大会的执行机构，履行下列职责：1. 召集业主大会会议，报告物业管理的实施情况；2. 代表业主与业主大会选聘的物业管理企业签订物业服务合同；3. 及时了解业主、物业使用人的意见和建议，监督和协助物业管理企业履行物业服务合同；4. 监督业主公约的实施；5. 业主大会赋予的其他职责。显然，业主委员会是无权炒掉物业管理企业的，炒掉物业管理公司是业主大会的权利。《物业管理条例》第十一条规定：“业主大会履行下列职责：……选聘、解聘物业管理企业；……”可见，业主委员会在炒掉物业管理企业的活动过程中只能起到推动的作用。

当然，物业管理企业不是随便就能炒掉的，业主大会决定解聘物业管理企业必须有合适的理由，不能违背合同的约定，如果违反合同的约定擅自决定解聘物业管理企业，对由此造成的损失应当承担赔偿责任及违约责任。

违反业主公约的行为

业主公约，旨在协调各区分所有权人的行为，营造一个和谐愉快的生活环境。如果各个业主都不遵守而任意违反，则业主公约将形同虚设。要保障业主公约之功能，必须设立一定的强制手段来追究违反公约之人的责任。《物业管理条例》对违反公约将采取什么样的措施并没有明确规定。从我国目前各地有关物业管理的规定来看，零星的有一些对违反业主公约的处罚，但是到底该如何处罚以及由谁来处罚法律并没有对此作出规定。如：《业主大会规程》第十一条规定：“业主公约应当对有关物业的使用、维护、管理业主的共同利益，业主应当履行的义务，违反公约应当承担的责任等事项依法作出约定。”《广西壮族自治区物业管理条例》规定物业管理企业如“发现违反本条例或者业主公约的行为，立即进行劝阻、制止，并向业主委员会和有关行政主管部门报告。”《物业管理委托合同示范文本》第十六条规定：“业主公约对全体业主具有约束力。对业主和物业使用人违反业主公约的行为，针对具体行为并根据情节轻重，采取批评、规劝、警告、制止等措施。”

对于这个问题，我国台湾地区的《公寓大厦管理条例》或许对我们有一定的参考价值，它划分不同的情况进行处罚，如：1．在维护、修缮专有部门、约定专用部分或行使权利时，妨害其他住户的安宁、安全及卫生状况的；他人维护、修缮专有部分、约定专用部分或设置管线必须进入其专有部分时，拒绝他人进入的；为了维护保养共有部分需要进入住户之专有部分，被拒绝的；经协调仍有妨害或拒绝进入的，可以按照其性质请求各该主管机关或诉至法院请求必要之处置。2．住户任意变更大厦周围上下、外墙面，楼顶平台及防空设施之构造、颜色、使用目的，设置广告物等行为时，应予制止，并报请主管机关处以罚款，该业主应于1个月内恢复原状；未恢复原状的，由主管机关恢复原状，其费用由该住户承担。3. 对不按照设置目的和通常方法使用共用部分的行为，应予制止，并可以按照其性质请求该主管机关或诉至法院请求必要的处置；如有损害，可以请求赔偿。4. 对专有部分、约定专用部分的使用方式违反设计或业主公约（规约）时，应予制止，并报请主管机关处理，要求其恢复原状。5. 住户实施破坏公共安全、公共卫生、公共安宁等行为时，应予制止，或召集当事人协调处理，必要时可以报请主管机关处理。6. 对拖欠分担金（管理费）达到一定数量标准，或有其他违反业主公约（规约）的行为被处以罚款后仍不改正或继续违反的，或违反业主公约（规约）情节严重的，管理委员会应促请区分所有权人会议决议，诉请法院强制其出让部分所有权。7. 前述强制出让判决生效后3个月内自行出让并完成过户登记手续的，管理委员会可申请法院拍卖。

在我国现行法律的框架下，要使业主公约得到较好的执行，首先应在业主公约中对违反公约应当承担的责任等事项依法作出明确约定，然后对于执行机构也作出明确的约定，最好是由业主委员会或者物业管理企业执行，因为他们对于这些现象更加敏感，能够保证业主公约得以执行。

物业与物业纠纷

前期物业服务合同

通常状况下，业主、业主大会选聘物业管理企业开展工作，物业服务合同在业主大会和物业管理企业之间签订。但在物业建成之后、业主大会成立之前，也需要进行物业管理活动。由于其时业主大会尚未成立，不可能由业主委员会代表业主与业主大会选聘的物业管理企业签订物业服务合同。在此情况下，只能由建设单位选聘物业管理企业对物业实施管理服务，物业服务合同在建设单位和物业管理企业之间签订。

前期物业服务合同是指在业主、业主大会选聘物业管理企业之前，建设单位就其建设的物业区域内的物业管理选聘物业管理企业并与之签订的有关物业服务的协议。《物业管理条例》第二十一条规定："在业主、业主大会选聘物业管理企业之前，建设单位选聘物业管理企业的，应当签订书面的前期物业服务合同。"前期物业服务合同有以下特征：

1. 前期物业服务合同的双方主体是建设单位和物业管理企业，而非业主与物业管理企业。在首次业主大会召开之前，业主没有形成选聘物业管理企业的统一意志，而此时实施物业管理是必要的，为了维护正常的物业管理秩序，保护业主的合法权益，由建设单位选聘物业管理企业进行物业管理更具有操作性。也有一定的合理性。因为建设单位一开始就拥有物业，是第一业主，也是最大的业主，它能够签订前期物业服务合同。

2. 前期物业服务合同具有过渡性。前期物业服务合同存在于业主大会选聘物业管理企业并签订合同之前的时间内，具有暂时过渡的性质。在实践中，物业的销售、业主的入住是一个陆续的过程，业主召开首次业主大会会议的时间也是不确定的，这决定了前期物业服务的期限也不确定。但是一旦业主大会成立或者全体业主选聘了物业管理企业，业主与物业管理企业签订的合同发生效力，前期物业管理阶段就结束了，前期物业服务合同自然失效。

3. 前期物业服务合同是要式合同。要式合同，是指法律要求当事人之间签订合同必须以书面的形式签订。由于前期物业管理涉及广大业主的公共利益，《物业管理条例》要求前期物业服务合同以书面的形式签订，对合同形式作书面要求，便于明确合同主体的责权利，防止建设单位和物业管理企业侵害业主权益的情况发生，在发生纠纷时也有据可查。

物业服务合同

物业服务合同是指由业主委员会代表物业区域内全体业主与物业管理企业就有关物业管理服务项目达成的书面协议。《物业管理条例》第35条规定："业主委员会应当与业主大会选聘的物业管理企业订立书面的物业服务合同。物业服务合同应当对物业管理事项、服务质量、服务费用、双方的权利义务、专项维修资金的管理与使用、物业管理用房、合同期限、违约责任等内容进行约定。"

物业服务合同是确立业主和物业管理企业在物业管理活动中的权利义务的法律依据。在物业管理活动中，物业服务合同的地位非常重要。合同是否依法订立、合同内容是否详细、合同是否具有可操作性，对于维护各方在物业管理活动中的合法权益举足轻重。物业服务合同具有以下特征：

首先，物业服务合同是平等主体之间签订的合同。

物业服务合同是民事合同，是平等主体之间签订的合同。在《物业管理条例》出台前，人们一般将物业服务合同称之为"物业管理合同"和"物业管理服务合同"。一些人望文生义，认为物业管理企业与业主是管理与被管理的关系：物业管理企业是管理者，业主是被管理者，双方地位是不平等的。这是一种误解。物业管理企业是提供物业管理相关的服务，其从事活动的基础是物业服务合同。没有物业服务合同，物业管理企业就无权利也无义务提供服务。因此，物业管理企业所提供的服务或者称为"管理"的活动都是按照物业服务合同进行的。物业管理企业与业主之间是平等的主体的关系。不存在管理与被管理的关系。

其次，物业服务合同是要式合同。

物业服务合同属于合同法上无名合同的范畴，依照《物业管理条例》的规定，业主委员会与物业管理企业之间签订物业服务合同应当采用书面的形式。如果不按照规定采取书面的形式，很可能导致合同无效。

再次，物业服务合同有偿的、双务性质的合同。

物业管理企业接受委托管理小区的物业并提供相应的服务是收取对价的，物业服务合同是有偿合同。物业服务合同的双方当事人互负义务，业主的主要义务是支付物业服务费并遵守物业合同中确立的其他义务，物业管理企业的主要义务是依照物业服务合同的约定提供物业服务，对物业进行管理。

最后，物业服务合同是综合性的委托合同，合同内容涉及面非常广。

物业服务合同是一个综合性的委托合同，其中涉及的内容有许多项。依照《物业管理条例》的规定，物业服务合同应当具备以下主要内容：

1. 物业管理事项

物业管理事项主要包括以下一些事项：

（1）物业共用部位的维护与管理。这是为保持物业完好，确保物业使用功能的正常发挥，由物业管理企业对物业共用部位进行的维护与管理。

（2）物业共用设备设施及其运行的维护和管理。这是为保持物业及其附属的各类设备设施的完好及正常使用而进行的管理与服务工作。主要包括电梯、水泵、电视监控系统、有线对讲系统、电视接收系统、避雷、消防、污水处理系统等设备设施及其运行的维护和管理。物业管理企业应按照合同约定的服务内容、方式、时间和要求定期对物业设备设施进行保养，保证设备设施的完好和正常运行。

（3）环境卫生、绿化管理服务。这是为净化、美化物业环境而进行的管理与服务工作，也称为保洁服务。主要是指为保持物业管理区域内物业共用部位和公共场地、绿地的整洁而进行的管理服务。一般包括楼道、走道、门厅、屋顶、天台等部位的定时清扫，生活垃圾和建筑垃圾的管理，洒药灭害等服务。合同中的保洁服务应根据不同物业的保洁要求，明确保洁内容、要求及收费标准。

（4）物业管理区域内公共秩序、消防、交通等协助管理事项的服务。这是为维护物业管理区域内正常的工作、生活秩序而进行的协助性管理与服务工作。

（5）物业装饰装修管理服务。包括房屋装修的安全、装修垃圾处理等各项管理工作。

（6）专项维修资金的代管服务。这是指物业管理企业接受业主委员会或物业产权人委托，对代管的共用部位共用设施设备专项维修资金进行管理。

（7）物业档案资料的管理。这是指对物业产权产籍档案资料、房屋及其附属的各类设施、设备的基本情况和实际变动情况的管理工作。物业档案资料的管理具体包括物业管理区域内各类物业、设施的验收、接管档案（图、卡、册），物业分户产权清册，租赁清册，业主、使用人情况表，共用设备及公共设施运行、保养、维修记录，财务资料等的保管。

2. 服务质量

服务质量，是对物业管理企业提供的服务在质量上的具体要求。服务质量条款对于物业服务合同是非常重要的。在实践中，许多物业服务合同的纠纷都是因为服务质量有问题而产生的。例如，由于约定不明，业主往往以物业管理企业提供的服务质量没有达到要求而拒绝缴纳物业服务费用，物业管理企业则认为自己已经按照合同约定提供物业服务而认为业主违约，双方自然就产生了纠纷。实际上，服务质量是很难定量衡量的，为了避免不必要的纷争，物业服务合同当事人应当就物业服务质量作全面、具体的约定。在约定明确的前提下，当事人可以就对合同的履行情况有一个客观的评价标准。这将为合同的全面、顺利履行提供基础。

现在国家正在推行物业管理服务标准，当事人可以参照服务标准来约定服务质量，根据服务质量来约定相应的服务费用。

3. 服务费用

服务费用是业主为获取物业管理企业提供的服务而支付的对价。支付物业服务费用是业主的主要义务。为了合同的顺利履行，当事人需在合同中明确约定物业服务费用的收费项目、收费标准、收费办法等内容。收费项目，主要是针对物业管理企业提供的服务项目而言的，例如，公共设施和设备日常运行维修及保养费、绿化服务费、清洁卫生费、保安费等。就收费标准而言，当前主要有两种计算方式：一是按照房屋的建筑面积每平方米多少元来计算，二是按照每户多少元来计算。物业服务费用的支付人，可以是业主，也可以是使用人，支付时间，实践中一般是按月支付，也有按季度支付的。现在，有一些物业管理企业要求业主预付一年或者半年的服务费用。这一做法不利于保护业主的合法权益，也与理不合。因为物业服务费用一部分用作服务成本，一部分用作服务报酬。就成本部分而言，当物业管理企业还没有为业主提供物业服务时，还没有发生成本；就报酬部分而言，物业管理企业在没有提供服务时，谈不上有权利预先支取长时间的报酬。因此，物业管理企业提前要求支付费用的做法是没有依据的。

4. 双方的权利义务

业主和物业管理企业需要将双方在物业管理活动中的权利义务约定清楚。物业服务合同属于双务合同的范畴，当事人互享权利，互负义务。双方的权利义务是相对而言的，一方的权利就是另一方的义务。例如，享受物业服务是业主的权利，而提供物业服务则是业主的义务；收取物业服务费用是物业管理企业的权利，而支付物业服务费用则是业主的业务。双方当事人的权利义务界定得越明晰，合同的履行就越简单，发生纠纷的机率也就越小。

5. 专项维修资金的管理和使用

专项维修资金对于保证物业共用部位和共用设施设备的维修养护、物业的保值增值具有十分重要的意义。专项维修资金主要是针对住宅物业而言。对于专项维修资金的管理和使用，国家有明确的规定，当物业保修期满后，物业的维修养护的责任由保修单位转移到物业产权人身上。如果没有专项维修资金制度，要想在一定的时间内向全体业主筹集到物业共用部位、共用设施设备大修或者更新改造的费用十分困难。专项维修资金的设立，为物业及时得到维修养护提供了基础性条件。同时，对一个物业管理区域而言，专项维修资金总量是一个不小的金额。从产权上来讲，专项维修资金属于物业管理区域内的业主所有，但一般由物业管理企业代管。为了发挥维修资金的作用，需要当事人在国家规定的基础上，对专项维修资金的管理和使用规则、程序等做出具体约定。

6．物业管理用房

必要的物业管理用房是物业管理企业开展的物业服务的前提条件。对于物业管理用房的配置、用途、产权归属等，《物业管理条例》已经有了明确规定。当事人需要在合同中就相关内容予以细化。当然，即使在合同中没有明确的约定，从公平合理的角度来看，必要的管理用房在物业管理活动中也是必要的。

7．合同期限

合同的期限，是指履行合同的有效期。物业服务合同属于在较长期限内履行的合同，因此当事人需要对合同的期限进行约定。物业服务合同的期限条款应当尽量明确、具体，或者明确规定计算期限的方法。

8．违约责任

违约责任是指物业服务合同当事人一方或者双方不履行合同或者不适当履行合同应当承担的法律责任。违约责任是促使当事人履行合同义务，使守约人免受或者少受损失的法律措施；也是保证物业服务合同履行的主要条款，对当事人的利益关系重大，物业服务合同对此应当予以明确规定。

违约责任对于合同的履行非常重要，因此，合同法以及其他相关法律法规对违约责任作了比较详细的规定。但是，物业服务合同具有其特殊性，为了保证合同当事人的特殊需要，保证物业服务合同义务的切实履行，当事人应当按照法律规定的原则和自身的情况，对违约责任做出具体的约定。例如，约定违约损害的计算方法、赔偿范围等。

此外，物业服务合同一般还应载明双方当事人的基本情况、物业管理区域的范围、合同终止和解除的约定、解决合同争议的方法以及当事人约定的其他事项等内容。

物业服务合同的内容较多，业主委员会在与物业管理企业协商物业服务合同的内容的时候应该尽量考虑全面，以免造成不必要的纠纷的发生。

签订前期物业服务合同

购房者在签订《商品房买卖合同》时，前期物业服务合同的内容对其具有约束力。

前期物业管理企业由建设单位选聘后，建设单位与前期物业管理企业应当签订前期物业服务合同，此时合同效力只及于物业管理企业和建设单位。当购房者成为业主后，业主需要物业管理企业为其提供物业服务，物业管理企业也需要业主履行一定的义务，这时就需要一个调整业主和物业管理企业之间关系的合同，明确双方的权利和义务，以减少日后在物业管理中的矛盾和纠纷。

《物业管理条例》第二十五条明确规定，建设单位和物业买受人签订的买卖合同应当包含前期物业服务合同约定的内容。前期物业服务合同作为房屋买卖合同的附件而存在，并且对物业买受人具有法律约束力。这样，前期物业服务合同的权利和义务就可以约束建设单位、物业管理企业和业主三方了。如果物业管理企业违反前期物业服务合同，提供的物业服务不符合约定，作为最直接的利害关系人的物业买受人就可以要求物业管理企业采取措施改正，承担违约金等违约责任；物业管理企业也可以根据合同要求业主履行该合同中约定的义务，缴纳各种物业服务费用。

因此，物业买受人签订物业买卖合同时，必须认真研究前期物业服务合同的内容。

物业管理企业的基本职责

物业管理的对象相当广泛，包括住宅小区、高层楼房、综合办公楼、商业大厦、标准化工业厂房、宾馆饭店、仓库等，各个物业管理企业的职责范围不尽相同。一般来说，物业管理企业的基本职责主要有：

1．日常维修养护。物业管理企业最基本的任务就是对物业进行日常维修保养。对于一项物业来说，房屋建筑、机电设备、供电供水、公共设施等都必须时刻处于良好的工作状态，否则难以发挥该物业应有的效能。通过维修养护，可以使物业保持良好的使用状态，延长物业的使用寿命。

2．治安保卫。物业管理企业必须采取有效措施做好物业辖区内的安全、保卫、警戒等工作，维护正常的工作和生活秩序，保证业主的人身财产安全。

3. 环境卫生。清洁人员要定点收集和清运垃圾废物，按时清扫物业公共区域，保持物业及周围环境的干净整洁。

4. 园林绿化。搞好物业管理区域范围内的绿化建设和保养，美化环境。

5. 消防安全。建立消防制度、保证消防器材处于良好的使用状态。

此外，根据物业服务合同的约定，物业管理企业还有义务提供诸如家庭装修、室内清洁、家电维修等服务项目。

专项维修资金

专项维修资金是指由业主缴纳的、属于业主所有的专项用于物业保修期满后物业共用部位、共用设施设备的维修和更新、改造的费用。《物业管理条例》第五十四条规定：“住宅物业、住宅小区内的非住宅物业或者与单幢住宅楼结构相连的非住宅物业的业主，应当按照国家有关规定缴纳专项维修资金。专项维修资金属业主所有，专项用于物业保修期满后物业共用部位、共用设施设备的维修和更新、改造，不得挪作他用。专项维修资金收取、使用、管理的办法由国务院建设行政主管部门会同国务院财政部门制定。”

专项维修资金具有以下特点：

首先，专项维修资金由业主缴纳。

目前，居民个人拥有住宅的比例已占相当数额，住房的维修管理责任逐渐由国家或单位承担转移到由居民个人承担。由于我国的住宅绝大多数属于群体式类型，且多以住宅小区的方式开发建设，住宅单体间存在共用部位，如主体结构承重部位，包括内外承重墙体、柱、梁、楼板等；单幢楼或者小区内有共用设施设备，如电梯、水、暖、照明、煤气、消防等。共用部位及共用设施设备是否完好、是否正常运行关系到相邻住宅以至整栋楼、整个小区住宅的正常使用和安全，关系到整个物业的升值贬值，关系到全体业主和社会公共利益。因此，由全体业主预先缴纳一定费用，建立住房专项维修资金，专门用于共用部位、共用设施设备的维修、改造、更新是必要的。根据法律规定，需缴纳住房专项维修资金的业主可以划分为三类：第一类是住宅物业的业主，第二类是住宅小区内的非住宅物业的业主。第三类是与单幢住宅楼结构相连的非住宅物业的业主。另外，《物业管理条例》第五十五条的规定："利用物业共用部位、共用设施设备进行经营的，应当在征得相关业主、业主大会、物业管理企业的同意后，按照规定办理有关手续。业主所得收益应当主要用于补充专项维修资金，也可以按照业主大会的决定使用。"由此，可知专项维修资金除了业主缴纳外，还有利用物业共用部位、共用设施设备进行经营的收益。

关于专项维修资金收取的数额，建设部和财政部联合印发的《住宅共用部位共用设施设备维修基金管理办法》规定，商品住房和公有住房（房改房，以下同）出售后都应当建立专项维修基金。商品住房的维修基金全部由购房人缴纳，购房人应当按购房款2%～3%的比例向售房单位缴纳维修资金。售房单位代为收取的维修资金属全体业主共同所有，不计入住宅销售收入。公有住房售后的维修基金来源于两部分：一是售房单位按照一定比例从售房款中提取，原则上多层住宅不低于售房款的20%，高屋住宅不低于售房款的30%。该部分基金属售房单位所有；二是购房者按购房款2%的比例向售房单位缴交维修基金，售房单位代为收取的维修基金属全体业主共同所有，不计入住宅销售收入。

其次，专项维修资金属于业主所有。

依照现行的法律的规定，专项维修资金属于业主所有，但这不意味着业主个人可以随意支配该维修资金。专项维修资金有专门的用途，缴纳之后便不能被业主单独支配使用。法律确定专项维修资金归业主所有是为了避免随意被他人侵占。

最后，专项维修资金的使用具有专门性，不得挪作他用。

住房专项维修资金专项用于物业保修期满后物业共用部位及共用设施设备的维修更新、改造、不得挪用他用。

物业管理的质量

物业管理企业的服务质量如何，应当以物业服务标准为依据进行评判。物业服务标准是指物业管理企业实施的物业服务所应达到的程度准则。物业服务合同中约定的不同服务项目，有不同的服务标准。没有任何一套物业服务标准适合所有的项目。

随着项目的大小不同，配套的标准不同，使用的人群不同，甚至项目的位置不同，所涉及的物业服务的范围及内容就会有所不同，因此每一个项目的物业服务标准都应该根据自身项目的特点和业主的要求去量身定做，并且在物业服务合同中予以明确规定。因此，物业服务合同中规定的服务标准就是物业管理企业服务质量的评判标准。

目前各省、自治区、直辖市房地产管理部门根据本地区的实际情况制定了地区性的物业服务标准。由于各地的发展不平衡，因此，彼此的物业服务标准也存在着差异。

以《北京的普通商品房居住小区管理服务标准》为例，该标准在保洁上要求物业管理企业应当制定健全的保洁制度，清洁卫生实行责任制，有明确的分工和责任范围。每日对保洁服务范围内的区域进行一次清扫，做到服务范围内无废弃杂物。对楼梯间、门厅、电梯间、走廊等的门、窗、楼梯扶手、栏杆、墙壁等进行一周一次的清扫等。在保安方面要求做到公共区域的相对封闭，维护交通秩序，看管公共财物，夜间对服务范围内的重点部位、道路进行不少于一次的防范检查和巡逻，巡逻不少于 2 人，做到有计划、有记录等。

物业对小区的消防管理义务

物业管理企业所承担的物业消防管理的义务依据合同而确定，一般来说，物业服务合同中约定的物业管理企业应承担的消防管理义务主要有：

1. 定期检查、维修消防设施和器材，设置消防安全标志，确保消防设施和器材的完好、有效。

2. 定期进行防火检查，及时消除火灾隐患。当物业管理企业发现消防安全隐患后，应当及时通知并督促有关责任人整改。如果责任人拒绝整改，物业管理企业应当及时告知业主委员会或直接通报有关行政主管部门。物业管理企业因怠于履行约定的消防管理义务而造成损失或使损失扩大的，应当承担民事责任。

3. 开展消防安全知识宣传教育。

4. 保障通道、安全出口畅通，并保持符合国家规定的消防安全疏通标志。

5. 当物业管理区域内发生火灾时，物业管理企业应当积极进行救助工作，并且及时通知消防机关，否则应当承担相应的法律责任。

6. 其他约定的事项。

业主受到损害，物业应承担的责任

《物业管理条例》规定，物业管理企业未能履行物业服务合同的约定，导致业主人身、财产安全受到损害的，应当依法承担相应的法律责任。

对于物业管理区域内发生的刑事犯罪，如业主在小区内被杀害或者财产被劫，物业管理企业是否应当承担责任，应该具体分析，不能一概而论。

物业管理企业和业主之间是物业管理合同关系，在物业管理企业提供的服务中，保安服务是其中的一项重要内容。物业管理中的保安服务是指对其所管物业进行安全监控、巡视和门岗值勤，以及对交通秩序进行管理等。因为保安服务不能等同于保镖服务，除非在委托合同中有特别约定，物业管理服务一般不直接负责业主的人身安全，但要求物业管理企业应当具有普通人的注意义务并且给业主的人身安全提供一定的保障。如果物业公司没有全面履行其应当负有的管理义务，保安防范工作存在疏忽，从而造成业主人身、财产安全损害的，则应当承担赔偿责任；如果保安防范工作没有疏忽，不存在管理上的缺陷，则物业管理企业不应当承担责任。另外在界定物业管理企业的责任时，还应考虑物业所在区域的实际情况，如周边环境、小区的封闭程度等。

业主被盗，物业应当承担的责任

小区内业主家中财产被盗，物业管理企业应当根据不同的情况来具体确定是否承担赔偿责任。

依据《民法通则》第106条规定，公民或法人由于过错侵害国家或集体的财产，侵害他人财产和人身权利的，应当承担民事责任。业主家中失窃，物业管理企业是否需要承担赔偿责任，应适用过错责任原则，即物业管理企业在有过错的情况下应承担过错责任。

如何界定物业管理企业存在过错，关键是看物业管理企业是否严格履行了合同义务，如合同约定保安提供24小时安全巡逻，但因保安未按时巡逻造成业主家中财产失窃的，物业管理企业就应当承担赔偿责任。但如果物业管理企业已采取了有效措施防止意外发生，尽到了在提供服务过程中保障人身、财产安全义务的，除非合同有特别规定，物业管理企业一般不承担赔偿责任。

为了减少风险及物业管理企业的损失，避免不必要的纠纷，物业管理公司最好购买公众责任险，在保险事故发生时由保险公司承担相应责任，也建议业主自己购买人身安全意外保险、室内财产保险和汽车保险等。

车辆被盗，物业应承担的责任：

如果业主向物业管理企业缴纳了停车费，或领到了物业管理企业核发的车辆专用车位停车证，那么物业管理企业和业主就成立了车辆保管协议，物业管理企业就有义务保障业主的财产安全。如果车辆丢失或毁损了，物业管理企业就应当承担赔偿责任。但如果是由于业主的过错，没有将车停在停车场，而是停在小区的其他地方，那么只要物业管理企业尽到了最大的注意义务，对车辆的丢失或毁损就不需要承担赔偿责任。

物业管理服务合同存在的问题

物业管理纳入市场化后，业主与物业公司是一种委托和受托的合同关系。物业公司的服务水平、服务等级、服务内容、收费标准和违约责任，都是由物业管理服务合同约定的。业主应该享有的服务和应尽的义务，也是由物业管理服务合同约定的。物业管理服务合同是衡量物业管理到位与否的关键。

然而，在现实生活中忽视物业管理服务合同的现象却普遍存在。

表现之一是对签订物业管理服务合同的不重视。有的业主委员会没有仔细征求业主的意见，对于需要物业公司提供服务的项目考虑不周，以为按照一个示范合同文本签订合同就万事大吉，小区里所有的事务都由物业公司负责，天经地义。有的物业公司不愿意签订对自己约束太多的合同，一旦出现问题就扯皮。

表现之二是签订的物业管理服务合同如同摆设。有的业主委员会不把物业管理服务合同的内容向广大业主公布。有的物业公司则把物业管理服务合同锁在总部，具体操作人员不清楚必须履行合同义务的内容，他们日常的工作只是依据领导的要求或者是师傅所教的来做。

表现之三是擅自改变物业管理服务合同约定的服务内容。例如，有的物业管理服务合同约定："急修半小时内到现场，一般维修两小时内到现场。"但挂在墙上向业主承诺的却是行业规范最低标准："急修两小时内到场，一般维修三天内到场。"

表现之四是物业管理服务合同中规定的服务标准不明确、不详细、可操作性差。

表现之五是很少有业主知道物业管理服务合同的内容，对自己应该享受的服务一般只知道保洁、保安、绿化和维修，具体的内容则不甚清楚。

为配合《物业管理条例》的实施，很多省市房地产主管部门正在制定新的更加详细的物业管理合同示范文本，签约双方可以在此基础上，把双方的责任、义务和权利约定清楚。

签订物业服务合同的注意事项

物业服务合同签订后，对全体业主和物业公司都具有法律约束力，签订好物业服务合同对业主来说意味着享受优质物业服务，是减少以后物业纠纷发生的关键所在。业主委员会在和物业公司签订物业服务合同时应当注意以下几点：

1. 明确约定物业服务的内容、服务质量。由于现在专业分工细化，出现了专门提供某一项服务的物业公司，所以在服务合同里一定要明确物业公司是管理小区内全部的物业工作，还是只负责某一项物业工作，服务质量要达到什么标准。如果约定不明，就会造成很多不必要的麻烦。例如，某小区业主委员会通过招标聘用了一家物业公司，委托其管理小区物业。而该公司在合同签订后，主要的物业服务内容都以低价委托给其他没有业务的物业企业，以赚取其中的差价。而受委托的物业企业以低价承接该业务后，由于成本的原因，只能是减少或降低服务的内容和标准。如果业主委员会在服务合同里没有约定详细的服务标准，也没有约定哪些主要服务项目不得转委托给第三方的话，由于该物业公司这种做法没有违反法律规定和合同约定，业主只能是白受损失。所以如果业主委员会是看中了某家物业公司的品牌和服务质量，就要在服务合同中约定详细的服务内容和不得转委托的服务项目以及具体的服务标准，违约则承担相应的违约责任。只有这样，才能避免业主花高价买来低质量服务的情况。

2．除了《物业管理条例》规定的业主委员会拥有的权利外，其他一些权利，也应在物业服务合同里更具体的约定。例如，由业主委员会收取物业费后转交给物业公司，物业公司应当为业主委员会提供相应的办公场所，业主委员会的主要领导人可以从物业费中提取补贴，业主委员会对物业公司服务质量有权提出意见并且可以要求物业公司限期整改等内容。同时，业主委员会应当承担相应的义务。例如，督促业主按时缴纳物业费，积极配合物业公司工作，尊重物业公司专业化的管理方式和措施等。

3．明确物业公司的权利和义务。本着权利和义务对等的原则，在赋予物业公司管理整个小区日常事务权利的同时，也要明确物业公司所应承担的义务，并且尽可能明确地规定物业公司的责任。例如，保安失职导致业主物品被盗，物业公司应当承担什么样的赔偿责任；物业公司在使用物业费时，必须有明确的记录并且向业主委员会公开账目等。

4．对违约责任的约定。要在物业服务合同里明确规定物业公司违反约定应当承担的违约责任，约定的责任要具有实用性和可操作性，不要约定成一些大而空的内容。特别是对提前解聘的物业公司不及时退出的情况一定要有所约定。虽然新的《物业管理条例》规定了国家行政机关对此规定了处罚的内容，但是这弥补不了由此给业主带来的实际损失。所以一定要约定如果出现这种情况，物业公司每拖一天就要承担一天的违约金，这样才能有效保护全体业主的利益。

物业合同违约措施

在物业服务合同的履行过程中，难免会出现一方违约的情况，这就涉及了违约责任的问题。物业管理服务合同对违约责任的规定，使得双方能够有效率、有依据地解决双方的矛盾，有利于合同继续、顺利地履行。对于具体的违约责任承担方式，双方可以在合同中协商确定，主要有：继续履行、支付违约金、滞纳金、恢复原状、赔偿损失等方式。

违约主体的不同，守约方可采取的措施是不同的。具体包括以下几种情况：

1. 业主委员会违反物业管理服务合同约定，错误的行使权利或不履行相应的义务，使物业管理企业未完成规定管理目标，物业管理企业有权要求业主委员会在一定期限内解决。业主委员会逾期未解决的，物业管理企业有权终止合同；造成物业管理企业经济损失的，业主委员会应当给予物业管理企业经济赔偿。

2. 物业管理企业违反物业管理服务合同，服务质量达不到物业管理服务合同约定的或未能达到约定的管理目标，业主委员会有权要求物业管理企业限期整改，物业管理企业逾期未整改的，业主委员会有权终止合同；造成业主经济损失的，物业管理企业应当给予业主经济赔偿。

3. 物业管理企业违反物业管理服务合同的约定，擅自提高收费标准的，业主委员会有权要求物业管理企业清退；造成业主经济损失的，物业管理企业应当给予业主经济赔偿。

4. 任何一方无正当理由提前终止物业管理服务合同的，应向对方支付违约金；给对方造成经济损失的，还应依法承担赔偿责任。

物业管理企业在签订物业管理服务合同的过程中，往往会利用业主委员会成员法律知识欠缺的弱点，故意减轻或规避其违约责任。所以在物业管理服务合同中遇到物业管理企业责任免除的条款时，业主委员会必须审慎处理，不能过于轻信物业管理企业的解释，草率同意，否则可能会造成业主利益受损。

业主能否放弃物业管理

依照法律的规定或者合同的约定，接受物业管理服务是业主最重要的一项权利，但业主能否放弃物业管理服务？我们认为，业主不能放弃物业管理服务。

从民事权利的性质来讲，权利人是可以放弃民事权利的。但在物业管理法律关系中，业主接受物业管理服务的权利已经不仅仅是业主个人的权利，而且是已经具有成员权的性质，即业主基于其对建筑物的所有权，已经成为公共管理中的一员。

在此情况下，由于物业管理服务具有集体的公益性质，业主不能不履行一定的公益义务。因此，在物业管理过程中，业主不可以放弃物业管理服务。

物业租赁合同

物业租赁合同，或称“物业租赁契约”，简称“租约”，是物业出租人承诺在一定时期内将物业提供给承租人使用，物业承租人承诺向出租人缴纳一定的租金，并且明确规定物业租赁期间内双方的权利和义务的协议。

租赁是一种民事法律关系，在租赁关系中出租人与承租人之间所发生的民事关系主要是通过租赁合同确定的。《城市房屋租赁管理办法》第九条规定，物业租赁的双方当事人应当签订书面租赁合同。租赁合同应当具备以下条款：

1. 当事人的姓名或者名称及住所；
2. 标的；
3. 租赁用途；
4. 租赁期限；
5. 租金及缴付方式；
6. 维修保管责任；

7. 转租的约定；

8. 违约责任。

为了使物业租赁关系正常化、规范化和合法化，物业出租给他人使用时，物业出租人应当就物业租赁的有关事宜与物业承租人签订书面的物业租赁合同。租赁双方签订此项协议，才算正式确立了物业租赁关系。物业租赁合同一经签订，就具有了法律效力。根据合同法的要求，物业租赁契约的建立必须按照一定的条件和程序进行，并通过书面形式签订。

物业租赁合同的变更与终止：

在物业租赁期间，由于种种原因，物业租赁关系都有可能发生变更甚至终止。物业租赁合同应该注明变更和解除物业租赁合同的条件，作为日后变更、解除物业租赁合同的依据。

变更物业租赁合同是指物业租赁合同当事人依照法律规定的条件和程序，对原来的物业租赁合同进行必要的修订和补充。物业租赁合同变更后，原合同规定的当事人的权利和义务发生了相应变化，但物业租赁合同的关系还是存在的。终止物业租赁合同是指物业租赁当事人依照法律规定的条件和程序，解除原租赁合同的关系。物业租赁合同终止后，原合同规定的当事人的权利和义务关系不再存在。

物业租赁合同一经签订，租赁双方必须严格遵守。有下列情形之一的，房屋租赁当事人可以变更或者解除租赁合同：

1. 当事人一方违约；

2. 将承租的物业私自转租；

3. 将承租的物业擅自转让、转借他人或私自调换使用的；

4. 擅自改变承租物业的使用用途的；

5. 无正当理由，拖欠物业租金一定时间以上的；

6. 承租人利用承租的物业进行非法活动的；

7. 故意损坏物业的；

8. 当事人双方同意；

9. 当事人一方失去履约能力；

10. 因不可抗力致使租赁合同不能继续履行的。

物业服务费用

如果业主把房屋出租或者交给他人使用，那么物业服务费用是由业主缴纳还是由物业使用人缴纳？

《物业管理条例》规定，业主与物业使用人约定由物业使用人缴纳物业服务费用的，从其约定，业主负连带责任。

一般情况下，由于物业服务合同是由业主委员会代表全体业主和物业管理企业签订的，业主是缴纳物业服务费的义务人。但如果业主和物业使用人约定由物业使用人缴纳物业服务费用的，从其约定，物业管理企业不得拒绝受领物业使用人缴纳物业服务费用。但是，由于物业服务合同是业主与物业管理企业之间签订的，物业使用人和物业管理企业之间没有合同关系，业主与物业使用人之间的约定对物业管理企业没有效力。

所以，物业使用人不按照约定缴纳物业服务费用的，物业管理企业不得直接要求物业使用人承担责任，只可要求业主按照规定缴纳物业服务费用。业主在缴纳物业服务费用后，可以依法向物业使用人追偿。

《物业管理条例》对物业服务费的规定：

物业服务费用是广大业主十分关心的问题。依据《物业管理条例》的规定，物业服务收费应当由合同双方“遵循合理、公开以及费用与服务水平相适应的原则”，按照国务院价格主管部门会同国务院建设行政主管部门制定的物业服务收费办法，明码标价并且在物业服务合同中明确约定。

为了规范城市住宅小区物业管理服务收费行为，维护国家利益和物业管理单位以及物业产权人、使用人的合法的权益，《城市住宅小区管理服务收费暂行办法》明确规定了城市住宅小区公共性服务收费构成包括：1. 管理、服务人员的工资和按照规定提出的福利费；2. 公共设施、公共设备日常运行、维修及保养费；3. 绿化管理费；4. 清洁卫生费；5. 保安费；6. 办公费；7. 物业管理单位固定资产折旧费；8. 法定税费。由于上述第2项至第6项费用支出是指除工资及福利费以外的物资损耗补偿和其他费用开支，因此物业管理成本还应当包括工资及福利费用以外的物资损耗补偿和其他费用开支。

同时根据《物业管理企业财务规定》，物业管理企业在从事物业管理活动中，为物业产权人、使用人提供维修、管理和服务等过程中发生的各项支出，也按照规定计入成本费用，但企业在从事物业管理活动中发生的各项直接支出计入营业成本。

该办法同时还规定，物业管理单位必须严格遵守国家的价格法规和政策，执行规定的收费办法和收费标准，努力提高服务质量，向住户提供质价相称的服务。不得只收费不服务或多收费少服务。同时，业主也必须按照规定或约定缴纳物业费。对于越权定价，擅自设立收费项目，乱收费用的；不按规定实行明码标价的；提供服务质价不符的；只收费不服务或多收费少服务的以及其他违反规定的行为，由政府价格监督检查机关依照国家有关规定予以处罚。

物业管理收费标准和收取对象范围，主要包括以下项目：

1. 物业的管理服务费、保安费、保洁费，住宅房屋由物业管理企业按建筑面积以每月每平方米或每套为单位向业主或物业使用人收取；非住宅房屋由物业管理企业按建筑面积以每月每平方米为单位向业主或物业使用人收取。对管理服务费标准的调整，双方也可以规定一个幅度。

2. 空置房屋的管理服务费，由物业管理企业按建筑面积以每月每平方米为单位收取。

3. 业主和物业使用人逾期缴纳物业管理费的，合同双方可以约定按以下方式处理：其一，从逾期之日起，每天按合同约定的数额缴纳滞纳金；其二，从逾期之日起，每天按应交管理费的万分之几缴纳滞纳金；其三，其他方式。

4. 车位和车库的使用管理费，由物业管理企业区分露天车位和车库，按照合同约定的标准向车位使用人收取。

5. 物业管理企业对业主和物业使用人的房屋自用部位、自用设备、毗连部位的维修、养护以及其他特约服务，由当事人按实际发生的费用计付，收费标准可以与业主委员会在合同中约定，也可以由物业管理企业制定标准经业主委员会同意后实施。

6. 双方还可以约定其他物业管理企业向业主和物业使用人提供的服务项目和收费标准：其一，高层楼房电梯运行费按实结算，由物业管理企业向业主或物业使用人收取；其二，房屋的共用部位、共用设施、公用设备和附属建筑物、构筑物、公用绿地的小修、养护费用、大中修费用、更新费用。

有时业主与物业使用人并不一致，此时向谁收费往往会形成纠纷。一般应当以向业主收取为原则，在业主与物业使用人之间约定由物业使用人缴纳时，从其约定，但业主应负连带责任。

物业服务费用包括哪些内容

每月支付的物业管理服务费用是经物价部门核定的或者是由物业管理单位与小区管理委员会或者是物业产权人代表协商议定的收费项目、收费标准和收费办法。物业管理服务费用应当在物业管理合同中明文约定。

物业管理服务收费实行明码标价，收费项目和标准及收费办法应在经营场所或收费地点公布。物业管理单位应当定期（一般为6个月）向住户公布收费的收入和支出账目。物业收费根据服务性质和特点的不同分别实行政府定价、政府指导价和经营者定价。对公共卫生、公用设施的维护、保安、绿化等公共性的服务及代收水费、电费等服务收费，实行政府定价或指导价，凡属于为业主个别需要而提供的特约服务，除物价部门有规定标准的以外，服务收费实行经营者定价。

物业管理费的费用构成包括：

1. 管理、服务人员的工资和按规定提取的福利费；
2. 公共设施、设备日常运行、维修及保养费；
3. 绿化管理费；
4. 清洁卫生费；
5. 保安费；
6. 办公费；
7. 物业管理单位固定资产折旧费；
8. 法定税费。

其中第2项和第6项费用支出是指工资及福利费以外的物资损耗补偿和其他费用开支。

物业管理的收费标准

根据《物业管理条例》的规定，物业管理的收费标准有如下几项规定：

第一，已售公有住宅的收费标准，由市物价局会同市房地产管理局制定；

第二，普通内销商品住宅的收费标准，由物业管理企业与业主或业主委员会在区、县物价部门会同房地产管理部门规定的基准价的浮动幅度内协商确定；

第三，高标准内销商品住宅和外销商品住宅的收费标准，由物业管理企业与业主或业主委员会协商确定。其他服务项目的收费，由物业管理企业与业主委员会或者业主、使用人协商确定；

第四，物业管理企业收费的项目和标准应当公布。按照《物业管理条例》向业主或者使用人收取物业管理服务费用的，其他任何单位和个人不得重复收取性质相同的费用。未受业主委员会或者业主、使用人委托，物业管理企业自行提供物业服务的，对这部分物业服务费用，业主或者使用人可以不支付。

为了保障业主利益，《城市住宅小区物业管理服务收费暂行办法》规定，物业管理服务收费实行明码标价，收费项目和标准及收费办法应在经营场所或收费地点公布；物业管理单位应定期（一般为 6 个月）向住户公布收费的收入和支出的账目；物业管理单位应当向住户提供质价相符的服务，不得只收费不服务或多收费少服务。

当业主向物业管理单位缴纳费用后，其他部门和单位不得再行重复征收性质和内容相同的费用。此外，政府物价管理部门负责处理物业管理服务收费纠纷并有权对物业管理企业的下列违规行为进行处罚：

1. 越权定价，擅自提高收费标准；
2. 擅自设立收费项目，乱收费用；
3. 不按规定实行明码标价；
4. 提供服务质价不符；
5. 只收费不服务或多收费少服务等。

如何避免物业乱收费

目前物业管理收费纠纷日益增多，纠纷的焦点主要集中在业主或使用人认为有关服务费项目、标准、质量不合理、不合格，而物业管理公司认为业主或使用人不遵守物业管理公约，不按时缴纳管理费。

避免物业管理收费纠纷的主要措施包括：

1. 签署物业管理公约时，应当就有关收费的条款仔细审核，有不合理的条款要经过协商修改后才能签署；

2. 入住时一定要严格验房，查验建筑工程质量验收合格证，并实地看房，一旦发现问题要及时地向房地产开发企业提出，并妥善解决；

3. 房屋在保修期内出现质量问题的，应当及时地与房地产开发企业取得联系，并敦促其采取合理的措施修复；

4. 应当尽早成立物业管理委员会，签订物业管理合同，并对住、管双方的行为加以规范和约束。

物业管理收费纠纷的解决方法：

1. 业主或使用人可以向小区的物业管理委员会反映，由物业管理委员会与物业管理公司协商解决；

2. 不能协商解决的，有关收费标准又是由物价部门核定的，业主、使用人或物业管理委员会可以提请物价部门重新核定，物价部门可依据物业管理实际发生的费用，结合其服务内容、质量、深度及用户的意见重新核定；

3. 物业管理公司认为有关费用标准过低的，不得擅自提价，一方面可以与物业管理委员会协商一致后提价，另一方面可以提请物价部门根据有关费用的变化情况调整其标准。

物业公司的代收费项目

住宅小区费用代收问题产生的矛盾由来已久。物业公司认为自己代收缴水电费，不仅一点好处都没有，往往还要投入大量的人力、物力；而业主则认为水电费过高，指责一些物业公司存在乱收费的现象。

物业管理区域内，有关单位与业主签订供水、供电、供气、供热、通讯、有线电视等合同属于特殊的合同，与物业服务合同不属于同一性质。它是由使用人支付价款的合同，双方当事人的关系是一种买卖关系，对物业管理企业原则上没有约束力。

因此，《物业管理条例》及《物业服务收费管理办法》均规定，物业管理区域内，供水、供电、供气、供热、通讯、有线电视等单位应当向最终用户收取有关费用。物业管理企业没有收取物业管理区域内供水、供电、供气、供热、通讯、有线电视等费用的义务，但物业管理企业可以接受委托，为物业管理区域内供水、供电、供气、供热、通讯、有线电视等单位提供有偿代收服务。在这种委托合同中，业主不是合同的主体，因而不承担任何由此而产生的费用，物业管理企业可以从委托单位那里获得报酬。《物业管理条例》规定，物业管理企业接受委托代收有关费用的，不得向业主收取手续费等额外费用。

物业的保修责任

物业在竣工验收后，在使用过程中可能会出现质量问题，如屋面漏水，墙壁裂缝或墙皮脱落，室内地面空鼓、开裂、起砂，上下水管道、暖气管道漏水、堵塞等。根据《物业管理条例》的规定，建设单位应当按照国家规定的保修期限和保修范围，承担物业的保修责任。业主可以要求建设单位对物业进行维修。

1997 年 11 月 1 日颁布的《中华人民共和国建筑法》明确规定了建筑工程保修制度。建设工程承包单位在向建设单位提交工程竣工验收报告时，应当向建设单位出具质量保修书。由于业主是与建设单位订立的房屋买卖合同，因此建设单位是物业质量保修的第一责任人。如果物业质量问题是因为勘察单位、设计单位、施工单位、工程监理单位的原因造成的，建设单位可以依法要求这些相关单位承担连带责任，保修费用由责任方承担。

停车场的所有权以及使用权

对于小区内停车场的所有权应该贯彻“谁投资，谁所有”的原则，结合实践中的做法，主要包括以下三种情况：

1. 停车场如果分割为车位向业主出卖，则停车场的各个车位归购买的业主所有，而停车场的其他公共部分原则上应该由所有购买车位的业主所共有。

2. 停车场如果不是按车位出卖，但其建造费用是由全体业主按比例分摊的，则停车场自然应该属于全体业主共有，由业主通过业主公约或约定决定停车场的使用和收费方式。

3. 开发商保留停车场的所有权，则必须在物业买卖合同中明确规定，且停车场的建造成本必须由开发商自己承担。对于停车场的使用和收费标准则由开发商和业主协商决定。

小区内的公共设施和公共建筑

《物业管理条例》第五十条规定，物业管理区域内按照规划建设的公共建筑和共用设施，不得改变用途。业主依法确需改变公共建筑和共用设施用途的，应当在依法办理有关手续后告知物业管理企业；物业管理企业确需改变公共建筑和共用设施用途的，应当提请业主大会讨论决定同意后，由业主依法办理有关手续。此项规定的具体要求如下：

1. 业主和物业管理企业应当按照公共建筑和共用设施的用途使用公共建筑和共用设施。公共建筑和共用设施用途是指公共建筑和共用设施规划设计的功能。该设计对于整个物业管理区域来说是一体的，其用途绝不能随意改变。否则，不但不能发挥该规划设计所应有的功能，相反，还可能给广大小区居民带来种种不便，甚至造成各种事故隐患。例如，公用走廊、楼梯是用于正常通行的，不得堆放杂物，否则会妨碍通行，还可能会引起火灾；消防疏散楼梯是用于消防事故发生时紧急疏散人群的，在正常情况下不得作为通行楼梯使用，也不得堆放杂物，造成堵塞等等。因此，无论是业主还是物业管理企业都不能对公共建筑和共用设施用途擅自改变，否则，后果严重，责任重大。

《城市新建住宅小区管理办法》第十四条规定：房地产产权人和使用人违反本办法规定，有下列行为之一的，由物业管理公司予以制止、批评教育、责令恢复原状、赔偿损失：(1) 擅自改变小区内土地用途的；(2) 擅自改变房屋、配套设施的用途、结构、外观，毁损设施、设备，危及房屋安全的；(3) 私搭乱建，乱停乱放车辆，在房屋共用部位乱堆乱放，随意占用、破坏绿化、污染环境、影响住宅小区景观，噪声扰民的。第十五条规定：物业管理公司私搭乱建，改变房地产公共设施用途的，房地产产权人和使用人有权投诉；物业管理委员会有权制止，并要求其限期改正；房地产行政主管部门可对其予以警告、责令限期改正、赔偿损失，并可处以罚款。

此外，《物业管理条例》第六章“法律责任”中的第五十八条规定：违反本条例的规定，建设单位擅自处分业主物业的公共部分，公共设施设备的所有权或者使用权的，由县级以上地方人民政府房地产行政主管部门处 5 万元以上 20 万元以下的罚款；给业主造成损失的，依法承担赔偿责任。由此可见，物业管理区域内的公共建筑和公共设备的用途事关重大，绝不能擅自改变。

小区电梯事故纠纷

实践中，小区电梯事故屡有发生，严重危害业主生命健康和财产安全。事故发生后，物业管理企业与电梯生产商往往互相推诿，不愿意承担责任。

从理论上分析，这涉及产品责任与物业管理企业应承担法律责任的区分问题。也就是说，如果属于电梯没有按照国家有关标准及时进行更新或改造的，或者属于电梯驾驶员违规操作的，或者发生险情没有进行及时排除的，或者发生电梯事故没有及时救助的，物业管理企业应当承担赔偿责任。关于电梯的使用性能是否达到报废标准，或者发生电梯事故后，对于事故原因的分析，当事人应向国家规定的特种设备检测中心或房屋设备检测检验所以及国家电梯质量监督检验中心申请鉴定。如果鉴定结果表明，物业管理企业没有过错，事故发生的原因为电梯质量不合格所致，则应当由电梯的制造者、销售者承担民事责任。

我们认为，物业管理企业有管理维护电梯、保证电梯正常运转的义务。因此，在实践中，为了切实维护业主的权益，一旦小区电梯发生事故损害业主人身、财产权益的，物业管理企业就应当承担赔偿责任。如果事故原因系电梯本身的质量问题，物业管理企业在承担责任后，可以向电梯生产商追偿。

专项维修资金的具体规定

专项维修资金管理的具体规定是：

1. 专款专用。《办法》规定维修资金应当在银行专户存储，专款专用。为了保证维修资金的安全，维修资金闲置时，除可以用于购买国债或者用于法律、法规规定的其他范围外，严禁挪作他用。维修资金明细一般按住宅设置，具体办法由市、县房地产行政主管部门制定。

2. 利息。维修资金自存入维修资金专户之日起按规定计息。维修资金利息净收益转作维修资金滚存使用和管理。

3. 代管与移交。在业主办理房屋权属证书时，商品住房销售单位应当将代收的维修资金移交给当地房地产行政主管部门代管。

业主委员会成立后，经业主委员会同意，房地产行政主管部门将维修资金移交给物业管理企业代管。物业管理企业代管的专项维修资金，应当定期接受业主委员会的检查与监督。

4. 使用计划。业主委员会成立前，维修资金的使用由售房单位或售房单位委托的管理单位提出使用计划，经当地房地产行政主管部门审核后划拨。业主委员会成立后，维修资金的使用由物业管理企业提出年度使用计划，经业主委员会审定后实施。

5. 账户转移。物业管理企业发生变化时，代管的维修基金账目经业主委员会审核无误后，应当办理账户转移手续。账户转移手续应当自双方签字盖章之日起十日内送当地房地产行政主管部门和业主委员会备案。

6. 退还。业主转让房屋所有权时，结余专项维修资金不予退还，随房屋所有权同时过户。因房屋拆迁或者其他原因造成住房灭失的，专项维修资金代管单位应当将专项维修资金账面余额按照业主个人缴纳的比例退还给业主。

7. 行政监管。各级房地产行政主管部门和财政部门负责指导、协调、监督维修资金的管理与使用。市、县财政部门和房地产行政主管部门应当制定维修基金使用计划报批管理制度、财务预决算管理制度、审计监督制度以及业主的查询和对账制度等。

物业维修管理的范围

物业维修的范围包括：

1. 给排水管道的维修管理与养护。漏水是管道及配件的主要常见毛病，明装管道沿管线检查，即可发现渗漏部位。对于埋地管道，首先进行观察，对地面长期潮湿、积水和冒水的管段进行听漏，同时参考原设计图纸和现有的闸门箱位，准确地确定渗漏位置，进行开挖修理。在每年冬季到来之前，维修人员应当注意做好水表箱、阀门井、消防栓、栓井等的防冻保温工作。管道冻裂时，应根据具体情况决定修理方法。排水系统不堵塞，是不会出现冻裂事故的。阀门、水嘴或连接件冻裂，只能更换新的。排水管道堵塞时，应根据具体情况判断堵塞物的位置，在最近的接口处，采用人工或机械疏通。

2. 供暖设备的维修。要定期检查锅炉，检查锅炉的腐蚀程度，受压部位有无过热变形或渗漏情况，附件是否灵活、准确、严密等。对于终年运行的锅炉，每 3 个月进行一次清洗检查，每年进行一次炉内外和附件的彻底检查。锅炉经过移装或改装时要进行超水压试验。对锅炉要经常进行湿式保养和干式保养。对散热器漏水，应当采用拆开散热器重新组对的方法进行修理。

3. 电梯的维修。要制定电梯的操作规程、保养维修规程，以及保养维修计划，并建立保养维修档案。配备合格的维修人员，不具备此条件的，应当聘请专业电梯保养公司来负责电梯的保养维修工作，以保证电梯和自动扶梯的维修质量。定期巡查，以便及时发现故障并维修。电梯连续运行 15 年以上，如主机和其他配套配件磨损耗蚀严重，不能恢复又无法更换时，就需要进行更新或改造。各基层单位应在每年设备普查的基础上提出下一年度的电梯大修、中修和更新计划，报上级物业管理部门批准后安排施工。

4. 房屋维修管理与服务。房屋维修管理，是指依据国家和地方有关城市房屋维修的方针政策、法律、法规等对房屋进行勘察、鉴定，确定修缮方案，安排修缮计划，落实修缮资金，进行质量监督和竣工验收，建立房屋技术档案，监督用户合理使用房屋等各项管理工作的总称。

房屋装饰装修中的禁止行为

住宅室内装饰装修不仅事关装修人的利益，还会影响到相邻业主的作息，甚至居住安全，会影响到公共利益。因此，装修人一定要遵守法律、法规有关装修的禁止行为和注意事项的有关规定。而物业管理企业基于其管理监督权负有告知义务。

具体来说，根据《住宅室内装饰装修管理办法》及其他法律、法规规定，住宅室内装饰装修工程的禁止行为和注意事项主要如下：

1. 住宅室内装饰装修活动，禁止下列行为：（1）未经原设计单位或者具有相应资质等级的设计单位提出设计方案，变动建筑主体（指建筑实体的结构构造，包括屋盖、楼盖、梁、柱、支撑、墙体、连接接点和基础等）和承重结构（指直接将本身自重与各种外加作用力系统地传递给基础地基的主要结构构件和其连接接点，包括承重墙体、立杆、柱、框架柱、支墩、楼板、梁、屋架、悬索等）；（2）将没有防水要求的房间或者阳台改为卫生间、厨房间；（3）扩大承重墙上原有的门窗尺寸，拆除连接阳台的砖混凝土墙体；（4）损坏房屋原有节能设施，降低节能效果；（5）其他影响建筑结构和使用安全的行为。

2. 装修人从事住宅室内装饰装修活动未经批准，不得有下列行为：（1）搭建建筑物、构筑物；（2）改变住宅外立面，在非承重墙上开门、窗；（3）拆改供暖管道和设施；（4）拆改燃气管道和设施。上述第（1）项、第（2）项行为，应当经城市规划行政主管部门批准；第（3）项行为，应当经供暖管理单位批准；第（4）项行为，应当经燃气管理单位批准。

3. 住宅室内装饰装修超过设计标准或者规范增加楼面负载的，应当经原设计单位或者具有相应资质等级的设计单位提出设计方案。

4. 改动卫生间、厨房间防水层的，应当按照防水标准制定施工方案，并作闭水试验。

5. 装修人经原设计单位或者具有相应资质等级的设计单位提出设计方案变动建筑主体和承重结构的，或者装修活动涉及上述第2，3，4项内容的，必须委托具有相应资质等级的装饰装修企业承担。

物业管理单位应当按照住宅室内装饰装修管理服务协议实施管理，发现装修人或者装饰装修企业有上述第1项行为的，或者未经有关部门批准实施上述第2项行为的，或者有违反上述第3，4，5项规定行为的，应当立即制止，已造成损害后果的或者拒不改正的，应当及时报告有关部门依法处理。对装修人或者装饰装修企业违反住宅室内装饰装修管理服务协议的，应当追究其违约责任。

6. 装饰装修企业从事住宅室内装饰装修活动，应当遵守施工安全操作规程，按照规定采取必要的安全防护和消防措施，不得擅自动用明火和进行焊接作业，保证作业人员和周围住房及财产的安全。

7. 装修人和装饰装修企业从事住宅室内装饰装修活动，不得侵占公共空间，不得损害公共部位和设施。如：禁止违规堆放、使用、清运易燃装饰材料，禁止将家庭居室装饰装修所形成的各种废弃物，不按照有关部门指定的位置、方式和时间进行堆放及清运；禁止从楼上向地面或者由垃圾道、下水道抛弃因装饰装修居室而产生的废弃物及其他物品；装修施工负责人要保证各楼层公共设施的完好，如不能随意按电梯按钮，不能在电梯内、楼道里乱写乱画，不能擅自撬门锁等。

8. 禁止任意刨凿顶板，不经穿管直接埋设电线或者改线。

解决物业管理纠纷的方法

在我国现行法律制度下，物业管理纠纷的解决途径非常广泛，从我国民事立法的有关规定和实践来看，主要包括协商、调解、行政处理、仲裁、诉讼等多种方式。总的说来，这些纠纷解决方式可分为两类：诉讼方式和非诉讼方式，前述方式除诉讼外，都属于非诉讼方式。

协商：

协商是物业管理纠纷双方当事人之间本着互谅互让的态度和实事求是的精神，就有关纠纷的解决自行达成和解协议，并自觉履行。协商无须第三者参与斡旋、调停、仲裁或裁判，这种方式简便易行，省时、省力、省钱，是一种理想状态的解决方式，关键是在运用过程中要注意合法性和自愿性。

调解：

调解是在第三方主持下，以国家法律、法规、规章和政策以及社会公德为依据，对纠纷双方进行斡旋、劝说，促使他们互相谅解，进行协商，自愿达成协议，消除纷争的活动。在某种意义上，调解可以视为协商的延伸，二者的主要区别在于是否有中立第三方（调解人）的参与。调解分诉讼外调解（包括民间调解、行政调解等）和诉讼内调解（司法调解）。

行政处理：

行政处理，是指行政主体为实现相应法律、法规、规章确定的行政管理目标和任务，应行政相对人申请或依职权依法处理涉及特定行政相对人某种权利义务事项的具体行政行为。行政处理是解决物业管理纠纷的主要途径，它具有专业性、权威性强以及效率高、成本低等优点。行政处理的形式广泛多样，主要包括行政调解、行政裁决和行政复议等。

仲裁：

仲裁是指发生纠纷的当事人按照有关规定，事先或事后达成协议，把他们之间的争议提交仲裁机构，由仲裁机构以第三者的身份对争议的事实和权利、义务作出判断。仲裁这一方式具有自愿的一面，也有强制的一面。当事人双方自愿将争议提交仲裁机构解决，裁决一经作出即发生法律效力。当事人不履行责任，对方当事人可向法院申请强制执行。

诉讼：

诉讼是指受害人、案件的其他当事人或法定国家机关依法向人民法院起诉、上诉或申诉，由人民法院按照法定程序处理案件，保护有关当事人的合法权益。物业管理纠纷的诉讼主要是民事诉讼。

司法救济作为纠纷解决最终的和最有效的途径有其优点，人民法院作为唯一的审判机关，其程序规范严密，判决具有权威性和强制力。所以双方当事人争议较大的案件，通过诉讼外手段难以解决时，最终还是要选择司法救济。

举案说法

业主经济损失赔偿案

案情简介：

2000年2月12日，被告罗某在北京市大兴区某小区购买了一套商品房，由于常年在外做生意，一直没有搬入小区居住。2005年2月15日，业主张某向北京市大兴区某物业管理公司投诉，楼上业主罗某家中的下水道可能破裂，污水已经将自己家里的高档家具、木质地板以及房屋墙面浸泡，家里精致装修遭到严重破坏，给自己造成经济损失合计3万元。北京市大兴区某物业公司接到业主张某的投诉后，随即安排物业公司的工作人员前往业主张某家中调查落实。经证实后，物业公司负责人李某迅速打电话通知业主罗某，要求其尽快赶回小区，将自家破裂的下水道维修好。但被告罗某认为，自己没有在小区居住，下水管道破裂与自己无关，不同意回小区修理。鉴于此种情况，为了防止业主张某的经济损失进一步扩大，物业公司负责人决定，从业主罗某家中的窗户进入房间，对破裂的下水道进行维修。但窗户封闭严密，物业公司的工作人员只好强行将窗户撬开，从而进入房间对破裂的下水管道进行维修。

原告张某认为，楼上下水道破裂，将自己家中的高档家具、木质地板、房屋墙面浸泡，给自己造成了经济损失。楼上业主罗某作为房屋的所有权人，给楼下相邻人造成经济损失应当承担赔偿责任。北京市大兴区某物业公司未尽物业管理职责，已经违反双方签订的物业管理合同规定的条款，对自己的经济损失应当承担连带责任。

鉴于此，原告张某与被告罗某、北京市大兴区某物业公司多次协商未果，于2005年3月24日依法向北京市大兴区人民法院提起诉讼，要求被告罗某、被告北京市大兴区某物业公司共同承担自己的经济损失合计3万元，并承担本案的诉讼费用。

被告罗某认为，自己购买某小区后，一直没有实际居住，发生下水管道破裂，属于开发商提供的设施存有质量瑕疵，原告张某应该要求开发商承担责任，不应由自己承担赔偿责任。更何况，物业公司将自己家中的窗户破坏，进入房间维修下水管道，给自己也造成了经济损失。因此，不同意承担原告张某的经济损失。

北京市大兴区某物业公司认为，本公司已经根据与业主之间签订的《物业管理服务合同》提供了合格的物业管理服务，对于业主自家家中出现下水管道破裂，对楼下业主造成经济损失，本公司是无法进行管理的，因为物业公司不可能整天挨家挨户进行下水管道检测工作。更何况，物业公司接到原告张某投诉后，在第一时间内赶到事故现场，并及时作出妥善处理，将业主罗某家中破裂的下水管道修好，对业主张某经济损失的扩大起到了防止作用。因此，本公司在此事件中，不存有任何过错行为，不同意承担原告张某的经济损失。而且，原告张某要求本公司承担赔偿责任没有法律事实和依据，请求法院依法驳回原告的诉讼请求。

法院判决：

北京市大兴区人民法院经审理认为，原告张某与被告北京市大兴区某物业公司之间签订的《物业管理服务合同》，属双方真实意思表示，其合同内容未违反法律法规规定，属合法有效的合同，应当受到法律的保护。根据双方签订的物业管理服务合同约定，楼上管道维修义务并非北京市大兴区某物业公司的维修职责，因此，对于原告张某所遭受的经济损失物业公司不应承担责任。原告要求物业公司承担赔偿责任没有法律依据，本院不予支持，对于此项诉讼请求本院予以驳回。在本案中，原告张某家中的高档家具、木质地板、房屋墙面遭到损害，是由于被告罗某家中的下水管道破裂所致。因此，原告张某遭受的经济损失与被告罗某的侵权行为之间具有直接的因果关系。被告罗某作为楼上房屋的所有权人，给相邻人造成经济损失，根据法律的规定，理应承担赔偿责任。被告罗某在本案中提出的抗辩理由均不成立，本院不予支持。根据《中华人民共和国民法通则》第八十三条之规定，判决如下：

1. 由被告罗某承担原告张某经济损失 3 万元；

2. 被告北京市大兴区某物业公司不存有过错行为，不应承担赔偿责任。

本案评析：

1. 在本案中，楼上业主长期未入住，其房屋下水管道老化破裂，给楼下业主造成经济损失，作为房屋所有权人，楼上业主应该承担楼下业主的经济损失。

在本案中，当事人之间争议的第一个焦点问题是：楼上业主长期未入住，其房间下水管道老化破裂，给楼下业主造成经济损失，楼下业主的经济损失应该由谁来承担？对于这个问题，责任的承担者主要涉及开发商、物业公司和楼上业主三方，究竟应由谁承担楼下业主的经济损失，我们可以作如下的分析：

首先，根据建设部下发的《商品住宅实行住宅质量保证书和住宅使用说明书制度的规定》的有关规定，房地产开发企业对住宅的墙面、厨房和卫生间地面、地下室、管道渗漏保修期不低于一年。在本案中，业主罗小栋购房时间已满五年，如果开发商在其提供的《住宅质量保证书》中，没有对一年的保修期限予以延长，则开发商不再承担赔偿责任。在实践中，开发商的保修期一般不可能超过两年，因此，在本案中，被告罗某是没有法律依据要求开发商承担责任的。

那么，在本案中，物业公司与楼上业主究竟应由谁承担责任？物业公司作为小区的“管家”，服务范围包括保安、保洁、公共秩序维护、小区绿化、车辆保管等，但这些服务往往涉及的均是小区的公共领域，是为小区的所有业主提供的，不具有特别针对性。物业公司提供服务所具有的这种公共性质，一是考虑了维护业主的私人空间，二是考虑了物业公司的实际管理、服务能力，因为一个小区少则上百户，多则上千户，物业公司的员工也不过几十人，从工作能力上来讲，难以顾及每家每户。在本案中，下水管道老化破裂问题发生在业主房屋内，虽然不是业主人为造成的，但由于房屋所有权归业主所有，从物业公司提供服务的公共性质考虑，物业公司既没有权力私自打开房间进行检查，在没有备案的情况下，也不可能有能力了解每位业主的房屋使用情况。因此，物业公司在此次事件中不存有任何过错行为，不应承担原告的经济损失。被告罗某作为房屋的所有权人，给相邻人造成经济损失，理应承担赔偿责任。

但根据实际情况，也不排除物业公司承担责任的可能性，若在本案中，物业公司在接到楼下业主反映情况后，没有及时采取处理措施，如不联系楼上业主及时修理破裂的下水管道或者采取消极的不作为，致使楼下业主经济损失扩大，则物业公司存在过错，可能也会就扩大的经济损失承担赔偿责任。

2．在本案中，楼上发生漏水事件，物业公司可以进入业主家中进行必需的维修，给楼上业主造成经济损失，物业公司不应承担赔偿责任。

在本案中，当事人争议的第二个焦点问题就是：物业公司联系业主，业主却置之不理，楼下业主损失又在不断扩大的情形下，物业公司是否可以先行进入楼上业主家进行检查维修，以及给楼上业主造成门窗破损经济损失，物业公司是否承担赔偿责任？本案中，实际上涉及紧急避险的问题。所谓紧急避险，是指为了防止公共利益、本人或者他人的合法权益免受正在遭受的紧急危险，不得已而采取的损害另一较小利益的行为。该行为符合下列条件时，可以成为侵权责任的抗辩事由：（1）危险必须是现实存在的；（2）避险行为必须是在不得已的情况下为之；（3）避险行为不得超过必要的限度，即以避险措施造成的损害小于因此而避免的损失。

因此，在符合下列条件时，我们认为物业公司可以未经楼上业主许可，进入楼上业主家中进行检查并排除故障：（1）楼下业主的损失不断扩大；（2）无法联系到楼上业主或联系到楼上业主，而楼上业主却置之不理；（3）进入楼上业主家是唯一可行的维修方法，或虽有其他方法，但若采取可能造成其他更大的损失；（4）楼下业主因不及时维修遭受的损失比物业公司进入楼上业主家给楼上业主造成的如门窗破损的损失要大。但是，物业公司同时应注意采取给楼上业主带来最小财产损害的方式，比如，如果能够破窗进入房间，就不要采取破门进入等损失更大的方式。此外，在进入楼上业主家中时，最好能有居民委员会、派出所、业主委员会或至少有其他与此事件无牵连的业主作为第三者在场，起到一定的见证作用。

对于因避险行为给楼上业主门窗造成的经济损失，物业公司该不该承担赔偿责任的问题，根据《最高人民法院关于贯彻执行〈中华人民共和国民法通则〉若干问题的意见（试行）》第一五六条规定："因紧急避险造成他人损失的，如果险情是由自然原因引起，行为人采取的措施又无不当，则行为人不承担民事责任。受害人要求补偿的，可以责令受益人适当补偿。"因此，楼下业主作为受益人，应对楼上业主遭受的门窗破损损失承担补偿责任。同时，若楼上业主也因此而避免了因水管老化破裂而使自家财产遭受更大的损失，那么，楼上业主也应承担部分损失。

业主违规装修纠纷案

案情简介：

2004年10月25日，被告李某购买了由原告北京市某物业管理公司（以下简称某物业公司）负责管理的北京市海淀区某小区第18号楼顶层房屋一套。2004年11月12日，被告李某准备对自己的房屋进行重新装修。在进行房屋装修前，被告李某按照其所居住的小区《业主公约》及其与原告某物业公司之间签订的《物业服务合同》的规定，在原告某物业管理公司办理了装修登记手续，并依规定向原告某物业公司缴纳了装修保证金。在装修房屋的过程中，原告某物业公司发现，被告李某从国外购买了一只占地面积为9平方米、自重为360公斤的浴缸，而且被告李某欲将此浴缸安装在房屋顶层。原告某物业公司根据以往的物业管理经验，认定此浴缸重量太大，如果安装在房屋顶层。顶层楼板可能承受不起浴缸的重力，会导致顶层楼板倒塌。于是，原告某物业公司对被告李某进行解释并阻止被告在房屋顶层安装浴缸。被告李某见物业管理公司坚决反对自己在房屋顶层安装浴缸，便打消了在房屋顶层安装浴缸的念头。

但是，被告李某认为，自己已经购买了房屋，房屋内的面积属于自己所有。于是被告李某表示要将浴缸安装在房屋内，并就安装问题多次与原告某物业公司交涉，但原告某物业公司以安装该浴缸须经批准及通过安全测定为由予以拒绝。2004 年 12 月 15 日，被告李某在未通知某物业公司的情况下，自行在房屋内吊装了大浴缸。

原告某物业公司认为，业主李某在未经物业管理公司的同意下，擅自在自家房屋内安装超大重量的浴缸，其行为已经损害其他业主的安全。鉴于此，原告某物业公司于2005 年1 月21 日以业主李某擅自安装超负荷设施严重影响房屋安全为由诉至北京市海淀区人民法院，要求业主李某自行拆除浴缸，消除危险。

被告李某认为，自己在自家的房屋内进行装修是行使房屋所有权的行为，物业管理公司无权干涉。因此，原告某物业公司提起的诉讼，没有法律事实和依据，请求法院依法驳回原告的诉讼请求。

法院判决：

北京市海淀区人民法院在审理此案的过程中，依据双方当事人的申请，委托北京市法庭科学技术鉴定研究所进行鉴定。鉴定结论为：业主李某房屋所在楼房是按照国家规定的建筑结构荷载规范进行设计的，室内楼板承重最大为每平方米 280 公斤，超过该重量长期安放，势必影响大楼的结构，而此浴缸每平方米的承重已超过规定的荷载。

北京市海淀区人民法院经审理认为，根据建设部关于建筑及住宅室内装饰装修管理的有关规章，房屋所有人、使用人进行家庭居室装饰装修，凡涉及拆改主体结构和明显加大荷载的，房屋所有人、使用人必须向房屋所在地的房地产行政主管部门提出申请，并由房屋安全鉴定单位对装饰装修方案的使用进行审定。经批准后，房屋装饰装修申请人持批准证书向建设行政主管部门办理报建手续，并领取施工许可证。在本案中，业主李某在自家安装超过大楼负荷能力的浴缸的行为，未经过安全鉴定和任何审批手续，且对大楼造成潜在的危险。因此，作为整个小区的物业管理单位，原告海坛物业公司有权代表全体业主的利益要求被告李某将浴缸拆除。

据此，北京市海淀区人民法院依法判决，限令被告李某在 7 日内拆除其安装的大浴缸。

本案评析：

1．在本案中，被告李某安装的浴缸承重已经超过规定的荷载。因此，被告李某不能在自家的房屋内自行安装大浴缸。

装饰、装修行为是房屋的所有人、使用人对房屋进行改造，使其更加美观实用的行为，也是业主对其财产的一种处分行为。如果房屋属于自己所有并且不与他人的房屋相毗邻，那么装饰装修只是财产的所有人对其个人财产的一种处分行为，一般不会影响到他人的权利。但作为高层或者多层建筑的某一间房屋的区分所有人或使用人，不当的装修行为将影响到其他区分所有人或使用人的权利，并可能对整幢楼房造成安全隐患，所以装修行为不再只是个人行为，而是涉及公共利益的社会行为。也就是说，如果装修行为人是整栋楼房的某一间房屋的所有人，那么其装修行为不得妨害他人对房屋行使权利，不得改变房屋的整体结构或者危及房屋的安全性能。正是基于装修可能损害公共利益的行为特征，建设部先后制定了《建筑装饰装修管理规定》《家庭居室装饰装修管理试行办法》《住宅室内装饰装修管理办法》等。

那么，在本案中，被告李某是否有权在自家的房屋内自行安装大浴缸？一个可以参照的标准是其安装大浴缸的行为是否符合上述规定和办法的有关内容。根据《住宅室内装饰装修管理办法》第七条的有关规定，住宅室内装饰装修超过设计标准或者规范增加楼面荷载的，应当经原设计单位或者具有相应资质等级的设计单位提出设计方案。《家庭居室装饰装修管理试行办法》第四条规定："房屋所有人、使用人进行家庭居室装饰装修，凡涉及拆改主体结构和明显加大荷载的，必须按照建设部令第 46 号《建筑装饰装修管理规定》第八条规定的程序办理。进行简易装饰装修（如仅作面层涂料、贴墙纸、铺面砖等）的，应当到房屋产权单位或者物业管理单位登记备案。"《建筑装饰装修管理规定》第八条规定："原有房屋装饰装修时，凡涉及拆改主体结构和明显加大荷载的，应当按照下列办法办理：（1）房屋所有人、使用人必须向房屋所在地的房地产行政主管部门提出申请，并由房屋安全鉴定单位对装饰装修方案的使用进行审定。（2）经批准后，房屋装饰装修申请人持批准证书向建设行政主管部门办理报建手续，并领取施工许可证。"

综上所述，在本案中，被告李某安装超大浴缸的行为属于明显加大房屋荷载的行为，其行为应当受到上述规章内容的约束。因此，被告李某安装的浴缸承重已经超过规定的荷载，其不能在自家的房屋内自行安装大浴缸。

2. 业主违规装修，物业管理公司有权制止业主违规装修的行为，因此，在本案中，原告某物业管理公司有权阻止被告李某安装大浴缸。

本案争议的第二个焦点问题，即是被告李某作为业主有权处分自己的财产，而原告某物业公司却阻止其行使该权利，并且也得到了法院的支持。那么，原告某物业公司是基于何种权利对抗被告李某的财产处分权。我们认为，原告某物业公司之所以能够对抗业主处分其财产，是基于对小区物业的管理权。

物业管理企业获得物业管理权的法律基础是物业管理合同，目前认为，物业管理合同属于委托合同之一种。在物业管理合同关系中，业主处于委托人的地位，而物业管理企业处于受托人的地位，物业管理企业受托处理的委托事务就是物业管理。为了处理物业管理事务，物业管理企业有必要获得业主即委托人的授权，即获得物业管理权，据此从事与物业管理有关的事实行为（如保安、清洁等）和法律行为（如代业主行使物上请求权等），在获得业主的特别授权的情况下，也可以代理业主从事诉讼活动（如代理业主通过诉讼阻止他人对物业的侵害）。

既然物业管理企业拥有物业管理权，那么，容易产生的一个疑问是，在本案中，原告某物业公司是否可以放弃其拥有的物业管理权？答案是否定的，因为如果原告某物业公司不去阻止被告李某安放大浴缸，损害的是建筑物的整体安全，也就是全体业主的权益，全体业主可以根据物业管理合同，追究物业管理企业怠于管理的违约责任。可见，在李某安放大浴缸时，物业管理企业必须去阻止。也就是说，在李某安放大浴缸时，物业管理企业行使阻止该行为的物业管理权根本不是在行使一种可以放弃的普通民事权利，而是在履行义务。从这个意义上说，物业管理权的性质属于一种权限，是物业管理企业根据物业管理合同从业主那里获得的授权。物业管理企业行使物业管理权，不是在行使以业主为相对人的合同权利，而是履行以业主为相对人的合同义务。

既然物业管理企业是业主的受托人，物业管理权是业主授予的权限，那么，在本案中，李某作为委托人是否可以撤销物业管理企业的物业管理权，而阻止物业管理企业的管理行为？答案也是否定的。在物业管理关系中，存在着双重法律关系：

一是业主之间的关系，即个别业主与全体业主之间的关系。这是业主之间基于建筑物共用部分的共有权而形成的所有人之间的关系。在高层住宅建筑上，因建筑物结构与使用功能上的特点，存在着单一业主的所有权与全体业主的共有权的连接，在物业使用过程中会出现个别业主的个别权利与全体业主的整体权利的冲突。在此情况下，业主个别权利的行使要服从或不得影响业主整体权利的行使。

二是物业管理企业与业主之间的物业服务合同关系。在物业管理企业和业主之间的关系中，包括物业管理企业和个别业主的合同关系，如代收水电费、为个别业主提供特殊服务；还包括物业管理企业和全体业主的合同关系，如维持共有部分的使用功能和使用秩序，维持小区安全、卫生和绿化等。实务中的物业服务合同基本上是业主全体与物业管理企业之间订立的合同，即物业管理企业是受全体业主的委托，为了全体业主的利益而处理物业管理事务。业主在购房时与物业管理企业签订物业管理公约，与其说是与物业管理企业订立一个独立的物业服务合同，不如说是加入一个既已存在的由全体业主与物业管理企业之间订立的物业服务合同关系。由于物业管理企业对建筑物共用部分的物业管理权是全体业主授予的，因此，个别业主服从物业管理企业的物业管理权，不是服从物业管理企业的权利，而是服从全体业主的权利。在本案中，物业管理企业阻止李某安放大浴缸，不是在维护物业管理企业自己的权利，而是基于全体业主的授权，在维护全体业主的权利。

因此，对于物业管理企业的阻止行为，李某不能以自己是业主为由要求排除物业管理企业的妨碍。法院判决支持物业管理企业的诉讼请求是合法的，但其判决根据，不是支持物业管理企业维护自己权利的行为，而是支持物业管理企业维护全体业主权益的行为。

转让物业服务项目纠纷案

案情简介：

某物业管理公司为河西某小区提供物业管理服务，某物业管理公司没有专业的保安队伍，于是将河西某小区的保安服务委托给某保安服务公司。河西某小区业主委员会认为，未经小区业主大会同意，某物业管理公司将保安服务另行委托给某保安服务公司的行为无效，是对业主合法权益的侵犯。

本案评析：

某物业管理公司不经过河西某小区业主同意，可以将保安服务转委托给某保安服务公司，河西某业主委员会不可以干涉该转委托行为，但如果因转委托行为使业主遭受损害，某物业管理公司应当对业主承担赔偿责任。

1. 某物业管理公司可以将专项服务委托给专业性服务公司。

物业管理服务活动内容广泛，涉及事项多，一个物业管理企业难以全面配备专业人员。因此，另外聘请相关专业性服务公司提供专业化的物业服务更有利于小区业主的利益。这既有利于降低物业管理成本，规避风险，也有利于保证物业管理服务的质量。《物业管理条例》第四十条规定：“物业管理企业可以将物业管理区域内的专项服务业务委托给专业性服务企业。”实践中，物业管理企业承接一个物业管理项目后，一般根据物业管理区域的规模、服务项目、自身服务能力等情况，决定是否将该项目中的专项服务业务委托给他人。

本案中，某物业管理公司由于认识到自己不具有提供保安服务的能力，所以将保安服务项目转委托给专业性保安服务公司，是法律所允许的。

2. 某物业管理公司的转委托行为无须经过小区业主大会的同意。

物业管理企业为小区提供物业服务。双方之间是一种特殊的合同关系，带有委托合同的性质。在一般情况下，受托人将受托的事项转委托给他人时应经委托人的同意。但是，物业服务合同不同于一般委托合同。在一般情况下，只要业主委员会事先没有与物业管理企业约定不得将某项专业服务项目擅自转委托，那么物业管理企业就可以不经业主委员会的同意而将该专业项目转委托给专业性服务企业。这是由物业管理服务自身的特点所决定的，物业管理企业很难涵盖所有的服务项目，允许其转委托，实际上更有利于维护业主的利益。本案中，河西某小区业主委员会与某公司签订物业服务合同时并没有约定不得将保安服务项目转委托，某物业管理公司没有能力承担保安服务，可以将保安服务项目转委托给专业保安服务公司。

应当说明的是，接受转委托的单位应当具有提供相应专业性服务的能力，且接受委托的专业性服务企业不得将所接受的项目再委托给他人。转委托之后，物业管理企业和业主之间仍然是物业服务合同关系；物业管理企业和专业服务企业之间委托服务合同的内容不得与物业服务合同相抵触。专业服务企业在提供相应的专业性服务时，应当遵守物业管理区域内的规章制度，不得侵害业主的合法权益。物业管理公司就专业服务公司提供的服务向业主负责。

物业管理费纠纷案

案情简介：

某花园业主委员会成立于2003年9月，由秦某担任委员会主任，任期1年。2003年8月，张某在换届选举中被选为新一届的业主委员会主任。某小区与物业管理公司的物业服务合同即将到期，新一届业主委员会在备案之前，就在业主大会的授权下与物业管理公司协商签订了物业服务合同，合同中提高物业服务费的收费标准，一些业主颇有微词。2003年12月，物业管理公司向某花园业主朱某收取物业服务费时，朱某拒缴物业服务费，其理由是新一届业主委员会尚未备案就与物业管理公司签订物业服务合同，该物业服务合同是无效的，于是拒缴物业服务费。

本案评析：

朱某是否应该交物业服务费的关键是新一届业主委员会在备案之前与物业管理企业签订的物业服务合同是否有效。而这又主要牵涉到业主委员会的法律性质问题，即业主委员会从何时起成立的问题。

对业主委员会法律性质有不同的看法。我国《物业管理条例》对业主委员会的法律性质并没有作明确规定，各个地方的规定也不尽相同，有的认为业主委员会是社团法人，完全独立于业主，能够独立行使民事权利，承担民事责任，有的认为业主委员会是非法人组织，不享独立的民事权利能力。《民法通则》第五十条的规定，未经登记者，不能取得法人资格，所以如果是法人单位，登记是社团法人成立的要件；如果是非法人组织，则自选举产生之日起即告成立，登记备案不意味着委员会主体资格的确立。《物业管理条例》第十六条规定，“业主委员会应当自选举产生之日起 30 日内，向物业所在地的区、县人民政府房地产行政主管部门备案。”虽然《物业管理条例》对业主委员会的法律性质没有作出明确的界定，但是从其字面意义我们可以看出，业主委员会不可能具有法人资格。

从法理上分析，业主委员会与非法人组织有一定的相似性。1. 涉及诉讼纠纷事务时，业主委员会应当由业主大会授权，才能代表全体业主参加诉讼活动，其本身并不享有独立的诉讼权利；2. 业主委员会仅仅作为业主大会的执行机构，代表业主对外实施与物业管理有关的行为，行为的最终结果由业主承担，其本身并无独立承担民事责任的能力；3. 备案并不意味着业主委员会主体资格的确立，备案只是为了行业管理的需要而履行的手续，其主要目的在于方便房地产行政主管部门对业主委员会的监督、指导和管理，不是民事登记，不是业主委员会成立的要件。可见，业主委员会与非法人组织更为接近。

业主委员会成立后，其委员的变动及再次选任是小区业主的内部事务，应当由全体业主自主决策。新的委员会成立后，即可接手物业管理事务，而无须等到办理登记备案手续才获得合法地位。业主委员会的选举产生，是全体业主自由意志的体现。业主委员会对外代表全体业主的利益，其所从事民事活动，后果应当由全体业主承担。对于相对方来说，它在与业主委员会进行交易时，一般都认为业主委员会具有相应的代表权，其从事物业管理活动是在履行法定职责。相对方对此具有合理的信赖，即使业主委员会尚未进行备案，交易相对方的利益亦应依法予以保护。

综上所述，某花园新一届业主委员会虽然尚未进行登记备案，业主委员会的成立也是有效的，它在业主大会的授权下与物业管理公司签订的合同合法有效，对全体业主具有法律约束力。朱某认为该合同无效并拒缴物业服务费不应予以支持。

车库使用纠纷案

案情简介：

城南某小区的业主为开发商牵头成立的业委会是否合法，争得不可开交，并准备在业主大会上讨论。在业主大会召开之前，很多业主接到了物业公司送来的《业主大会召开形式的意见征询书》，其中最引人关注的问题是：一个面积约 8～12 平方米车库的业主是否拥有独立的投票权。业主刘某表示："很明显，开发商还有 200 多个车库、20 多套房屋没卖出去，他们为了给自己争取到更多的投票权，当然支持每个车库有一份独立的投票权了。照此计算，开发商就基本上拥有了近半数的投票权。我们要以法定的 2/3 的比例推翻开发商牵头成立的业委会，是根本不可能的。"该小区的物管负责人则认为，车库并未算入公摊面积，且车库的主人拥有自己独立的产权，当然也就有投票权了，但投票权与车库面积的大小应该没有关系，开发商不会因为有 200 多个车库未售出就拥有 200 多份投票权，其投票权的多少根据未售出车库的总面积来决定。

本案评析：

1. 车位与商品房（区分建筑物）的关系

建筑物在办理建造申请手续之时，就明确地定位为住宅房或商业用房等不同性质。建筑物的使用性质已经确定，一般而言是不允许擅自改变的。不管是住宅物业区域还是商业用房物业区域，都有其特定的使用性质，而车位的设计是为了满足业主对自己专有部分使用的方便。车位在性质上属于物业区域的附属建筑物，一般而言只能出售给物业区域内的业主。

我国《物业管理条例》并未对车位的性质作出明确规定，不利于类似纠纷的解决，建议将来在修订时予以完善，或者在物权法中的“建筑物区分所有权”条款中作出明确规定。

2. 车位是否应当有独立的产权证

依据前述分析，既然物业区域内的停车位为附属性质，停车位产权应当在商品房产权证书上附加记载为妥。然而，在目前房地产权利登记实践操作中，有些地方是给物业区域内的停车位核发独立产权证的。笔者认为，即使对停车位核发了独立的产权证，也并不因此而改变停车位的附属建筑物性质。因此，拥有停车位所有权的人并不当然地享有独立的投票表决权。

3. 本案的解决思路

基于前述分析，开发商及其购买了停车位的购房人都不当然地基于停车位享有投票表决权。不过，经过业主大会决议，同意赋予停车位以表决权的亦无不可。当然，在首次业主大会上行使表决权时停车位是不能计算投票表决权的。

前期物业合同之诉

案情简介：

2003年10月，全某与某房地产开发有限公司签订商品房预售合同一份。

2003 年 12 月，双方办理了房屋验收和交接手续。该房屋交付后，全某同意将该房屋交给某物业管理公司管理。某房地产开发有限公司与某物业管理公司于 2003 年 2 月签订了一份物业服务合同，约定物业服务费为每月每平方 1.50 元，该收费标准经过区物价管理部门审批。2004 年 2 月，该小区成立了业主大会并选举业主委员会。小区业主委员会与某物业管理公司就服务费收费标准未能达成一致，双方未签订新的物业服务合同。全某从 2004 年 2 月起拒缴物业服务费。某物业管理公司与其交涉未果，于是依照前期物业服务合同的约定向法院提起诉讼要求全某缴纳服务费。

本案评析：

某房地产开发有限公司与某物业管理企业签订的前期物业服务合同对全某是有约束力的。

《物业管理条例》第二十一条规定："在业主、业主大会选聘物业管理企业之前，建设单位选聘物业管理企业的，应当签订书面的前期物业服务合同。"某房地产开发有限公司是小区的建设单位，某物业管理公司是该小区的物业管理企业，某房地产开发有限公司与某物业管理有限公司签订的是前期物业服务合同，现有的证据并不能表明该物业服务合同违反法律的规定无效，因此该合同是有效的。

前期物业服务合同虽然由建设单位与物业管理企业签订，但其服务的对象包括了物业区域内所有入住的业主。前期物业服务合同的效力不是无期的，它具有一定的时间限制。《物业管理条例》第二十六条规定："前期物业服务合同可以约定期限，但是，期限未满、业主委员会与物业管理企业签订的物业服务合同生效的，前期物业服务合同终止。"从该条规定可以看出，前期物业服务合同没有约定期限的或者约定的时间过长，只要建设单位不依约解除合同，前期物业服务合同的效力就可以延续直至业主委员会与物业管理企业签订的新物业服务合同生效时为止，业主应该遵守前期物业服务合同的约定。如果业主对前期物业服务合同有不同的意见，也只能寻求通过业主大会会议的途径解决。

本案中，某房地产公司与某公司 2003 年 2 月签订的前期物业服务合同是有效的，在业主委员会与某物业管理公司就物业服务费达成协议签订新的物业服务合同之前，全某应当受前期物业服务合同的约束力，因此全某应当按时缴纳物业服务费。

业主委员会职权争议案

案情简介：

上海某小区 2004 年 2 月成立了业主委员会，3 月公开对外招聘物业管理公司，3 家物业管理公司应邀投标。经过小区业主委员会 3 个月的调查，在街道、居委会、房管局的监督下召开小区业主代表大会会议，某物业管理公司以 13 票对 10 票胜出。但时至今日，小区业主委员会主任却借故迟迟不与其签订《物业管理服务合同》。该小区的业主们对业主委员会的这种做法不能理解。有业主表示，小区的业主委员会没有听取业主的意见，甚至业主连有几家物业管理公司参加竞标都不知道。仅凭业主委员会中的几个人来决定是否选聘某一物业管理公司，这样的做法严重侵犯了业主们的知情权。某些业主代表也坦言，业主委员会迟迟不与某物业管理公司签订合同，关键在于原物业管理公司不愿退出，而且业主委员会中的某些委员偏向原来的物业管理公司，为某物业管理公司接管设下了重重障碍。在多次与该小区业主委员会主任交涉未果后，某物业管理公司将小区的业主委员会告上了法庭。

本案评析：

1. 物业管理企业的选聘应由业主大会还是业主委员会决定

依据我国《物业管理条例》第十一条和第十五条之规定，物业管理企业的选聘、解聘应当由业主大会决定，业主委员会仅有权代表业主与物业管理企业签订物业管理服务合同。

在实际操作中，业主委员会应为业主大会选聘或解聘物业管理企业提供建议，如调查参加选聘的物业管理企业的有关情况，以供业主大会决策参考。

2. 究竟是业主大会还是业主委员会选聘物业管理企业

本案中，物业管理企业的选聘是在街道、居委会、房管局的监督下通过召开小区业主代表大会会议决定的，因此，应当认定为业主大会而非业主委员会决定了物业管理企业的聘任。部分业主认为，他们根本不了解某物业管理企业的有关情况，并以此否认某公司是经过业主大会决议的，这一判断难以成立。从该纠纷可以看出，有些业主没有积极参与物业区域公共事项决议的意识，没有很好地行使自治管理权。

3. 某公司能否胜诉

既然某公司是经过业主大会决定选聘的，并且已经和业主委员会签订了书面的物业管理服务合同，则该物业管理合同已经生效。业主委员会不愿意办理物业接管手续属于违约行为，某公司要求业主委员会履行合同义务的主张应当获得支持。

承租人与业主公约纠纷之诉

案情简介：

2002 年 9 月，余某购买了上海某小区内一处全装修高档住宅公寓。购房时须签署上海市商品房合同附件《房屋使用公约》，余某详细审阅该小区 1997 年第一期管理公约并签字承诺遵守。该管理公约与业主公约为同一内容，后在该小区首次业主代表大会通过生效，其中有“不得改变房屋任何部分的外貌……也不得堵塞任何窗户和封闭阳台……如违反规定，管理者有权于任何时间拆去……无须事先通知……”的规定。

今年 3 月，余某将房屋出租给刘某，约定租赁期为 10 年，由刘某负责装修，余某承担 70% 的费用。刘某在装修时将空调外机移到阳台外墙的公共结构部位，并在阳台上加装窗户。为此，该小区业主委员会根据《上海市居住物业管理条例》和小区管理公约的规定要求刘某拆除。刘某以自己并非业主，也没有在业主公约上签名为由拒绝。业主委员会遂向某区人民法院起诉，请求判令余某和刘某拆除装在阳台外墙上的空调外机和在阳台上加装的窗户。

法院审理：

法院经审理认为，余某购房时签字承诺遵守第一期的管理公约，即表示同意将空调外机安装在住房阳台内。余某在明知的情况下，仍与房产开发商签订了购房合同，应视作接受空调外机安装位置、并愿意承担会给自己使用阳台带来不便的后果。后余某将房屋出租给刘某，刘某装修时擅自把空调外机移到阳台外墙的公共部位、并在阳台上加装窗户，其行为违反了《上海市居住物业管理条例》和小区管理公约，破坏了房屋外貌，损害了其他业主的利益。故判决，刘某在10日内拆除装在阳台外墙上的空调外机和在阳台上加装的窗户。余某承担连带责任。

本案评析：

1. 全体业主应受业主公约约束

业主之所以受业主公约约束，是因为其拥有物业区域内公共部位的共有权。基于该共有权，全体业主组成业主团体共同决议公共事务的管理。如果业主之间并不存在公共部位、公共设施等共有权，就不可能也没必要组成业主团体。

2. 使用人应否受业主公约约束

承租人、借用人之类的使用人所使用的是业主的房屋，而业主所购买的房屋存在与他人相互联系的共有部分。正是这一共有部分使得业主利用自己房屋的行为受业主公约约束，也就是说，业主公约约束业主的基础在于共有部分，约束的乃是对该特定部分之物的利用行为。在业主通过合同约定，将公寓使用权有期限地让渡给承租人或借用人的情况下，承租人、借用人的使用也应受业主公约的约束。

3. 业主有监督使用人遵守业主公约的义务

业主将自己的公寓出租或出借给他人使用后，并非脱离业主公约的约束，因为其仍为真正的所有权人，仍受业主公约的约束，仍应履行业主公约所设定的义务。因此，业主有监督承租人或借用人遵守业主公约的义务。

业主公约纠纷案

案情简介：

张某购买了某小区位于顶层的住房一套，张某在装修过程中封闭了观景阳台，并加装了防护栏。物业管理企业依据张某在购房时签字承诺的《物业公约》，“为维持小区整体形象和相邻住户的安全，业主不得私自封闭观景阳台，不得在窗户上加装防护栏”的条款，认为张某违反业主公约，遂要求其拆除。张某认为，既然房屋是自己的，自己完全有权决定是否装防护栏和封闭阳台，因此拒不拆除。于是，物业管理企业决定对张先生罚款 1600 元，张某拒不缴纳，物业公司遂对张某家采取了断水断电的“制裁”措施。在此期间，因为开发商在顶楼做了霓虹灯广告，影响张某晚上休息，张某便把霓虹灯的电源掐断了。

双方的纠纷无法解决，物业管理企业把张某告到法院，请求法院判令张某：1．拆除护栏并缴纳罚款；2．不得再破坏楼顶广告牌，并赔偿因破坏广告牌给物业管理企业造成的损失；3．此案诉讼费用由张先生负担。

张某随后提起反诉，请求法院判令物业管理企业：1．不得妨碍其基于房屋所有权而采取的封闭阳台、加装防护栏等维护居住安全的措施；2．赔偿因断水断电给自己造成的损失；3．开发商应拆除楼顶广告牌。若业主委员会同意在楼顶安装，开发商应把收入交业主委员会，并将其 1/2 付给顶层受影响最大的住户；4．此案诉讼费用由开发商负担。

法院审理：

法院在审理查明上述事实后，判决：1．物业管理企业要求对张先生罚款的诉讼请求不予采纳；2．张先生拆除护栏；3．物业管理企业经业主委员会同意后可继续发布霓虹灯广告，收益由物业公司和全体业主共有，分给顶层业主的比例为 1/3；4．此案诉讼费用由双方各自负担一半。

本案评析：

1．业主公约能否限制封闭阳台和在窗户外安装防护栏

按照区分所有权理论，外墙的1/2朝外的部分属于公共部位，本案所涉及的封闭阳台和安装防护栏均涉及公共部位的利用，而对该两种利用的禁止完全可以由业主大会作出决议，并作为业主公约的条款。当然，如果业主公约限制了业主对自己独立部分且不妨碍其他业主的利用时，则该限制属于非法而无效。

2．谁有权阻止违反业主公约的行为

业主公约乃是业主大会决议通过的，其制定主体为业主团体（业主大会），因而执行业主公约的主体也应当是业主团体，而非物业管理企业。如果业主团体委托物业管理企业执行业主公约，则物业管理企业基于授权可以出面阻止业主违反业主公约的行为。

3．物业管理企业能否断水断电

供应水电乃是业主和电力、自来水供应部门之间的合同关系，与物业管理企业无关。因而，物业管理企业无权采取断水断电的手段，对抗物业管理服务合同的相关当事人——业主，否则，物业管理企业属于侵害水电供应部门的权利。

物业管理合同纠纷案

案情简介：

1997年8月，某物业公司与某公寓业主委员会签订《物业管理服务合同》，约定由某物业公司对某公寓小区进行物业管理服务，管理费用为每平方米0.70元。1998年6月，双方续签合同，将合同期限延长至2000年8月15日。林某系某公寓的业主，拥有建筑面积70.92平方米的房屋，自1998年1月起入住并按照约定向某物业公司每月支付49.64元的物业管理费。之后，

林某与某物业公司就修理问题发生争议，从 1998 年 10 月起拒绝交付物业管理费。某物业公司将林某诉至法院请求判令林某支付所欠物业管理费。

法院审理：

一审法院认为，林某自 1998 年 10 月起未支付物业管理费，违背物业管理合同义务，应依约支付物业管理费并偿付逾期违约金。但是，由于某物业公司未及时修理排污电泵导致排污电泵不能正常运行，引起林某的抽水马桶出现返水现象，应承担管理不当的责任。因此，某物业公司主张滞纳金的诉讼请求不予支持。

林某不服提起上诉，称：某物业公司未进行正常的物业管理义务，应根据《消费者权益保护法》之规定退一赔一。

二审法院认为，林某抽水马桶出现返水现象系排污电泵未正常运行所致，原审法院已认定某物业公司负有管理不当之责，并无不当，原审法院所作的判决是正确的。双方权利义务关系的基础是物业管理服务合同，不属于《消费者权益保护法》调整范围。林某要求某物业公司赔偿经济损失的请求，不属于本案处理范围，应另行起诉。二审法院驳回上诉，维持原判。

本案评析：

虽然，本案法院的判决书没有对物业管理合同关系不适用《消费者权益保护法》调整作出透彻的理论分析，但某种法律关系是否由《消费者权益保护法》调整应解决的首要问题就是：该合同关系是否发生在消费者和经营者之间。

依据本节前述论述，签订物业管理合同的某公寓业主委员会不属于《消费者权益保护法》所界定的消费者，不属于应受该法所要保护的弱者，因而林某在本案中不能援引适用《消费者权益保护法》之规定。

物业公司乱收费之诉

案情简介：

吴某在某小区购买一套二居室住房，2002 年 3 月办理入住时，物业管理企业给她一份交费通知，缴纳管理基金费、煤气管道费、半年管理费、垫交水电周转金、电话费、有线电视费等共计一万多元，并声称交费后方能领取钥匙。吴某入住后装修时，某物业管理企业又要求其缴纳装修押金 6000 元，垃圾费 300 元，装修人员进出费每人 20 元。吴某根据本市《居住小区（普通）委托管理收费标准（试行）》指责某物业管理企业收费不合理，拒绝缴纳，并要求退还以前缴纳的管理基金费、煤气管道费、水电周转金等费用。物业管理企业不予理睬，声称不缴费不可施工，并将吴某所请的装修工人拒之门外。吴某向有关行政管理部门投诉。

行政处理：

某市物价管理部门对某物业管理企业作出批评，责令其限期改变管理和收费混乱状况，要求提高其工作人员素质和物业管理水平，并将向业主收取的不合理或超标部分的费用退还业主。

本案评析：

本案涉及物业管理企业向业主收取费用的范围，以及能否以不交付房屋钥匙作为收费手段的问题。

1. 物业管理企业向业主收取费用的范围

其一，约定收取的费用。我国《合同法》第三九八条规定："委托人应当预付处理委托事务的费用。受托人为处理委托事务垫付的必要费用，委托人应当偿还该费用及其利息。"第四〇五条规定："受托人完成委托事务的，委托人应当向其支付报酬。因不可归责于受托人的事由，委托合同解除或者委托事务不能完成的，委托人应当向受托人支付相应的报酬。当事人另有约定的，按照其约定。”我国《物业管理条例》第三十五条规定：“业主委员会应当与业主大会选聘的物业管理企业订立书面的物业服务合同。物业服务合同应当对物业管理事项、服务质量、服务费用、双方的权利义务、专项维修资金的管理与使用、物业管理用房、合同期限、违约责任等内容进行约定。”物业管理企业收取服务费的依据，是其与业主委员会之间物业管理服务合同中预定的收费条款。其可以根据《合同法》的有关规定，在合同中约定预收一定的服务费，但不应超过 3 个月。如果业主预交后，在物业管理服务合同到期前，业主有权要求用预付款抵充服务费。如物业管理企业预收 2 个月的服务费后，业主有权要求用预付款抵充合同期满前的 2 个月的服务费。

其二，法定收取的费用。物业管理企业可以根据地方性的有关法规，要求业主缴纳某些手续费、工本费等费用。

2. 物业管理企业收取费用的程序

对于约定的收费，业主应该依据物业管理服务合同，按时缴纳物业管理服务费。对于法定的收费项目，业主有权要求物业管理企业出示有关行政机关颁布的收费文件，并按照文件的标准支付。对于物业管理企业不能够出示相关文件、超标准收费或者不向业主出具正式发票的，业主有权拒绝。如果物业管理企业已收取业主的费用没有法律依据的，业主有权要求返还。

3. 物业管理企业不能以拒缴钥匙作为收费要挟手段

我国《合同法》第六十六条规定：“当事人互负债务，没有先后履行顺序的，应当同时履行。一方在对方履行之前有权拒绝其履行要求。一方在对方履行债务不符合约定时，有权拒绝其相应的履行要求。”第一三五条规定：“出卖人应当履行向买受人交付标的物或者交付提取标的物的单证，并转移标的物所有权的义务。”交付房屋钥匙是物业建设单位按照买卖协议应该履行的义务，只有在买受人不按照买卖合同约定支付房款时，建设单位才能够拒绝交付钥匙。而物业管理房屋合同与买卖合同是完全不同且相互独立的两个合同。因此，房屋建设单位把钥匙交付给物业管理企业、并让其作为收取不合理费用手段，是违反房屋买卖合同的违约行为。

本案中的物业管理企业存在超标准收费和乱收费现象，并以不交付钥匙作为要挟手段，通过这种违法的行为获得的利益没有法定和约定的根据，因而其获得的利益构成不当得利。同时，物业建设单位擅自将钥匙交付给物业管理企业，其行为违反了我国《合同法》之规定，故业主吴某有权要求物业管理企业退回多交的费用并可以追究建设单位的违约责任。

装修押金纠纷案

案情简介：

孙某在某小区购买了住房一套，在装修之前接到物业管理企业的通知，要求缴纳装修押金3000元和装修管理费1000元，并被告之如果在装修过程中出现损坏物业、破坏物业设施设备，给其他人造成生命、健康、财产方面损失等情形时，将从这笔押金中支付相应的款项；没有出现上述情况的，将予以退还，但管理费不在退还之列。孙某认为物业管理企业无权收取押金和管理费，遂拒绝了物业管理企业的要求。次日，孙某购买的装修材料和聘请的装修工人均被物业管理企业的保安拒于小区大门外。经过交涉，物业管理企业只同意放行装修材料，坚决不允许装修工人进入。孙某遂将物业管理企业告到法院，请求法院排除妨碍，使其可以顺利进行装修。

本案评析：

本案涉及业主装修时物业管理企业所承担的职权问题。

我国《物业管理条例》第四十六条规定："对物业管理区域内违反有关治安、环保、物业装饰装修和使用等方面法律、法规规定的行为，物业管理企业应当制止，并及时向有关行政管理部门报告。有关行政管理部门在接到物业管理企业的报告后，应当依法对违法行为予以制止或者依法处理。"第五十三条规定："业主需要装饰装修房屋的，应当事先告知物业管理企业。物业管理企业应当将房屋装饰装修中的禁止行为和注意事项告知业主。"业主在进行装修时，物业管理企业应该履行告知义务，告知业主装修中的注意事项和禁止行为。装修过程中，物业管理企业承担监督业主装修的职责，在业主的装修行为违反规定时，物业管理企业有权进行制止；如果业主不听劝阻，物业管理企业就应该向有关行政机关反映，由行政机关进行处理。

本案中，物业管理企业要求业主缴纳装修押金3000元和装修管理费1000元的要求，于法无据。对于装修押金，除非业主公约或物业管理合同有规定外，物业管理企业不得收取。对于物业管理企业要求收取的装修管理费，更是缺乏法律根据。物业管理企业的行为侵害了业主的权利，业主有权要求排除妨碍、赔偿损失。

物业管理服务转让纠纷案

案情简介：

2005年3月15日，北京市某物业公司在未征得某小区业主同意的情况下，与位于小区附近的某写字楼地下室的北京某俱乐部签订了一份《转委托协议书》，约定由北京某俱乐部负责管理、维护该小区住宅楼设备间的排水管道、供暖、供电设备，以及北京某俱乐部可以使用设备间内的闲置房间及在设备间外属于俱乐部通道等处增添必要的设备。

合同签订后，北京某俱乐部于2005年5月12日将小区改建后的燃煤炉建在地下室设备间内，将燃煤堆放在小区内，并对设备间出口及楼梯进行了维修，将地下室的出口设在住宅楼的一角。

该小区业主认为：1. 2005年3月15日，北京某物业公司未经小区业主同意，擅自决定将小区部分物业管理工作转委托给其他没有物业管理资质的企业进行管理，其转委托行为已经侵害了小区业主的权益。2. 小区业主与北京某物业公司之间签订的《物业管理服务合同》并没有约定物业公司可以将本小区的部分物业管理工作转委托给其他企业进行管理。可见，北京花园物业公司擅自转委托的行为已经构成违约。3. 根据物业管理相关法律法规规定，物业公司与业主签订物业管理服务合同后，不得擅自将物业管理工作转委托给其他企业进行管理。据此，可以认定北京某物业公司与北京某俱乐部之间签订的转委托协议无效。

鉴于此，小区业主与北京某物业公司在协商未果的情况下，小区全体业主以北京某物业公司与北京某俱乐部之间签订的《转委托协议书》侵害了自己的权利为由，以北京某物业公司和北京某俱乐部为被告，依法向北京市朝阳区人民法院提起诉讼，请求法院依法判决认定北京某物业公司与北京某俱乐部之间签订的转委托协议无效，以及责令被告北京某俱乐部将擅自更改的设备恢复原状。

被告北京某物业公司认为：1. 本公司将小区部分物业管理工作转委托给其他企业进行管理，并没有违反业主与本公司之间签订的物业管理服务合同的有关规定，而且物业管理服务合同并未约定禁止本公司不能将本小区部分物业管理工作转委托给其他企业进行管理。可见，本公司并没有违反双方签订的物业管理合同。2. 本公司将小区部分物业管理工作转委托给北京企业家俱乐部进行管理，是为了更好地服务小区的需要，为小区升值奠定良好基础。更何况，本公司与北京某俱乐部签订的转委托协议属于双方真实意思表示，且符合法律法规规定，具有法律效力，属于合法有效的协议。综上，小区业主向法院提起的诉讼请求，没有事实和法律依据，请求法院依法驳回小区业主的诉讼请求。

被告北京某俱乐部认为：1. 本俱乐部与北京某物业公司之间签订的转委托协议没有违反法律法规禁止性规定，且是双方真实意思表示，属于合法有效的协议。可见，本合法有效的协议，不受合同以外第三人任何主张的影响。更何况，本俱乐部改变设施方位，是为了服务小区的需要，本俱乐部没有违反转委托协议的相关约定。2. 根据合同的相对性，小区业主并非本合同的当事人，其以本俱乐部为被告是错误的，小区业主不是适格的诉讼主体，其向本俱乐部主张权益是违反法律法规规定的。综上，小区业主以本俱乐部为被告主张权利是没有法律事实和依据的，请求法院依法驳回小区业主的诉讼请求。

法院判决：

北京市朝阳区人民法院经审理认为，北京某物业公司与北京某俱乐部之间签订的转委托协议，不构成对业主权益的侵犯，亦未构成妨碍，本院对小区业主提起的诉讼请求不予支持。鉴于此，北京市朝阳区人民法院于2005年7月15日作出如下判决：驳回小区业主请求被告排除妨碍的诉讼请求。

小区业主均不服一审法院作出的判决，遂向北京市第二中级人民法院提起上诉，请求二审法院撤销一审法院的判决，并判决认定北京花园物业公司与北京企业家俱乐部之间签订的转委托协议无效，以及责令被告北京企业家俱乐部将擅自更改的设备恢复原状。

北京市第二中级人民法院经审理认为，北京市花园物业公司受该住宅楼内业主的委托，对该楼的物业进行管理，与业主之间形成了委托与被委托的关系。业主对物业共用部位、共用设施设备和相关场地使用情况均享有知情权和监督权。北京市花园物业公司在未征得委托人（小区业主）同意的情况下，擅自对委托人委托其管理的设备进行转委托，其转委托的行为已经侵害了所有业主的合法权益，应当承担相应的法律责任。据此，北京市第二中级人民法院于2005年9月22日依法作出如下判决：

1. 撤销一审法院的判决；

2. 限北京花园物业公司和北京企业家俱乐部在3日内将安装在住宅楼设备间内的锅炉及其附属设施烟筒予以拆除，将住宅楼通往设备间的出口恢复原状。

本案评析：

根据《物业管理条例》第四十条的规定，物业公司可以将物业管理区域内的专项服务业务委托给专业性服务企业，但不得将该区域内的全部物业管理一并委托给他人。在物业管理工作实践中，物业公司为了保证服务质量，往往结合自己的人员配备情况，酌情将自己管理小区内的保安、保洁、电梯服务等工作委托给专业的保安、保洁、电梯服务公司进行。但在本案中，被告北京花园物业公司将住宅楼设备间的排水管道、供暖、供电设备的管理、维护事务委托给北京企业家俱乐部负责，其转委托的行为是否符合法律法规规定？因此，被告北京某物业管理公司转委托的行为是不合法的，其具体理由如下：

首先，该转委托行为违背了《物业管理条例》的有关规定。在本案中，北京某俱乐部以休闲娱乐项目作为自己营业范围，不是法律法规规定的经营物业管理专项业务的专业性服务企业，让没有物业管理资质的企业对小区的物业管理工作进行管理，难以保证其提供的服务符合标准，符合小区业主的合法利益。

其次，该行为违背了《民法通则》的相关规定。《民法通则》第六十八条规定，委托代理人为被代理人的利益需要转托他人代理的，应当事先取得被代理人的同意。事先没有取得被代理人同意的，应当在事后及时告诉被代理人，如果被代理人不同意，由代理人对自己所转托的人的行为负民事责任，但在紧急情况下，为了保护被代理人的利益而转托他人代理的除外。在本案中，北京花园物业公司不论是事前还是事后，均未取得该栋楼业主的同意，并且从案情事实中也可以看出，物业公司与俱乐部签订的协议，将住宅楼设备间的排水管道、供暖、供电设备的管理、维护事务委托给俱乐部负责，并非是为了该栋楼业主的利益，而是为了俱乐部的利益，为俱乐部将燃煤炉建在地下室设备间内，将燃煤堆放在小区内等行为提供方便。

因此，物业公司和俱乐部签订的协议，擅自转委托管理事项的行为侵害了该栋楼业主的合法权益，给业主造成了损失，北京某物业公司和北京某俱乐部应当对自己的妨碍行为承担责任。在本案中，二审法院据此判决拆除锅炉及烟筒，将住宅楼通往设备间的出口恢复原状，是合法、正确的。

在本案中，没有提到但涉及的另一个问题是人防工程的使用问题。在实践中，在设有人防工程的小区内，如何使用人防工程成为小区业主与物业公司的争议焦点之一。按照《北京市人民防空工程建设与使用管理规定》第二条的有关规定，人防工程包括为保障战时人员与物资掩护、人民防空指挥、医疗救护等单独修建的地下防护建筑，以及结合地面建筑修建的战时可用于防空的地下室。因此，在小区内建设的人防工程通常就是地下室。根据该规定第二十五条规定，任何组织或者个人不得擅自改造人防工程。第二十七条规定，平时使用人防工程，应当按照规定报人防工程管理部门和公安消防监督管理机构申请办理《人防工程使用证》和《使用人防工程消防安全许可证》。使用人防工程从事经营的，经营者应当持有《人防工程使用证》和

《使用人防工程消防安全许可证》，向有关主管部门申请办理相关证照。

按照北京市房屋土地管理局、北京市人民防空办公室联合下发的《关于加强居住小区内人防工程使用管理的通知》的有关规定，小区所在区县的人民防空办公室负责安排居住小区内的人防工程的开发使用，在人防工程的使用上，应该优先考虑便民、利民项目，如平价市场、社区服务中心、青少年（老年）活动站等。对不便小区治安管理的项目，噪音大或有污染等破坏小区环境质量的项目应不予安排。

因此，结合本案例的情况，如果俱乐部使用的地下室属于人防工程，那么，俱乐部的使用行为应经有关部门的批准，而不是通过与物业公司签订协议就可以解决的，并且在使用过程中，俱乐部也不能对地下室进行随意拆改，以防止影响人防工程的使用或降低其防护能力。在实践中，如人防工程的实际使用人存在违规行为，影响了物业公司对小区的管理，或对小区居民的权益造成侵害，物业公司和业主除可对其提起诉讼外，还可以向人防工程管理部门进行反映，人防工程管理部门有权对其实施处罚。

物业公司收费标准纠纷案

案情简介：

2003 年 10 月 25 日，原告许某与北京市某房地产开发有限公司签订了商品房买卖合同一份，购买了北京市西城区某小区一套 97.75 平方米的房子，同时在商品房买卖合同中约定，在交付房屋的时候，原告许某同意将该房屋交给北京市某房地产开发有限公司所聘请的北京市某物业管理公司统一管理，并与其签订为期 1 年的物业管理服务合同。

2004 年 1 月 23 日，某小区全部竣工并交付业主。当日，北京市某房地产开发有限公司与北京市某物业管理公司正式签订了《绿苑小区前期物业管理服务合同》，合同约定由北京市某物业管理公司管理某小区，合同期限为 2004 年 1 月 24 日至 2005 年 1 月 23 日，并同时规定了物业管理服务收费标准等具体事项，而且该收费标准事项经过了北京市西城区物价管理部门的审批。

2005年1月24日，该小区的业主委员会在业主的召集下正式成立。次日，业主委员会受小区业主的委托，以北京市某物业管理公司管理期限届满为由，要求与北京市某物业管理公司重新签订《某小区物业管理服务合同》。在双方协商的过程中，业主委员会与北京市某物业管理公司在收费标准等事项上不能达成共识，而未能签订新的物业管理服务合同。业主许某自从搬进小区之后就一直未缴纳物业管理服务费，物业管理公司虽多次催缴，但一直遭到业主许某的拒绝。

北京市某物业管理公司认为，2004年1月23日，北京市某房地产开发有限公司与本公司签订了《某小区前期物业管理服务合同》，合同约定的管理期限为1年，在这一年的物业管理过程中，本公司已经根据《前期物业管理服务合同》的约定，尽职尽责地维护了小区的公共设施和其他设施，保障了小区业主的人身和财产安全，据此可知，本物业管理公司已经全面履行了自己的义务。可是，业主许某自从搬进小区后，就一直拖欠本公司的物业管理服务费用，本公司虽经多次催缴，但业主许某却以种种理由拒绝缴纳物业管理服务费，导致其他业主纷纷效仿，给本公司在从事物业管理活动中造成了很大的影响和压力。综上，业主许某拒缴物业管理服务费的行为已经违反了《某小区前期物业管理服务合同》中关于物业管理服务费缴纳方式相关的规定，其行为已经构成违约，应当承担双方约定的违约责任。鉴于此，北京市某物业管理有限公司于2005年12月20日依法向北京市西城区人民法院提起诉讼，要求法院责令业主许某及时支付物业管理服务费6734元。

业主许某认为，原告北京市某物业管理有限公司在管理小区的过程中，管理水平和服务态度极差，小区的绿地和地面到处是垃圾，小区的安全秩序、交通管理秩序非常混乱，给小区业主的生活带来了很多的不便。因此，北京市某物业管理公司要求业主缴纳全部物业管理费是不合理的。更何况，2005年1月25日，北京市某物业管理有限公司在未接受业主委员会的委托下，擅自管理本小区的物业管理工作缺乏依据，而且物业管理公司收费标准过高，不符合《物业服务收费管理办法》的相关规定。据此，北京市某物业管理有限公司起诉的理由缺乏法律依据，请求法院依法驳回原告的诉讼请求。

法院判决：

北京市西城区人民法院经审理认为，2004 年 1 月 23 日，原告北京市某物业管理有限公司接受北京市某房地产开发有限公司的委托，对其开发的绿苑小区进行前期物业管理，被告许某在签订《商品房买卖合同》中也同意了该委托，因此，原告北京市某物业管理有限公司和北京市某房地产开发有限公司之间签订的《某小区前期物业管理服务合同》是有效的，应当受到法律的保护。在业主委员会与其选聘的物业管理企业签订新的物业管理服务合同之前，该服务合同仍然对被告许某具有法律约束力。可见，在本案中，原告北京市某物业管理有限公司对某小区实施物业管理行为，有合法的合同为依据，被告许某以物业管理公司未与小区业主委员会签订物业管理合同为由，拒绝缴纳物业管理服务费，其行为已经构成违约，应当承担相应的违约责任。

至于被告许某认为原告物业管理公司收费标准过高，其可以通过业主委员会以合法的方式协商加以解决，而不能成为拒绝交付物业管理服务费的抗辩理由。根据《物业管理条例》的规定，业主应当根据物业服务合同的约定缴纳物业服务费用。因此，作为物业管理的受益人，被告许某应该承担相应的物业管理服务费用。综上，本院支持原告北京市某物业管理有限公司的诉讼请求。根据《中华人民共和国民法通则》第一〇六条、《中华人民共和国合同法》第一〇七条、《物业管理条例》第四十二条规定，判决如下：

被告许某应当在本判决书生效之日起 10 日内偿付所拖欠原告的物业管理服务费 6734 元。

法律问题：

业主委员会与物业管理公司在收费标准上不能达成共识，未能签订新的物业服务合同，业主是否可以以此为由拒缴物业管理服务费？

本案评析：

本案主要涉及前期物业服务合同的效力问题。

前期物业管理是指在业主、业主大会选聘物业管理企业之前，由建设单位选聘物业管理企业的物业管理。在一般的情况下，建设单位完成物业的建设之后，物业将会以分期分批的形式出售，业主的入住并不统一，在业主入住率没有达到法定要求的情况下，不可能召开业主大会进行物业管理企业的选聘工作。因此在这一阶段，一般是由建设单位选聘的物业管理企业进行前期物业管理。

在实践中，建设单位在与购房者签订商品房买卖合同时，一般都根据规定将前期物业服务合同的内容作为附件，明确前期物业管理阶段业主和物业管理企业双方的权利义务。这样，业主在签订合同后，实际上已认可了建设单位对物业管理企业的选聘以及前期物业服务合同，只要业主委员会没有重新选聘新的物业管理企业，前期物业服务合同在约定期限内就一直对业主具有约束力。所以，业主和物业管理企业应该按照前期物业服务合同的规定享受权利和承担义务，业主作为物业管理的最终受益人，自然应当按照约定缴纳物业服务费。

需要指出的是，根据《物业管理条例》的有关规定，前期物业服务合同可以约定期限，但是期限未满，业主委员会与物业管理企业签订的物业服务合同生效的，前期物业服务合同终止。因此，根据这一规定，如果业主对前期物业管理企业的收费过高不满意，可以通过业主委员会选聘其他的物业管理企业，从而约定业主可以接受的物业收费标准。

业主随意搭建之诉

案情简介：

2000 年 4 月，23 名业主各自购买了北京某小区位于大楼顶层的跃层式公寓套房。通过该套房室内的阶梯可进入楼顶的平台，平台上安装有全楼的避雷网线和供暖管道。楼根据每户房屋的不同结构，顶平台被用 1.2 米高的隔断墙分割为不同面积但相对独立的部分，这些部分在买房时开发商称免费送给顶层住户使用，并未计算入售房面积。23 名业主入住装修房屋时，在楼顶平台上搭建了轻体房，将该平台部分改造成由其各家独用的封闭式结构的建筑。小区物业企业认为，23 名业主的搭建行为使楼板承载力降低，破坏了房屋屋面排水、防水系统，也妨碍了物业企业对该楼供暖管道、外墙面等的日常维修、维护工作，侵害了其他业主的公共权益，同时妨碍避雷系统正常使用和必需检测，遂将该 23 名业主诉至法院，要求请求法院判令 23 名业主拆除搭建的建筑。

法院审理：

法院经审理查明，2001 年 6 月 26 日，被告入住时与原告签订了《物业管理服务协议》，双方约定原告享有制止本住宅区内违反《公众管理规定》《住宅使用说明书》等行为的权利，被告负有遵守本住宅区的《公众管理规定》，按照安全、公平、合理的原则，正确处理给排水、通风、采光、维修等方面的相邻关系方面的义务。因搬迁、装饰装修等原因确需合理使用的共用部位、共用设施设备，应事先通知原告，造成损失的应给予赔偿等义务。庭审中，被告就向原告书面申请封闭平台之事提供了装饰装修申请表，该申请表中虽标注封平台却与其前面的装修内容文字书写用竟明显不同，被告未作出合理解释。由于被告在平台上搭建房屋，有关部门在每年一次的避雷检测中发现，该楼部分避雷安全装置系统性能受损，要求限期整改，以达到国家有关技术标准要求，保证该楼的避雷系统的正常使用。

法院经审理认为，楼顶平台属整幢大楼的公共部分。由于平台被矮墙分割成相对独立的空间，并与被告的房屋相连，客观上形成了被告单独使用的状态，且开发商在与被告签订购房合同时，明确表示赠送平台给被告使用，因此被告对与其房屋相毗连的楼顶平台有使用权。但是，被告在使用时应当以不损害公共利益为前提。本案中，被告改变了楼顶平台的设计格局，搭建了轻体房屋，妨碍了楼顶避雷系统的正常使用和必需的检测，违反了物业管理服务协议中的相关约定，属侵害公共利益的不当行为。该楼顶平台的设计格局系经有关部门审批建造，被告在购房时对此格局设计应已明确知晓，且在接受房屋时亦未提出异议，因此，被告以平台隔断墙体太低，影响自己的居住秘密和安全，必须搭建轻体房屋的抗辩主张，不能成为其改变原有建筑格局的合法理由。且被告称其向原告提交的装修申请表中注有封平台一项，但相关文字书写用竟前后不一，被告又未作出合理解释，故法院不予采信。故原告要求被告拆除涉案自建房屋，理由正当，法院予以支持。但考虑到被告在搭建房屋过程中，原告未能及时有效加以制止且被告确实存在一定损失，故原告应向被告支付一定的拆除费用。

故法院判决23名业主自行拆除搭建房屋，物业管理企业分别给付各业主拆除费2000元。

本案评析：

本案涉及共用部位（楼顶）如何利用的问题。

1. 楼顶的使用权的归属

物业的共用部位属于全体业主共同所有，在使用上也应该由全体业主共同使用，并且这种使用不具有排他性。但在本案中，由于该栋建筑特殊的设计，即顶楼的业主可以直接通过其室内楼梯到楼顶，其他业主要到楼顶上来，就必须通过顶层业主的专有部位，因此，顶楼由全体业主共同使用在现实中不可能实现，但这不能改变楼顶平台仍然属于物业的共用部位。开发商所谓的使用应该是不改变现状地对楼顶加以利用。因此，本案中的楼顶所有权由全体业主享有，但现实中的占用只有顶楼的业主可以便利的实现。

2. 其他业主的监督权

我国《物业管理条例》第六条规定："房屋的所有权人为业主。业主在物业管理活动中，享有下列权利：……（八）对物业共用部位、共用设施设备和相关场地使用情况享有知情权和监督权。"本案中，虽然楼顶的使用权现实中被顶楼的业主享有，但其他业主所享有的监督权在现实中并不像使用权一样受影响。因此，其他业主有权监督共用部位的使用，当顶楼业主的使用超出正常范围时，他们有权要求予以纠正。

3. 顶楼业主的责任

我国《物业管理条例》第六十六条规定："违反本条例的规定，有下列行为之一的，由县级以上地方人民政府房地产行政主管部门责令限期改正，给予警告，并按照本条第二款的规定处以罚款，所得收益，用于物业管理区域内物业共用部位、共用设施设备的维修、养护，剩余部分按照业主大会的决定使用：擅自改变物业管理区域内按照规划建设的公共建筑和共用设施用途的；……个人有前款规定行为之一的，处1000元以上1万元以下的罚款；单位有前款规定行为之一的，处5万元以上20万元以下的罚款。”本案中，顶楼业主在楼顶平台上搭建了轻体房，将该平台部分改造成由其一家独用的封闭式结构的建筑，从而使楼板承载力降低，破坏了房屋屋面排水、防水系统，也妨碍了物业管理企业对该楼供暖管道、外墙面等的日常维修、维护工作，同时妨碍避雷系统正常使用和必须检测，这种行为侵犯了其他业主的合法权利，因此，其他业主可以要求顶楼业主恢复原状，还可以要求行政机关追究其行政责任。

4. 物业管理企业的责任

我国《物业管理条例》第四十六条规定：“对物业管理区域内违反有关治安、环保、物业装饰装修和使用等方面法律、法规规定的行为，物业管理企业应当制止，并及时向有关行政管理部门报告。有关行政管理部门在接到物业管理企业的报告后，应当依法对违法行为予以制止或者依法处理。”物业管理企业负有维护和管理物业共用部位的义务，在有业主违反规定对物业共用部位进行利用而侵害其他业主权利时，物业管理企业应该及时制止；在制止无效的情况下，可以向行政管理机关报告。但本案中的物业企业未及时制止，导致被告行为得以顺利完成，客观上加大了被告的损失，因此，物业管理企业也应该承担相应的责任。法院对本案的判决是合理的。

房屋质量纠纷案

案情简介：

某房地产开发公司1998年1月开始开发某花园小区，1999年2月竣工后并开始出售。2000年5月，马小姐购买了某花园的商品房的顶层一套一居室的房屋。2001年某花园成立业主大会，选举了业主委员会，然后选聘了某物业管理公司对该小区进行物业管理。马小姐入住后向某物业管理公司缴纳了

2001年的物业服务费。2001年7月几场大雨过后，马小姐的房屋顶部有不少地方有渗漏现象。于是找某物业管理公司报修并要求赔偿造成的损失。某物业管理公司认为不是自己的责任，应当由房地产开发商修理并赔偿责任。马小姐于是找到某房地产开发公司要求承担维修并承担赔偿责任。某房地产开发公司认为其已将房屋出售，并且，业主大会已经选举了新的物业管理企业，因此，房屋的维修责任已经转移给了物业管理公司，应该由某物业管理公司承担维修责任并赔偿损失。由于某物业管理公司与某房地产开发公司相互推脱，马小姐不知怎么办才好。于是决定不再缴纳物业服务费。第二年，某物业管理公司向马小姐收取物业服务费时，马小姐拒绝缴纳。

本案评析：

本案中，马小姐的房屋的渗漏应该由房地产开发商某房地产开发公司负责维修并承担损失赔偿的责任；某物业管理公司对此没有责任，马小姐不能拒缴物业服务费。理由如下：

1. 某房地产开发公司应当对渗漏进行维修并对损失承担赔偿责任。马小姐与某房地产开发公司订立了房屋买卖合同，某房地产开发公司应当在法定期限内对该房的质量承担瑕疵担保责任。《合同法》第一五五条规定：“出卖人交付的标的物不符合质量要求的，买受人可以依照本法第一一一条的规定要求承担违约责任。”第一一一条规定，“质量不符合约定的，应当按照当事人的约定承担违约责任。对违约责任没有约定或者约定不明确，依照本法第六十一条的规定仍不能确定的，受损害方根据标的性质以及损失的大小，可以合理选择要求对方承担修理、更换、重作、退货、减少价款或者报酬等违约责任。”《物业管理条例》第三十一条规定了房地产开发商的保修责任：“建设单位应当按照国家规定的保修期限和保修范围，承担物业的保修责任。”根据这些法律的规定，建设单位对屋面防水工程的保修期限为3年。在本案中，马小姐的房屋在3年之内就出现了渗漏的现象，在建设单位的保修期限之内，因此某房地产开发公司应当对房屋进行维修并赔偿损失。

2. 某物业管理公司对马小姐房屋的渗漏没有责任。某物业管理公司所提供的服务一般包括对物业共用部位、共用设施设备的使用管理和维护更新，马小姐的住房不属于共用部位或设施设备。在这种情况下，物业管理公司依约定有义务提供相应的服务，包括及时向房地产开发商反映物业质量问题，只要其尽到职责，就不应当承担赔偿责任。本案不属于《物业管理条例》第三十六条规定的“物业管理企业未能履行物业服务合同的约定，导致业主人身、财产安全受到损害”的情形，因而物业管理企业不承担相应的法律责任。

3. 马小姐应当缴纳物业服务费。正如前面所分析的，房屋渗漏问题的责任者是某房地产开发公司，与某物业管理公司没有关系，因此马小姐不能拒绝缴纳物业服务费。

业主委员会解聘物业公司之诉

案情简介：

2004 年 10 月 27 日，北京市某房地产开发有限责任公司在北京市海淀区长春桥开发完成了一个商住两用的某小区。在销售房屋的同时，北京市某房地产开发有限责任公司聘请了原告北京市某物业管理有限责任公司（以下简称某物业公司）对该小区的物业进行前期物业管理，并与原告某物业公司签订了前期物业管理服务合同，期限为 2004 年 11 月 1 日至 2007 年 11 月 1 日。

2005 年 3 月 27 日，由于该小区业主入住率逐渐提高，在众多业主的建议和组织下，该小区依法成立了某小区业主委员会。业主委员会成立后，便召开了第一次业主大会，会议中决定原告某物业公司继续履行《前期物业管理服务合同》中约定的事项，对该小区进行物业管理。2005 年 8 月 15 日，原告天明物业公司收到被告某小区业主委员会解聘通知，解聘理由为不满意原告提供的物业服务质量，而且良缘小区已经另行选聘其他物业管理公司对该小区进行管理，并且签订了物业管理服务合同，现在要求原告某物业公司退出该小区的管理，并进行物业和相关资料的移交，以便其他物业管理公司顺利进入小区进行物业管理。

原告某物业公司认为：1. 本公司已经与该小区建设单位北京市某房地产开发有限责任公司签订了前期物业服务合同，服务合同期限为 3 年，而且业主与建设单位在签订购房合同时，也同意原告成为该小区的前期物业管理企业。现在物业管理合同未到期，被告某小区业主委员会便另行选聘其他物业管理企业，其行为已经违反了前期物业服务合同的相关约定。更何况，本物业管理公司已经根据《前期物业管理服务合同》的约定，提供了合格的物业管理服务，现被告某小区业主委员会擅自解聘物业管理合同，其行为已经构成单方违约，根据《合同法》的相关规定，理应承担违约责任；2. 根据《物业管理条例》第十一条的规定，选聘、解聘物业管理企业是业主大会履行的职责。而在本案中，被告某小区业主委员会不具有法律主体资格，是没有权力解聘本物业管理公司的。因此，被告某小区业主委员会无权解聘本物业管理公司。

后经双方协商，被告某小区业主委员会坚决要求原告某物业公司进行物业和相关资料的移交。鉴于此，原告某物业公司无奈之下于2005年9月10日依法向北京市海淀区人民法院提起诉讼，请求法院判令原告某物业公司继续为被告某小区业主委员会履行前期物业服务合同，并要求被告某小区业主委员会承担违约责任。

被告某小区业主委员会认为，原告某物业公司提供的前期物业服务质量太差，给业主带来了许多麻烦以及生活上的不便，原告某物业公司的行为已经违反了《前期物业管理服务合同》中相关的约定。更何况，既然建设单位已经将该物业销售，那么业主才是该物业的所有人和使用人。现在，原告某物业公司的行为已经损害了业主的权益，而且被告是由业主合法选举产生。根据《物业管理条例》和其他法律法规的规定，被告能够代表业主行使权利，其有权解聘原告某物业公司。因此，原告某物业公司提起的诉讼请求是没有法律依据的，请求法院依法驳回原告的诉讼请求。

法院判决：

北京市海淀区人民法院经审理认为，在本案中，尽管原告某物业公司与建设单位之间签订了前期物业服务合同，业主与建设单位在签订购房合同时同意原告成为该小区前期物业管理企业，但是，2005年3月27日该小区已由业主选举产生了业主委员会，根据《城市新建住宅小区管理办法》第七条的规定，业主委员会代表住宅小区内的产权人、使用人，维护房地产产权人和使用人的合法权利，有权决定选聘或续聘物业管理企业。而且物业管理企业提供的物业管理服务直接涉及广大业主的合法权益，因此，《物业管理条例》第十一条第一款第三项规定："业主大会履行下列职责……选聘、续聘物业管理企业。"当然，通常具体物业服务合同的订立、变更、解除等则由业主大会授权业主委员会进行。因此，在本案中，被告某小区业主委员会具有法律主体资格。在本案中，该小区业主不满意原告某物业公司提供的物业服务质量，经本院调查核实，被告某小区业主委员会提供的证据足以证明原告提供的物业管理水平和物业管理服务极差。因此，被告某小区业主委员会决定解聘原告，并另行选聘其他物业管理企业从事该小区物业服务，是符合法律法规规定的，本院予以支持。根据《城市新建住宅小区管理办法》第七条、《物业管理条例》第十一条之规定，判决如下：

驳回原告某物业公司的诉讼请求。

本案评析：

业主委员会的法律地位和法律性质。

1. 业主委员会的法律地位

所谓业主委员会，是指依据业主公约或者法律的规定，在房地产行政主管部门指导下成立的，由业主大会选举产生，由业主代表组成的代表业主利益、监督物业管理公司工作和广大业主履行业主公约的民间性组织。从我国司法实践来看，业主委员会是一个物业管理区域内长期存在的、代表广大业主行使业主自治管理权的必设机构，是业主自我管理、自我教育、自我服务，实行业主自治自律与专业化管理相结合的管理体制，保障物业的安全与合理使用，贯彻执行国家有关物业的法律、法规及相关政策，并办理本辖区涉及物业管理的公共事务和公益事业的社会性自治组织。

因此，业主委员会不仅是业主参与民主管理的组织形式，也是业主实现民主管理的最基本的组织形式。与其他自治性组织比较而言，业主委员会具有以下法律特征：

（1）业主委员会由业主大会选举产生。根据我国《物业管理条例》的有关规定，业主委员会是业主大会的常设机构和执行机构，其行为应向业主大会负责。因为，业主委员会并非独立的法人组织，它的所有行为后果均直接归属于全体业主，责任也是由全体业主共同承担的。基于此，业主委员会的组成人员必须反映全体业主中绝大多数人的意见，故业主委员会的委员应由业主大会选举产生。

（2）业主委员会的活动以对物业的自治管理为限。业主委员会设立的目的在于使广大业主的自治管理权能够得到正常的行使，并及时了解和统一业主的不同意见和建议。基于这一目的，业主委员会的所有活动必须以对物业的自治管理为限。除签订物业管理合同外，业主委员会不能进行和从事与物业管理活动无关的任何经营性或非经营性活动。

（3）业主委员会的根本任务是代表和维护全体业主的合法权益。业主委员会代表全体业主的意思表示，其行为向全体业主负责，维护的也是全体业主的合法权益。因此，业主委员会不是代表和维护部分业主，特别是大业主的意志和利益，当然更不是部分小业主的意志和利益。应注意的是业主委员会维护的只能是业主的合法权益，不能因为业主委员会的组成人员均为业主，其行为和活动通常都涉及业主的自身利益，便从事超越法律、法规和政策以及损害他人合法权益的行为。

（4）业主委员会必须办理备案手续。业主委员会虽为自治性的组织，但并非自立的闲散组织，其有具体的法定职责和法律地位。为了规范业主委员会，使其更好地为全体业主服务，依据我国《物业管理条例》及相关的规定，业主委员会自产生后30日内，应当将业主大会成立的情况、业主大会议事规则、业主公约及业主委员会委员的名单等材料向物业所在地的区、县人民政府房地产行政主管部门备案。

2. 业主委员会的法律性质

关于业主委员会的法律性质，到目前为止，认识不一。依据1994年3月23日建设部发布的《城市新建住宅小区管理办法》的规定，住宅小区应当成立住宅小区管理委员会。该委员会是在房地产行政主管部门指导下，由住宅小区内房地产产权人和使用人选举的代表组成，代表和维护住宅小区内房地产产权人和使用人的合法权益。它的主要权利是制定管理委员会章程，决定选聘或续聘物业管理公司，审议物业管理公司制定的年度管理计划和小区管理服务重大措施，检查、监督各项管理工作的实施及规章制度的制定。可见，该委员会相当于业主委员会。1997 年 8 月 25 日建设部、国家工商行政管理局印发推行的《物业管理委托合同示范文本》规定，业主委员会代表和维护产权人、使用人的合法权益，制定业主公约并监督业主和物业使用人遵守公约，审定物业管理制度，检查、监督物业公司管理工作的实施和制度的执行情况，审定物业公司的物业管理服务年度计划、财务预算及决算。1999 年 10 月 14 日建设部印发的《前期物业管理服务协议》（示范文本）规定，前期物业管理是指：自房屋出售之日起至业主委员会与物业管理企业签订的《物业管理合同》生效时止的物业管理。我国《物业管理条例》及 2003 年 6 月 26 日建设部印发的《业主大会规程》就业主委员会的职责亦规定，业主委员会代表业主与业主大会选聘的物业管理企业签订物业服务合同。因此，从上述这些规定中不难看出，我国现行立法并未就业主委员会的法律性质做出明确的规定。

物业管理公司未提供完善的物业管理服务，在物业管理合同期间，业主委员会可以解聘物业管理公司，其解聘行为并不构成违约，而且业主委员会可以另聘其他物业管理公司提供物业管理服务。

在本案中，业主与物业管理公司产生纠纷主要涉及的问题是：物业管理公司未提供完善的物业服务，在物业管理合同期间，业主委员会是否可以解聘物业管理公司，另聘其他物业管理公司进入小区提供物业管理服务。

根据《物业管理条例》及相关的法律法规规定，我们认为，该小区业主委员会的成立是解决本案纠纷的关键事实。2004 年 10 月 27 日建设单位在销售房屋的过程中，与原告签订了前期物业服务合同，同时，业主与建设单位在签订购房合同时，同意原告为该小区前期物业管理企业，这就确认了原告对该小区进行物业服务工作的有效性、合法性。建设单位将该小区房屋出售后，该小区房产所有人和使用人成为业主，并于 2005 年 3 月 27 日成立了业主委员会。该业主委员会是否有权解聘合同尚未到期的前期物业管理企业？根据《城市新建住宅小区管理办法》第五条第一款规定：“房地产开发企业在出售住宅小区房屋前，应当选聘物业管理公司承担住宅小区的管理，并与其签订物业管理合同。”第六条规定：“住宅小区应当成立住宅小区管理委员会(以下简称管委会)。管委会是在房地产行政主管部门指导下，由住宅小区内房地产产权人和使用人选举的代表组成，代表和维护住宅小区内房地产产权人和使用人的合法权益。”第七条第一款规定“管委会的权利：1. 制定管委会章程，代表住宅小区内的产权人、使用人，维护房地产产权人和使用人的合法权利；2. 决定选聘或续聘物业管理公司；3. 审议物业管理公司制定的年度管理计划和小区管理服务的重大措施；4. 检查、监督各项管理工作的实施及规章制度的执行。”

根据上述规定可知，在本案中，在小区房屋出售之前，由建设单位委托物业管理公司对小区物业实施管理，而在小区房屋出售、业主入住并成立了业主委员会之后，业主委员会有权决定选聘或续聘物业管理公司。因此，在业主委员会成立之后，法律将决定聘用、续聘、解聘物业管理公司的权利赋予了业主委员会，业主委员会行使上述权利便有法可依。因此，本案的小区业主委员会成立后，对建设单位委托的（前期）物业管理公司，有权决定是否继续聘用或解聘。

《物业管理条例》基本上承袭了《管理办法》的立法精神，同样赋予了业主委员会聘用、续聘、解聘前期物业管理企业的权利，而且规定更为明确。根据《物业管理条例》第十一条第三项规定，业主大会有权“选聘、解聘物业管理企业”。第十五条第二款规定，业主委员会“代表业主与业主大会选聘的物业管理企业签订物业服务合同”。第二十一条规定：“在业主、业主大会选聘物业管理企业之前，建设单位选聘物业管理企业的，应当签订书面的前期物业服务合同。”第二十六条规定：“前期物业服务合同可以约定期限；但期限未满、业主委员会与物业管理企业签订的物业服务合同生效的，前期物业服务合同终止。”因此，在本案中，原告某物业管理公司在物业服务合同期间未提供完善的物业管理服务，新成立的业主委员会可以根据《物业管理条例》以及相关的法律法规的规定，解聘未尽职责的物业管理公司，另行聘请其他物业管理公司。

综上所述，在本案中，新成立的业主委员会要求原告某物业管理公司退出该小区的物业管理服务，并移交相关的物业管理资料，其要求是符合现行物业管理法律法规规定的，虽在物业服务合同期间，但并不构成单方违约。

业主委员会权利之诉

案情简介：

深圳市龙岗区某家园小区部分业主经常违反《某家园业主公约》的相关规定，甚至部分业主擅自占用小区公共空间、在楼顶平台上建设房屋、安装防盗门占楼道、超出外墙体安装防盗窗、在小区公共区域随地扔垃圾，等等。小区业主委员会发现此种现象后，遂要求物业公司向违规业主发警告函，让其限期拆除违规安装和及时纠正违规行为，如不拆除违规安装和纠正违规行为，物业公司将以诉讼手段解决问题。

后因上述问题未得到物业公司及时解决，业主委员会再次向物业公司下发通知，要求物业公司对该部分业主提起诉讼，并规定物业公司向法院递交诉状的限期为通知发出之日起 1 个月，同时说明：如果物业公司不起诉违规业主，业主委员会将对物业公司采取一定的措施，并有可能解聘物业公司。

物业公司认为，1. 本公司在管理小区的过程中，根据《物业管理服务合同》的约定，本公司享有自主经营管理权和处理违规业主破坏小区行为的权力。因此，本公司在管理小区时，不受小区业主委员会的领导。2. 本小区近期经常出现部分业主破坏小区环境的恶性事件属实，本公司已经根据管理职责进行了调查和劝阻，并会在适当的时候采取相应的处理措施。但是，小区业主委员会经常给本公司施加压力，并以领导的身份向本公司发函、发通知书，责令本公司按照业主委员会的处理意见处理违规业主。本公司认为业主委员会的行为已经严重干扰了本公司履行管理职责，给本公司的管理工作带来了压力和影响，其行为已经构成侵权。

针对此种情况，物业公司要求业主委员会纠正其违规行为，但业主委员会仍然继续给物业公司施加压力，要求物业公司必须在 10 日内以违规业主为被告，依法向法院提起诉讼，否则，业主委员会会考虑解聘物业公司，另聘新的物业公司对小区的物业工作进行管理。物业公司在重重困难和压力下，无奈于2005年12月25日依法向深圳市龙岗区人民法院提起诉讼，请求法院判决业主委员会停止侵权行为，并要求业主委员会向物业公司赔礼道歉。

业主委员会认为，小区部分业主经常出现违规行为，给小区其他业主的生活环境带来了严重影响，本小区的物业公司对此种现象置之不理、视而不见，其行为已经违反双方签订的物业管理服务合同。据此，本委员会向物业公司发函、发通知书，只是希望物业公司引起重视，并及时处理部分业主的违规行为，给其他业主营造一个健康、舒适的家园。而且，本委员会代表小区的全体业主，针对物业公司的失职行为，本委员会可以根据双方的约定，有权责令物业公司按照委员会的建议处理违规业主。因此，本委员会给物业公司发函、发通知书的行为并没有构成侵权，可见物业公司提起的诉讼请求不符合法律法规的规定，请求法院依法判决驳回物业公司的诉讼请求。

法院判决：

深圳市龙岗区人民法院经审理认为，物业公司在管理小区期间，拥有自主经营权，不受业主委员会的领导和安排。在本案中，某家园小区部分业主破坏小区环境，小区业主委员会发现此种情况后，要求物业公司及时处理，但物业公司怠于处理。鉴于此，业主委员会向物业公司发函、发通知书，要求物业公司在30日内向法院提起诉讼，否则解聘物业公司。本院认为，被告业主委员会的行为已经干扰了物业公司的自主经营管理权，其强制要求物业公司按照其提出的处理意见处理违规业主，其行为已经构成侵权，理应承担停止侵害行为的责任。据此，深圳市龙岗区人民法院于2006年1月12日依法作出如下判决：

被告业主委员会自本判决生效之日起停止对物业公司的侵害行为。

本案评析：

在本案中，所反映出的问题是：物业公司在管理小区的过程中，业主委员会有无权力对物业公司的工作方式提出强制性要求，这实际上涉及了业主委员会与物业公司的关系问题，二者是平等关系、服从与被服从关系还是其他关系？

由于在我国，物业公司进驻小区，开展物业管理工作，以及小区成立业主委员会，监督配合物业管理活动时间还不长，因此，不论是物业公司，还是业主委员会，都对二者之间的关系问题存在一些认识上的误区，目前主要有以下两种错误的认识：

一是认为业主委员会与物业公司二者之间没有什么关系，表现为：物业公司方面，把业主作为自己的摇钱树，只收钱不服务，或高收费却提供低标准服务，对业主委员会的存在及建议视若无睹、充耳不闻，不理不睬；而业主委员会方面，则对小区的物业管理活动，消极履行自己的监督职责，形同虚设。

二是认为业主委员会与物业公司之间是服从与被服从的关系，表现为：物业公司方面，完全听从业主委员会的安排、建议，业主委员会指到哪里，服务就做到哪里，丧失了自己的经营自主性；而业主委员会方面，则表现为插手于小区物业管理的方方面面，通过直接下发通知的方式对物业公司提出服从性的强制要求。

上述两种认识，不论是缺乏对物业公司工作的有效监督，还是使物业公司的工作处处受制于业主委员会的监督之下，都是错误的，都不利于物业公司工作的正常开展，都不能保证小区物业管理的质量。没有监督，必然导致物业公司的服务在短期盈利思想的支配下，无法满足小区业主的利益；而过度的监督，则使物业公司的经营自主性受到损害，使其专业性服务的特点无法得到有效发挥。

应该说，随着业主法律意识的提高及物业管理行业竞争的加剧，第一种认识越来越少，相应出现的现象也比较少。但第二种认识目前却有发展的态势，与这种认识相对应的现象，出现的频率也有上升的趋势：业主委员会常常以小区业主代表的身份，以维护小区业主利益为依据，要求物业公司听从自己的安排。对此，我们认为，虽然顾客是上帝一直是服务行业倡导的经营理念，但这只是企业自身对自己的服务标准提出较高要求的形象比喻，反映的是尊重客户的理念，这种理念并未授予客户可以对提供服务的企业提出强制性要求的权利，也并不代表客户的一切要求都是合法、合理的。

那么，业主委员会与物业公司究竟应该是什么关系？我们认为，从物业管理作为服务行业的特点及物业公司独立法人地位考虑，二者应该是平等的合作关系，具体表现为：二者通过签订物业管理服务合同形成聘任关系，物业公司向小区业主提供物业管理服务，小区业主支付相应的服务费用，而业主委员会则负责对物业公司的管理工作进行监督并提出建议。对任何一方的违约行为，另一方都有权要求其承担违约责任，权利的享有、义务的承担在双方协商的范围内发生效力。

因此，在本案中，业主委员会就是错误地认识了自己与物业公司之间的关系，同时也没有认清自己的权利范围，将平等的合作关系扭曲为上下级领导与被领导关系，从而导致要求物业公司按照自己的要求进行工作，明显忽视了物业公司作为独立的经营实体所依法享有的自主经营管理权。就业主违规搭建问题，业主委员会可以与物业公司协商处理，向物业公司提出合理的工作建议，但绝不能强制要求物业公司按照自己的要求进行工作。对于物业公司来说，物业公司是有权从专业管理的角度出发，对业主委员会的建议进行处理的，采纳或不采纳该建议，都应当由物业公司自主决定。

但是，如果物业公司没有及时采取处理措施，造成小区内其他业主权益受损，那么，业主委员会应采取何种措施防止业主权益受损？根据《北京市高级人民法院关于审理物业管理纠纷案件的意见（试行)》第七条的有关规定，在物业公司的行为损害了全体业主公共权益的情形下，业主委员会可以按照物业公司没有按约履行职责为由，向法院提起诉讼；如果物业公司的行为侵害的权益只涉及单个业主或部分业主，那么根据该意见第十条的规定，业主委员会可以建议受损的业主以物业公司违约为由，向法院提起诉讼，或由受损业主对侵权业主提起诉讼。虽然在实践中，判断物业公司违约侵犯的只是部分业主的权益，还是侵犯了全体业主的公共权益还存在一定的困难，对此，我们认为最好由相关的司法解释对此加以明确。但是，无论在哪种情况下，业主委员会都不能仅以物业公司没有接受自己的建议为由，要求物业公司承担责任。

当然，如果物业公司只是一味地主张自己的经营自主权，而拒绝业主委员会提出的合理建议及监督，也是不对的，业主委员会在必要的时候可以向有关部门反映问题，在物业公司的行为构成违约或侵权的时候，也可以按照相关法律规定，以自己的名义或建议业主向法院提起诉讼。

罢免业委会主任纠纷案

案情简介：

原告刘某在上海市浦东区江浦路购买了某新城的商品房一套。入住后，某新城共有业主600余人，其中业主代表21人。2004年2月12日，某新城全体业主召开业主代表大会，从21名业主代表中选举产生9名业主委员会委员（包括3名开发商委派的委员），原告刘某是业主委员会中的一名委员。之后，业主委员会从委员中选出业主委员会主任、副主任，原告刘某被选为业主委员会主任。2004年4月16日，上海市浦东区房屋土地管理局（以下简称浦东区房地局）根据某新城业主委员会的申请，给某新城业主委员会颁发了证书，组织负责人一栏为原告刘某。

2004年12月22日，业主委员会召开委员会议，以8票赞成通过决议，决定罢免原告刘某业主委员会主任职务，保留其委员资格，另选委员贾某为业主委员会主任。浦东区房地局收到某新城业主委员会申请后，经审核，于2005年2月4日颁发了新的某新城业主委员会证书，组织负责人由原告刘某变更为贾某。

原告刘某认为，1. 业主委员会主任的选聘、任免应当由业主大会选举决定，因此，某新城业主委员会无权罢免自己主任职务。而且，业主委员会罢免自己主任职务时，违反《某新城业主委员会章程》中关于罢免的程序。可见，业主委员会作出的罢免决定无效。2. 作为上海市浦东区房屋土地管理局，在事实没有查清落实之前，听信业主委员会有关人员的谗言，违反规定擅自为业主委员会变更业主委员会主任名单，其行为已经侵犯了自己作为业主委员会主任的合法权益。因此，浦东区房地局应当撤销作出变更业主委员会主任名单的行为。

原告刘某与某新城小区业主委员会、浦东区房地局协商，要求业主委员会和浦东区房地局撤销决定，但遭到拒绝。鉴于此，原告刘某于2005年5月25日依法向上海市浦东区人民法院提起行政诉讼，要求法院依法撤销浦东区房地局2005年2月4日颁发的业主委员会证书。

被告浦东区房地局认为，本局只是根据小区业主委员会的请求，依照规定形式审查业主委员会提交的相关材料，之后根据本局的职责对业主委员会提出的变更请求进行变更，本局作出的变更决定，其程序符合法律法规规定。因此，原告刘某提出的诉讼请求没有事实和法律依据，请求法院依法驳回原告刘某的诉讼请求。

某新城业主委员会认为，原告刘某作为业主委员会原主任期间，擅离职守，多次挪用业主缴纳的公共维修基金，并多次组织不明事实真相的业主聚众冲击物业管理公司场所，导致物业公司无法正常管理本小区的物业管理工作，给小区其他业主带来了诸多不便。鉴于此，在众多业主的要求下，本委员会召集本小区的业主委员会委员，经过民主选举，一致同意罢免原告刘某主任职务。因此，本委员会作出的罢免程序符合相关规定，并没有违反《某新城业主委员会章程》的有关规定，故请求法院依法支持浦东区房地局作出的变更决定。

法院判决：

上海市浦东区人民法院经审理认为，根据法律法规规定，上海市浦东区房地局具有颁发业主委员会证书的主体资格。由于主任一职是由业主委员会选举产生的，因此业主委员会也有权罢免主任一职。浦东区房地局根据原业主委员会证书、业主委员会的申请及业主委员会决议，进行变更登记，颁发新的业主委员会证书，证据充分，适用法律、法规正确，符合法定程序。原告刘某提起的诉讼请求，不符合法律法规的规定，本院不予支持。据此，上海浦东区人民法院于2005年7月2日作出判决：维持浦东区房地局作出的具体行政行为。

原告刘某不服一审法院作出的判决，依法向上海市第一中级人民法院提起上诉，其认为：1. 原审判决认定事实不清，业主委员会无权作出罢免决定，应当由业主代表大会作出决定；2. 2004年12月22日会议中有2名委员并非本人到场，而是委托亲属参加，而且开发商在业主委员会中有 3 名委员，有 2 名变更未经业主代表大会确认，故当天会议中同意罢免其职务的有效票数未过半数，此决议不合法。因此，请求二审法院撤销原审判决和具体行政行为。

上海市第一中级人民法院经审理认为，业主委员会选举、罢免主任系其自主管理的内部事务。某新城业主委员会章程并未规定罢免主任的程序，由主任的选举者业主委员会进行罢免并无不当。根据上海市房屋土地管理局关于《物业管理条例》有关条文的应用解释，业主委员会中的自然人委员，不得委托代理人参加，故委托亲属的 2 名业主委员会委员的投票是无效的。开发商委员本身并非天创新城业主，而仅代表开发商行使权利，开发商因原委员离开单位而更换委派的委员，不需经业主代表大会认可，因此，2004 年 12 月 22 日业主委员会会议赞成罢免原告刘某主任职务的有效票是 6 票，决议有效。浦东区房地局根据业主委员会决议，在主任人选发生变更后，根据原审核登记的文件、变更登记申请及证明材料，相应的予以变更登记，符合法律规定。据此，上海市第一中级人民法院于2005 年9 月 10 日依法作出判决：驳回上诉，维持原判。

本案评析：

1. 小区业主代表大会制定的章程对外具有法律效力。法院在审理此类纠纷时，可以将其作为判决的依据。

在本案中，主要涉及房屋行政管理机关对居住物业的业主自主管理权的管理和干预程度以及业主委员大会制定的自主管理章程对外效力问题，此类纠纷是一起新类型行政案件。

在司法实践中，现行法律法规对于业主委员会主任的产生、罢免的主体和程序都没有作出明确的规定，因此本案应考虑的问题主要是业主代表大会制定的章程对外是否具有效力，具有何种效力，以及法院能否将其作为判断是非的依据？

根据《上海市居住物业管理条例》的有关规定，赋予了业主代表大会或业主大会对物业进行自主管理的权利。因此，业主代表大会或业主大会通过的章程，是业主自我约束、自我管理的团体意志的体现。在不违反法律法规禁止性规定的情况下，章程不仅对业主有效，而且对于基于章程所发生的争议，法院在审理案件时也应当承认其效力，并根据其中的有关规定判断是非。

综上所述，小区业主代表大会制定的章程对外具有法律效力，法院可以将其作为判决的依据。在本案中，原告刘某认为业主委员会违反《某新城业主委员会章程》的主张不符合有关规定，法院最后依法认定此章程具有法律效力，并根据此章程的有关规定认定业主委员会的做法符合法律法规规定，驳回原告的诉讼请求是正确、合理的。

2. 在本案中，某新城业主委员会有权罢免业委员会主任职务。

根据《某新城业主委员会章程》第 10 条规定："本委员会设委员 9 人，其中主任 1 名，副主任 1 名。主任、副主任在全体委员中选举产生，委员（包括主任、副主任）经业主代表大会决定可予罢免。"对此条的后半句规定"委员（包括主任、副主任）经业主代表大会决定可予罢免"如何理解，成为本案争议的一个焦点。

原告认为根据该条规定，主任须经业主代表大会决定方可罢免；而被告和第三人则认为，该条所规定的是业主委员会委员须经业主代表大会决定方可罢免，主任、副主任的罢免不需要经业主代表大会决定。我们认为，被告和第三人的理解是有依据的。从条文本身的内容看，该句强调的是委员经业主代表大会决定可予罢免委员职务，括号中的内容是指主任和副主任委员身份的罢免也和其他委员一样。该条规定"主任、副主任在全体委员中选举产生"，对于主任职务由谁罢免没有明确规定，整个章程中也没有明确规定。原告、第三人在庭审中也承认业主委员会主任职务是由业主委员会选举产生，而非业主代表大会选举产生。那么，基于一般的法理理解，在对于罢免主体没有明确规定的前提下，选举者有权罢免其选出的代表。从这个角度出发，认定业主委员会有权罢免主任是合理合法的。

3. 在本案中，业主委员会罢免程序合法，作出罢免的决定具有法律效力。

在本案中，上诉人针对罢免程序向二审法院提出了上诉，认为业主委员会 9 名成员中有 3 名开发商委员，其中的 2 名并非业主委员会成立时的人员，而是开发商后来更换的人员，没有经过业主代表大会认可。另外，2004 年 12 月 22 日出席会议的委员中，有 2 名并非本人出席，而是由家属出席。故该 4 名委员投票无效，导致会议决议亦无效。对于 2 委员委托家属出席会议的问题，根据原上海市房屋土地管理局《关于〈上海市居住物业管理条例〉有关条文的应用解释》规定，业主委员会成员参加会议不得委托代理人，一审法院基于这一规定认定该 2 人的投票无效。《中华人民共和国民法通则》第六十三条第三款规定应当由其本人实施的民事法律行为不得代理，最高人民法院《关于贯彻执行〈中华人民共和国民法通则〉若干问题的意见（试行）》第七十八条也规定“凡依法或者依双方的约定必须由本人亲自实施的民事法律行为，本人没有亲自实施的，应认定行为无效。”因此，在本案中，2 位由亲属代为参加会议的委员，事后对亲属投票的结果均未提出异议，究竟是代理，还是传达，似在两可之间。不过，本案中由于业主委员会同意罢免原告刘某的有效票已有 6 票（超过半数），因此无论 2 名委员由亲属代为出席投票的行为属于代理行为还是传达行为，均不影响决议效力。因此，在本案中，业主委员会罢免程序合法，作出罢免的决定具有法律效力。

物业管理侵权案

案情简介：

被告孙某等 15 位业主于 2003 年 3 月 12 日至 4 月 30 日分别与北京市某房地产开发公司签订了《商品房买卖合同》，以预售商品房按揭的方式购买了某小区 1 号楼房屋各一套。双方签订的《商品房买卖合同》第五条规定：“该商品房阳台系封闭式阳台，白色塑钢窗。”但是，在房屋建设项目竣工后，1 号楼房屋的北阳台为白色塑钢窗封闭式阳台，南阳台却为护栏开敞式阳台。当时，1 号楼的业主们纷纷提出异议，但未得到北京市某房地产开发公司的明确答复。

2004 年 6 月 12 日，北京市某房地产开发公司与原告北京市某物业管理公司（以下简称某物业公司）签订了《某小区物业管理委托合同》，委托原告某物业公司对其开发的某小区进行前期物业管理，合同期限暂定为 2 年，期限自 2004 年 7 月 1 日起至 2006 年 6 月 30 日止。

2004 年 7 月 15 日，北京市居住小区管理办公室审核批准了北京市中原房地产开发公司报送的《某小区房屋使用、管理、维修公约》（以下简称《公约》），该《公约》中规定由北京市某房地产开发公司指定原告某物业公司为本小区的物业管理企业，该《公约》另在第九章中对房屋的使用、管理和维修作出了具体规定。2004 年 8 月 12 日，某小区 1 号楼业主办理了相应的入住手续，原告某物业公司与业主之间签订了《某小区物业管理服务合同》。该《某小区物业管理服务合同》第十条“甲方的义务”第七项规定：“为了保持某小区的整体外观，不得擅自封闭阳台或平台，不得在阳台上或平台上搭建任何构筑物，或者改变其外表颜色，不得在阳台或平台上安装任何防盗网或防护栏。”

被告孙某等 15 位业主入住后发现房屋的南阳台不封闭存在不安全、不卫生、不保暖、不节能等弊端和问题后，遂多次与原告某物业公司协商，要求封闭南阳台，但遭到原告某物业公司的拒绝。1 号楼的业主们无奈之下，于 2004 年 12 月 12 日交给原告某物业公司一份 1 号楼 90 余位业主签名的《某小区 1 号楼业主封闭阳台的决议暨送达某物业管理公司的通知》。原告某物业公司接到此份通知后，仍不同意小区业主们的要求。被告孙某等 15 位业主无奈之下，于 2005 年 1 月 27 日将自家居室的南阳台统一改装为白色塑钢窗封闭式阳台。

原告某物业管理公司认为，孙某等 15 位业主在未经任何有关单位批准的情况下，也未通知物业公司的情况下擅自封闭自家阳台，其行为已经违反了原、被告双方签订的《物业管理服务合同》《某小区业主公约》的相关约定，而且业主自行封闭阳台的行为妨碍了物业公司对小区的正常管理，给物业管理公司今后的管理工作带来了压力和影响。鉴于此，原告某物业公司依法向北京市西城区人民法院提起诉讼，要求法院判决被告孙某等 15 位业主拆除已封闭的阳台，恢复房屋原状。

被告孙某等 15 名业主认为，我们与原告某物业管理公司签订的《物业管理服务合同》《某小区业主公约》属于非经双方协商的不平等、不合理的无效合同。其理由是：根据办理入住手续时原告的规定，业主如果不签订《物业管理服务合同》和《某小区业主公约》，将拿不到自己房产的钥匙，而且无法进入业主已经购买的房屋，在此种不合理的情况下，业主们无奈之下只好签订上述违反法律的合同，可见，上述的合同和公约是无效的。因此，原告某物业公司提起的诉讼理由既不合理也不合法，请求法院依法驳回原告的诉讼请求。

法院判决：

北京市西城区人民法院经审理认为，北京市某房地产开发公司与被告孙某等15位业主签订的《商品房买卖合同》第五条约定“该商品房阳台系封闭式阳台，白色塑钢窗”，使业主在购房时认为阳台都是封闭的，从而影响了业主在缔结合同时行使选择权，这是1号楼业主与物业管理公司发生纠纷的主要原因。原告某物业公司为履行物业管理职责与被告签订的《物业管理服务合同》为格式合同，双方是物业服务提供者与业主之间的关系。业主作为购买房屋的所有权人，对自购房屋的阳台具有专有所有权，可自主使用和处分。原告在合同中没有考虑售房时所签的《商品房买卖合同》中有关阳台的约定而强制不准许擅自封闭阳台的约定不合理，该内容应属无效。鉴于孙某等15名业主自行封闭阳台使用的材料及样式统一，并未影响小区内的整体美观、市容环境及其他公共利益，故对原告的诉讼请求本院不予支持。根据《中华人民共和国民事诉讼法》第五十三条第一款、《中华人民共和国民法通则》第七十一条、《中华人民共和国合同法》第三十九条第二款之规定，判决如下：

驳回原告某物业管理公司的诉讼请求。

本案评析：

1. 在本案中，业主对自购房屋的阳台享有处分权。

在本案中，是因业主自行封闭房屋阳台而引起的物业管理纠纷，首先涉及的问题是本案被告业主对自购房屋的阳台享有什么权利？随着我国城镇住房制度改革的不断深化，房屋的所有权结构发生了重大变化，越来越多的居民通过购买公房或商品房实现了住房的自有化。同时，出现了大量的多层建筑——即所谓城市异产毗邻房屋。也就是说，在数人乃至数百人购买楼房的时候，一栋建筑物的产权主体已经多元化。而多层建筑与物业管理区域的出现，催生了一种新的不动产权利形态——建筑物区分所有权。

所谓建筑物区分所有权是指多个所有人，甚至上百个所有人共同拥有一栋高层建筑物时，各个所有人对其在构造上和使用上具有独立性的建筑物部分（专有部分）所享有的所有权和对供全体或部分所有人共同使用的建筑物部分（共有部分）所享有的共有权以及基于对建筑物的管理、维护和修缮等共同事务而产生的成员权的总称。简言之，它是指建筑物区分所有人的专有权、共有权和成员权的结合。从物业管理法律制度的角度看，一个物业管理区域内的许多异产毗邻房屋的集合体（即区分所有建筑物的集合）构成了物业管理中所涉及的物业。而前述区分所有建筑物的所有权人便是通常所说的业主，所有权人行使成员权的一个重要方式便是组成业主大会、业主委员会。显然，在本案中，被告孙某等15位业主是建筑物区分所有权人。从物权的角度来看，物业管理是为了保障物业正常使用功能（或延长物业的使用寿命）从而实现物权价值的必要方法。业主对自己所拥有的物业享有直接支配的权利，对物业进行管理的权利基础来自物权。而业主对物业管理权的行使有两种最主要的方式，一是自行管理，二是委托专门的物业管理公司对共有建筑物、公用设施设备进行管理。在委托管理的场合，物业管理公司因为业主的授权而享有了对共有建筑、公共设施设备的物业管理权。

依据物权法原理，建筑物区分所有权人对专有部分的权利是建筑物区分所有权中占主导地位的权利。建筑物的专有部分范围的界定或者说界定专有部分的标准是一个非常关键、有争议的问题，但自家的阳台属区分所有权人（业主）专有是没有争议的。业主对封闭或不封闭的阳台享有占有、使用、收益和处分的权利，并排除他人干涉。但业主同时也负有义务：如行使专有部分所有权时不得妨碍建筑物的正常使用和损害区分所有人的共同利益；维护、修缮时不得妨碍其他区分所有权人的安宁、安全、卫生及相邻义务；应接受物业管理公司的检查、检修等等。当然，法律法规在有些情况下会对业主的使用进行限制。从我国的法律法规的规定来看，常见的限制主要是针对业主在装修中改变建筑物用途、危害建筑物的安全，尤其对于建筑物的承重结构不得进行拆改。如：《上海市浦东新区住宅小区物业管理实施办法》第三十四条规定：“未经新区职能部门批准，业主和非业主使用人不得改变小区内房屋用途；不得对小区内房屋的内外承重墙、梁、柱、楼板，进行违章凿、拆、搭、占。”

综上，在本案中，被告孙某等 15 位业主对自购房屋的阳台享有所有权，可以对阳台进行处分，但在处分时，必须不能妨碍其他区分所有权人的安宁、安全、卫生，以及其他公共利益。

2. 在本案中，被告孙某等 15 位业主自行封闭阳台的行为。并没有侵犯物业管理公司的物业管理权。物业管理公司无权进行干涉。

在本案中，处理本案关键的一个问题就是业主封闭阳台的行为是否侵犯了物业管理公司的物业管理权？所谓物业管理公司的物业管理权，是指物业管理企业维持物业管理区域管理秩序的权利。如前所述，物业管理企业的管理权源于物业服务合同或业主公约的规定，是业主对其物业的管理权利的暂时过渡。物业服务合同和业主公约对物业管理企业和业主同样具有约束力。物业管理企业应当依约行使权利，不得随意超越自己的权限。业主应当遵守物业服务合同和业主公约的规定，不得妨害物业管理秩序。如果业主的行为妨害了物业管理秩序，物业管理企业有权予以制止，造成损害的，可以要求其承担相应的民事责任。

因此，在本案中，15 名被告自行封闭阳台使用的材料及样式统一，并未影响小区内的整体美观、市容环境及其他公共利益，也就是说，业主的行为并未侵犯物业管理公司的管理权。在本案中，原告某物业公司起诉的另一个理由是被告的行为未经有关部门审批，那么，被告的行为是否违反了行政法规？根据建设部新修改的《住宅室内装修管理办法》的规定，装修人未经城市规划行政主管部门批准，不得改变住宅外立面。因此，我们认为，在目前法律没有明确规定的情况下，对未向外侧扩展、延伸的封闭阳台的使用行为，应认定为未侵犯其他业主利益即物业管理秩序的正当行为，故在本案中，法院对物业管理公司要求业主对封闭阳台的装修予以拆除的诉讼请求予以驳回是正确的。

业主违约之诉

案情简介：

2005 年 8 月 8 日，业主李某在北京市海淀区香山东路购买了某公寓顶层的一套商品房。入住后，业主李某封闭了顶层观景阳台并加了防护栏。北京市某物业管理有限责任公司（以下简称北京某物业公司）发现后，认为业主李某封闭顶层观景台的行为给小区楼房总体规划带来了不协调后果，影响小区总体上的美观。据此，北京某物业公司多次要求业主李某自行拆除封闭的顶层观景台和防护栏，但遭到业主李某的强烈拒绝。

在双方多次协商未果的情况下，北京某物业公司根据《物业公约》中的“为维持小区整体形象和相邻住户的安全，业主不得私自封闭观景阳台，不得在窗户上加装防护栏”的约定，再次要求业主李某拆除封闭的观景台和防护栏，但再次被业主李某拒绝。

2005 年 10 月 12 日，北京某物业公司根据《物业公约》的有关规定，决定对业主李某罚款 2000 元，并要求业主李某在 3 日之内缴纳，否则，对其采取停电、停水的措施进行制裁。业主李某仍然拒绝缴纳罚款，物业公司便对其采取了断水、断电的“制裁”措施。

在此期间，业主李某以北京某物业公司在顶楼做的霓虹灯广告影响了其晚上正常休息为由，掐断了霓虹灯的电源。

北京某物业公司认为：1. 业主李某违反小区《物业公约》的规定，擅自将自家观景阳台封闭并将窗户装上防护栏，其安装行为已经构成违约。根据公约的规定，业主李某应当自行拆除。2. 本公司在楼房顶层为本物业公司做广告，对外进行宣传，目的是扩大本公司的知名度，为小区升值起到良好宣传作用。但业主李某将广告霓虹灯电源掐断，其行为已经构成侵权，应当承担侵权责任。

鉴于此，北京某物业公司于 2005 年 12 月 15 日依法向北京市海淀区人民法院提起诉讼，要求业主李某自行拆除封闭的观景阳台和防护栏，以及承担掐断广告霓虹灯电源所带来的经济损失 8500 元。

业主李某依法向北京市海淀区人民法院提出反诉并认为：1. 自己购买房屋后，就应享有房屋的所有权，包括阳台和窗户部分。现自己对自家的阳台和窗户进行改造，属于自己处分自己财产的行为，任何人无权进行干涉。因此，北京某物业公司无权干涉自己基于房屋所有权而采取的封闭阳台、窗户等维持居住安全的措施。2. 根据法律法规规定，物业管理公司不具有罚款的主体资格。因此，北京某物业公司在非法干涉自己改造房屋时，对自己进行罚款的行为构成侵权。而且在自己拒绝缴纳非法罚款时，物业公司采取停水、停电的野蛮手段对自己进行非法制裁，上述行为均已构成侵权，请求法院依法判决北京某物业公司承担自己经济损失 5300 元。3. 就楼顶广告牌问题，若业主委员会同意在楼顶安装，北京某物业公司应当把收入交给业主委员会，并将其二分之一的收入付给顶层受影响最大的住户，否则，北京某物业公司应予以拆除。

法院判决：

北京市海淀区人民法院经审理认为，在本案中，北京某物业公司对业主进行罚款的行为不符合法律法规规定，其行为已经构成侵权且无效，故其罚款行为应当予以撤销。在业主拒绝缴纳非法罚款时，北京某物业公司对业主采取停水、停电措施，其处理措施不符合法律法规规定，构成侵权，理应承担侵权责任。

在案件审理的过程中，双方当事人均自愿同意调解，在法院的主持下，双方当事人达成以下协议：

1. 北京某物业公司撤销对业主李某的罚款，并对业主进行赔礼道歉；

2. 北京某物业公司承担采取停电、停水措施给业主所造成的经济损失 5000 元；

3. 该业主自行拆除护栏，其拆除费用由物业公司承担；

4. 北京某物业公司经业主委员会同意后可继续发布霓虹灯广告，收益由物业公司和全体业主共有，分给顶层业主的比例为三分之一。

本案评析：

在本案中，产生纠纷的主体是北京某物业公司和业主，物业公司在业主拒绝向北京某物业公司缴纳罚款的情形下，对业主采取了断水、断电的“制裁”措施。最后业主因物业公司采取断水、断电措施，将其告上法庭。可见，该案例反映出了实践中物业公司对其可向业主采取的措施种类问题上存在着错误认识。

在实践中，有些小区的物业公司在业主不配合管理的情况下，如，拖欠物业费拒不缴纳，就对业主采取罚款、断水、断电的措施。但我们认为，物业公司无权采取这些措施，其行为是违背法律规定的，是对业主权利的侵害。

首先，根据我国《行政处罚法》第八条规定，罚款是行政处罚的种类之一。根据该法第十五条规定，行政处罚应由具有行政处罚权的行政机关在法定职权范围内实施。物业公司作为经营主体，不具有行政处罚权，因此，没有权利对业主或使用人采取罚款措施。

其次，小区居民的水电费虽然是由物业公司代收代缴，但水电的提供者是自来水公司和供电局，供水、供电合同的当事人也是业主或使用人与自来水公司和供电局，根据合同法的规定：供用电、水、气、热力合同，只有在用电、水、气、热力人逾期不缴付费用，经催告，在合理期限内仍不缴付费用和违约金的，供用电、水、气、热力人才可按国家规定的程序中止供电、水、气、热力。因此，物业公司在任何情况下都没有权利对业主或物业使用人断水、断电。既然物业公司既没有罚款的权利，也没有断水、断电的权利，那是不是就意味着对不配合小区管理的业主或使用人就无计可施了呢？其实不然，由于业主与物业公司签订了《物业管理服务合同》，而依法成立的合同在当事人之间具有法律约束力，因此，物业公司完全可以按照合同的约定，采取与业主协商或通过诉讼的途径追究业主的违约责任。但物业公司绝不可以为维护自己的权益而采取违法手段，否则，不但维护不了自己的合法权益，还可能因损害了业主或使用人的合法权益，而被告上法庭。

那么，在楼顶上做广告的事应由谁做主，收益又归谁呢？楼顶作为共用部位，其产权属于小区该栋楼全体业主所有，其使用权也由小区该栋楼全体业主享有，但这种权利可以通过协议予以让与。北京某物业公司若想在楼顶做广告，应通过业主的同意，若小区已成立了业主委员会，则可通过与业主委员会协商的方法，确定做广告事宜，并确定广告收益的归属。在未取得业主同意的情况下，北京某物业公司就擅自在楼顶上做广告，是对小区该栋楼全体业主权利构成了侵犯。

承租人物业管理争议案

案情简介：

王某经人介绍，在某小区租赁了业主张某住房一套，双方签订了房屋租赁协议，但没有明确物业管理费由谁缴纳。王某入住3个月后，管理该小区的某物业管理企业上门催交物业管理费。王某认为，自己乃是房屋的承租人而非业主，并无缴纳物业管理费用的义务。而张某认为，房屋已由王某实际居住，物业管理费不应由自己缴纳，也拒绝缴纳物业管理费用。物业管理企业遂将王某和张某诉至法院，要求法院判令他们缴纳物业管理费900元。

本案评析：

1．在无任何其他约定的情况下，承租人有否缴纳物业管理费用的义务

基于房屋租赁关系，承租人有缴纳租金的义务。在缴纳租金以后，出租人即有对出租物瑕疵担保的义务，出租人有义务保障房屋能够适于正常的利用。在缺乏任何对其他相关费用承担约定的情况下，出租人应承担所有出租物之上的费用负担。因此，本案中的出租人张某应当缴纳物业管理费用。

2．出租人如何才能使承租人承担物业管理费用

如果出租人希望承租人承担物业管理费用，则应当在房屋租赁合同中加以明确约定。并且最好将该租赁合同交物业管理企业一份，由物业管理企业盖章确认。这便可以产生债务移转的后果，即本应由业主承担的、缴纳物业管理费用的义务，已经移转给承租人承担。如果没有告知物业管理企业并经

确认，物业管理企业仍可以向业主直接追交。

3. 承租人有遵守小区业主公约和规章制度的义务

尽管承租人并未参加业主大会会议、投票决议业主公约和规章制度，然而必须遵守业主公约和所有的规章制度。其理由在于，业主公约和规章制度乃是约束物业区域内的不动产利用秩序的规则，因此，业主之外的使用人也应遵守物业区域内的利用秩序规则。

4. 公房使用权人

目前，我国正在推行住房制度改革，将现有的公房尽量出售给原使用人。但迄今为止，仍有部分公有住房维持原先的使用关系（也有称租赁关系的），即使用权人仍作为承租人租用公有住房，同时这部分公有住房也在推行市场化的物业管理方式。有的地方规定，住宅小区管理委员会组成人员中就包含一定比例的承租人（使用人）[①]。从实践来看，公有住房的使用权人参与物业管理的决策，当然公有住房的使用权人也应受物业小区自治性规范的制约。

实践中很敏感的问题是，公有住房实施市场化的物业管理时，物业管理费应由公房所有人还是使用权人承担。我们认为，在公有住房出售之前，使用权人仍然从形式上维持着租赁关系，因此，除非公有住房的所有人和使用权人另有约定，公房的所有权人即国家或某单位应当承担物业管理费。

业主的权利：

我国《物业管理条例》第六条规定，“房屋的所有权人为业主。业主在物业管理活动中，享有下列权利：

1. 按照物业服务合同的约定，接受物业管理企业提供的服务；
2. 提议召开业主大会会议，并就物业管理的有关事项提出建议；
3. 提出制定和修改业主公约、业主大会议事规则的建议；
4. 参加业主大会会议，行使投票权；
5. 选举业主委员会委员，并享有被选举权；
6. 监督业主委员会的工作；

① 见《青岛市住宅小区物业管理试行办法》和《常州市市区住宅物业管理暂行办法》

7. 监督物业管理企业履行物业服务合同；

8. 对物业共用部位、共用设施设备和相关场地使用情况享有知情权和监督权；

9. 监督物业共用部位、共用设施设备专项维修资金（以下简称专项维修资金）的管理和使用；

10. 法律、法规规定的其他权利。”

该条明确规定了业主在物业管理服务合同中所享有的各项权利。以下，我们将举例分析业主所享有的上述权利。

业主的监督权之诉

案情简介：

某小区成立业主委员会已一年多，从未召开过业主大会，但小区内经常翻新绿化，最近小区内又将铺设的石头路改建成水泥路。部分业主觉得业主委员会此举是在浪费业主的钱（因为这些绿化和修建所需费用均由小区业主分担），因此要求查阅业主委员会的会议记录和业主委员会与施工单位所签订的协议，但遭业主委员会拒绝。业主委员会认为这些乃是业主委员会的职权，业主无权干预。

业主们的要求能否满足，其法律依据何在？

本案评析：

业主监督业主委员会的权利应当从以下角度理解。

1. 业主有权监督业主委员会的权利

依据我国《物业管理条例》之规定，全体小区业主组成业主自治团体，即业主大会；而业主委员会乃是该业主自治团体的管理机构。这种业主大会与业主委员会的关系，类似于公司与董事会之间的关系——股东有权监督董事会的工作，而业主有权监督业主委员会的工作。为此，我国《物业管理条例》第六条明确规定业主有监督业主委员会工作的权利。

2．业主的监督权如何行使

业主监督业主委员会的权利并非每个业主单独行使，而应通过业主大会的方式来行使，即召开业主大会会议，通过具体的决议来监督业主委员会的工作。其主要原因在于，业主委员会应当执行业主大会的决议而非个别业主的决定。为此，我国《物业管理条例》第十一条又进一步规定了业主大会有权监督业主委员会的工作。

对物业管理服务事项的监督权和知情权：

物业管理企业是物业服务合同中相对于业主的另一主体，它的主要义务是受业主的委托对业主所有的物业按约定进行管理。由于物业管理企业的管理行为直接涉及业主的切身利益，故业主对于物业管理企业的各种管理行为均有监督的权利。实践中值得注意的是，物业管理企业进行物业管理行为时，经常是由其下属的职员来完成的。如果业主对某职员的工作不满，应向物业管理企业提出，而不得对该职员进行人身侮辱或惩戒。涉及一些重大、公共利益的事项时，业主应向业主委员会提出，由业主委员会与物业管理企业交涉，以便更好地维护业主的合法权益。

知情权是指物业所有人依法获取、知悉物业状况及其管理信息的权利，它是业主权利的重要组成部分，也是业主对物业实行民主管理的基本保障。因为只有在充分享有知情权的情况下，业主才能准确地判断关于物业管理的具体情况，也才能正当地行使诸如对物业管理活动的参与权和监督权。

维修基金争议案

案情简介：

上海某小区业主怀疑业主委员会挥霍物业维修基金，吴某等业主多次与业主委员会交涉，希望业主委员会公布 2001 年 3 月份以来，物业维修基金的收支账目，以便让全体业主了解。业主委员会拒绝了吴某等业主的要求，认为对物业维修基金收支的管理是业主委员会的职权，业主无权干涉。在多次交涉无果后，吴某等8位业主向法院起诉，要求业主委员会公布2001年3月至2002年10月止的维修基金账目，及业主委员会活动经费的相关账目。

法院审理：

一审法院经审理认为，吴某等作为业主有权监督业主委员会的工作，有权要求业主委员会公布维修基金收支情况及业主委员会活动经费账目。而吴某等原告要求业主委员会公布小区内公共部位的经营收入、和业主委员会的会议记录的请求，由于双方之间没有合同约定，因此难以支持。据此，法院判决：业主委员会于判决生效之日起15日内，在小区宣传栏内公布2001年3月至2002年10月止的维修基金账目及业主委员会活动经费的相关账目。其他诉讼请求不予支持。

吴某不服该判决，上诉至中级人民法院。

二审法院经审理认为，根据上海市《居住物业管理条例》第三十七条规定，业主委员会应当定期公布物业维修基金的收支情况，接受业主监督；上海市《商品房住宅维修基金管理办法》第十九条规定，业主委员会应当将维修基金的使用及业主委员会活动经费的收支等情况，每半年向全体业主公布一次，即定期向业主公布维修基金和业主委员会活动经费使用情况，这是业主委员会的法定义务。故原审法院判令业主委员会公布维修基金及活动经费的相关账目是正确的。

关于吴先生等要求公布小区内公共部位的经营收入和业主委员会的会议记录，虽然没有相应的法律法规明文规定，但业主委员会是在物业管理区域内、代表全体业主实施自治管理的组织，凡涉及小区内的公共设施及共有财产的处置，都与每一位业主的利益息息相关。上诉人作为业主，当然有权知悉。但鉴于吴某等在上诉期间实际已经清楚了相关情况，而且吴某等要求公布的形式乃是针对小区全体业主的，没有提供证据证明其系代表小区全体业主提起诉讼，因此该请求法院难以支持。

据此，二审法院维持了原审法院的判决。

本案评析：

1. 为什么业主有监督物业维修基金使用和筹集的权利

我国《物业管理条例》第五十四条第二款规定，物业维修基金（专项维修基金）属于全体业主所有。尽管依据我国《物业管理条例》第十一条之规定，物业维修基金的使用、续筹方案是由业主大会决定的，但是，物业维修基金的具体使用只能由业主团体的管理机构——业主委员会执行。因此，我国《物业管理条例》规定，业主大会及业主享有监督物业维修基金使用的权利，以保障物业维修基金的合理、有效利用。

2. 业主如何行使监督权利

依据我国《物业管理条例》第六条之规定，业主有权直接监督维修基金的使用、筹集和管理。这种监督权的实现以知情权为前提，即业主只有在了解物业维修基金的情况下才有可能行使监督权，为此，监督权和知情权是不可分离的。业主有权要求业主委员会向其公布维修基金的账目，并有权质询业主委员会有关情况，业主委员会必须予以解释。

此外，依据《物业管理条例》第十一条之规定，业主可以通过参加业主大会会议行使表决权和质询权的方式，监督维修基金的使用和管理等情况。

业主的义务：

我国《物业管理条例》第七条规定："业主在物业管理活动中，履行下列义务：

1. 遵守业主公约、业主大会议事规则；

2. 遵守物业管理区域内物业共用部位和共用设施设备的使用、公共秩序和环境卫生的维护等方面的规章制度；

3. 执行业主大会的决定和业主大会授权业主委员会作出的决定；

4. 按照国家有关规定缴纳专项维修资金；

5. 按时缴纳物业服务费用；

6. 法律、法规规定的其他义务。"

遵守业主公约、业主大会议事规则：

业主公约是由业主承诺的，对全体业主都具有约束力，是建筑物使用、维护及其管理等方面权利义务的行为守则，是实行物业管理的基础和基本准则，也是物业管理法律法规的有效组成部分，因此，全体业主都有遵守的义务。

业主大会议事规则就业主大会的议事方式、表决程序、业主投票权、业主投票权确定办法、业主委员会的组成和成员任期等事项作出约定，是实施物业管理的重要规章制度，因此，全体业主都有遵守的义务。

物业管理侵害业主权益案

案情简介：

2004 年 3 月 12 日，北京市某房地产开发有限责任公司（以下简称北京某地产公司）在北京市朝阳区亚运村北辰东路开发了某小区。2004 年 5 月 10 日小区竣工后，北京某地产公司遂将本小区的物业管理工作承包给北京市某物业管理有限责任公司（以下简称北京某物业公司）进行管理，双方之间签订了《物业管理承包合同》，并约定某小区的物业管理工作和公共设施的维修任务由北京某物业公司全部负责，并根据规定向业主收取物业管理费，北京某物业公司每年向北京某地产公司缴纳承包费 15 万元，合同约定的期限为 3 年。

合同签订后，因北京某物业公司未按约定支付承包金，北京某地产公司曾多次发函，要求北京某物业公司及时支付承包金，否则将会与其解除承包合同。但北京某物业公司仍拒绝支付承包金。

北京某地产公司认为，2004 年 5 月 10 日，本公司与北京某物业公司签订小区《物业管理承包合同》，合同约定北京某物业公司应当每年向本公司支付承包金 15 万元。而至今，北京某物业公司拒绝支付本公司承包金，给本公司造成了经济损失。因此，北京某物业公司拒绝支付承包金的行为已经构成违约，应当承担违约责任。

双方经多次协商未果，北京某地产公司向北京市朝阳区人民法院提起诉讼，请求法院依法判决解除与北京某物业公司之间的承包合同，并要求物业公司偿付拖欠的承包金，以及承担违约责任。

北京某物业公司依法向北京市朝阳区人民法院提出反诉并认为，本公司与北京某地产公司签订的《物业管理承包合同》，其中关于承包金的约定违反了物业管理法规，应当属于无效条款，不应受到法律保护。而且，北京新新地产公司没有按照约定交付全部房屋面积，造成本公司少收物业费，给本公司造成了经济损失。因此，请求法院判令北京某地产公司赔偿给本公司造成的物业费损失，并按《维修承包合同》，支付物业管理维修费和违约金。

法院判决：

北京市朝阳区人民法院经审理认为，原告北京某地产公司与被告北京某物业公司之间签订的《物业管理承包合同》损害了小区业主的利益，且违反相关物业管理法律法规的规定，属于无效合同，不受法律保护。因此，原告北京某地产公司应将已收取的履约保证金返还给被告北京某物业公司。鉴于北京某物业公司已对小区管理多年，为维护小区的管理秩序和便于收回住户拖欠的费用，物业公司应当继续履行小区内的物业管理工作。双方因《维修承包合同》所产生的纠纷，与本案是不同的法律关系，不予合并审理。根据《中华人民共和国合同法》第五十二条、《物业管理条例》第三十五条之规定，判决如下：

1. 原告与被告之间签订的《物业管理承包合同》无效，应当予以解除；
2. 驳回原告北京某地产公司的诉讼请求。

本案评析：

1. 在本案中，开发商将开发小区的物业管理工作承包给物业公司经营，其行为不符合法律法规的规定。

本案中，北京某地产公司与北京某物业公司签订《物业管理承包合同》，并约定由物业公司对小区的物业管理进行承包经营，物业公司每年向北京某地产公司缴纳承包金15万元，这种情况虽然并不多见，但也反映出了部分开发商和物业公司，对小区物业管理的经营模式存在着错误的认识。

通常，承包常见于建设工程合同和土地合同中，随着国有企业改制的进行，也出现了由其他主体对国有企业进行承包经营的现象。在法律上，对承包的具体含义并没有权威的解释。但综合该案的情况，可以看出，不论在哪种情况下，承包的发生前提都必须是发包人对发包对象享有合法权利，这种权利一是来源于法律的明确规定，如《土地管理法》第十四条、第十五条就分别规定了农民集体所有的土地和国有土地的承包经营问题；二是来源于权利所有人的许可，如根据《建筑法》第二十九条规定，建筑工程总承包单位可以在总承包合同约定的范围内进行分包，在合同约定范围外的分包，必须经建设单位认可。而承包所产生的权利、义务也主要发生在发包人与承包人之间，通常并不涉及第三人利益。如土地承包合同中，发包人要按约提供土地，而承包人要按约缴纳承包费，按约定用途合理开发、利用土地。建设工程承包中，发包人需支付建设工程所需的费用，而承包人则需按约进行工程建设。

但结合本案例中涉及的物业管理承包问题，我们会发现小区的物业管理显然是不能由开发商将其承包给物业公司进行经营的，其具体理由如下：

首先，开发商不具有发包人的基本资格，即对物业管理享有的处分权。小区的物业经过出售，房屋的产权将归单独的业主所有，公用建筑面积也随房屋出售分摊到销售面积，开发商对小区的物业已不享有所有权，而物业管理，从其名称就可以看出，是附随于物业产生的，在开发商对物业不再享有所有权的情况下，如果没有法律的规定或业主的授权，开发商是无权再对物业进行任何形式的处分的，包括对物业管理的处分。

其次，开发商在物业管理承包中因不负有实质性的义务，从而承包合同的成立是违背合同的权责相一致要求的。在本案中，开发商以交付物业面积作为承包合同中与自己收取承包金的权利相对应的义务，但如上所述，在房屋出售后，交付物业面积应是开发商基于房屋买卖合同关系，而向业主承担的义务。并且小区的物业管理活动的主要参与人是物业公司与业主或使用人，开发商在交付房屋及相关的房屋资料后，对小区的物业管理已基本上不再参与。物业管理所发生的权利义务主要存在于物业公司与业主或使用人之间。因此，开发商实质上在承包合同中，是没有义务可履行的，其收取承包金的行为不具备合法性及合理性。

再次，开发商通过承包合同收取承包金的行为是将他人的权利、义务作为交易对象，从中牟利，违背交易的公平性，对他人的权利造成了损害。既然开发商在物业承包合同中没有义务可以履行，并且考虑到物业服务涉及的实际当事人是业主和物业公司，那么我们不难看出，开发商发包小区物业管理的行为，实际上是以业主承担义务作为了自己享有权利的筹码，这种不承担义务，只享有权利的做法显然是不符合《合同法》规定的。

最后，如果开发商在合同中不负有实质性义务，那么也就无法排除其与物业公司在签订承包合同时，可能会对关于业主权利、义务的事项进行不公平约定的可能性。而以这种合同为基础进行的物业管理服务，也就很难保障广大业主的利益。

综上所述，在本案中，北京某地产公司将开发小区的物业管理工作承包给北京大地物业公司进行经营，并收取物业公司承包金的行为不符合法律法规的规定。

2. 在本案中，开发商将小区物业管理承包给物业公司，并向物业公司收取承包费，开发商的行为已经侵害了小区业主的合法权益。

在本案中，开发商将小区物业管理承包给物业公司，并收取承包费用的做法，实际上是对小区业主权利的侵犯，也是违背法律规定的。

根据《物业管理条例》有关规定，开发商作为小区的建设单位，在完成小区建设、出卖房产后，开发商应选聘有资质的物业公司对小区进行物业管理，并与其签订书面的前期《物业服务合同》。根据《合同法》第五十二条关于合同无效情形的规定，恶意串通，损害国家、集体或者第三人利益的合同及违反法律、行政法规的强制性规定的合同是无效的。合同无效后，因该合同取得的财产，应当予以返还。因此，在本案中，物业公司以承包金条款违背物业管理法规为由，主张该条款无效应该是可行的。但实际上，由于该承包合同的整体都违背了《物业管理条例》的规定，因此，该合同整体上都应该是无效的。

此外，物业公司作为专业的物业服务企业，应知道开发商无权与自己签订《物业管理承包合同》，该合同将会侵害业主的权利，但还是与开发商签订了该合同，其行为已经构成《合同法》第五十二条中恶意串通的情形。因此，法院最终是以该合同侵犯第三人利益为由，判决开发商和物业公司签订的合同无效，开发商应当将已收的保证金返还给物业公司。这里提醒物业公司注意，在接受开发商委托对小区物业进行管理时，一定要符合物业管理相关法规的规定，如果违背相关法规的规定，不仅要面临着退出小区物业管理的结果，如给其他人，主要是业主造成了损害，还可能被要求承担侵权责任。

当然，从物业公司与开发商协商，最终对小区进行物业管理的结果来看，《物业管理条例》第二十四条规定，由开发商通过协议选聘物业公司对小区进行前期管理，和本案例中出现的开发商将小区物业管理发包给物业公司相类似，但这两种做法却有着本质的区别，是不可混淆的。

首先，开发商选聘物业公司的权利是法律所赋予的，并且是在特定情况下才可以实行的。即在物业管理招投标中，投标的物业公司少于 3 家，或者住宅规模较小，经物业所在地的区、县人民政府房地产行政主管部门批准后，开发商可以通过协议方式选聘具有相应资质的物业公司。

其次，法律对开发商的选聘行为进行了相关的制度规定，如与物业管理企业签订的前期《物业服务合同》的内容，应包含在房屋买卖合同中。这样，使得业主有机会在物业管理相关合同条款对自己生效前，进行识别，并进一步决定是否接受。这样，虽然前期物业服务合同是由开发商和物业公司签订的，但其最终对业主发生效力还需要经过业主的认可，这样就弥补了合同仅由开发商和物业公司签订后就发生效力所造成的实际当事人的缺位问题。

最后，《物业管理条例》对前期物业管理中，业主的权利、义务作了种种规定，避免了开发商在与物业公司签订的前期物业管理服务合同中对业主权利的损害。法定的非营利性也使开发商没有必要在前期物业管理服务中对业主的权利、义务与物业公司进行不公平约定，而签订承包合同，则将开发商收取承包金合法化，是违背法律规定的。

综上所述，由开发商选聘物业公司对小区进行管理的做法，与本案例中开发商将小区物业管理发包给物业公司的做法是有着本质区别的。并且随着物业管理的规范化和市场竞争的激烈化，这种由开发商直接选聘物业公司的做法会越来越少，通过招投标选聘物业公司的方式将会成为物业管理市场的主流，并会对维护业主权益，规范物业管理行业发展起到推进作用。

小区丢失车辆赔偿纠纷案

案情简介：

2003 年 6 月到 10 月期间，田某在其居住的小区内丢失一辆摩托车，田某当即找到管理物业的某物业管理有限公司要求赔偿损失。某物业管理有限公司认为不应该由自己承担赔偿损失的责任。2003 年 11 月，某物业管理有限公司向田某收取物业服务费时，田某认为物业管理公司应当对其丢失摩托车负赔偿责任，只有先赔了摩托车才愿意缴纳服务费。某物业管理公司只好向法院起诉，要求田某缴纳 2003 年度的服务费 1320 元。法院经审理，认为物业服务费虽然包含了每户每月保安费 5 元，但物业管理公司的保安职责有一定范围，业主的摩托车被盗造成的损失应当在公安机关侦破案件后由盗窃分子赔偿，某物业管理有限公司在管理上没有过错，不承担赔偿责任，田某应当缴纳 2003 年度物业服务费 1320 元。

本案评析：

法院的判决是正确妥当的，业主与物业管理公司并未约定提供看管车辆的特约服务，某物业管理有限公司不承担田某摩托车被盗的赔偿责任。

物业管理企业承担法律责任的依据在于物业服务合同的约定。《物业管理条例》第三十六条规定：“物业管理企业应当按照服务合同的约定，提供相应的服务。物业管理企业未能履行物业服务合同的约定，导致业主人身、财产安全受到损害的，应当依法承担相应的法律责任。”依据本条规定，只要物业管理企业依约履行了自己的义务，业主的人身、财产遭到损害也不是其承担责任的范围。

在本案中，业主田某没有与某物业管理公司约定由其提供车辆看管的服务，因此，某物业管理公司的保安只负责维护小区公共秩序和安全，定时开关小区大门，巡逻时发现火警、治安、交通事故时及时处理，对可疑人员进行盘查即可。盗窃行为属于治安或刑事犯罪案件，应由公安机关负责处理。田某认为自己缴纳的物业服务费里已经包括了保安费，摩托车丢失是因某物业管理公司管理不周所致，这种看法是不对的。

当然，如果本案中某物业管理公司未尽到对可疑人员的盘查义务，或者受业主大会的委托看管停车场，或者主动为业主提供有偿的车辆保管服务而丢失车辆，那么，其应在一定的范围内承担民事赔偿责任。

业主拒付物业管理费纠纷案

案情简介：

2005 年 3 月 27 日，被告海南省海口市某广告有限责任公司（以下简称被告某广告公司）入住海南省海口市某小区 Cl 栋别墅。原告海南省海口市某物业管理有限公司（以下简称原告某物业公司）是该小区的物业管理者。依照双方签订的《物业管理服务合同》的有关规定，原告某物业公司每季度应当向小区业主收取物业管理服务费、代扣代缴水电费、取暖费及逾期的滞纳金。2005 年 3 月 27 日至 7 月 27 日，被告某广告公司应缴纳水电费 1543. 20 元，物业管理费 2296. 00 元，滞纳金 115. 10 元。

2005 年 8 月 4 日，被告某广告公司发现有人进入该公司窃取了价值 1 万余元的财物，并向当地公安机关报案。2005 年 8 月 10 日，原告某物业公司向被告某广告公司收取物业管理等费用时，被告某广告公司以原告华光物业公司单方违约，未履行好治安管理职责为由，拒绝缴纳水电费、物业管理费。至此，双方发生纠纷。

原告某物业公司认为，某物业公司是某小区合法的物业管理者，被告是该小区的住户，双方之间已经形成物业管理法律关系。某物业公司根据《海南省收费许可证》及相关规定依法向被告某广告公司收取水电费和有关的物业管理费用，合理、合法，应受法律的保护和支持。被告某广告公司以自己公司财物被盗为由，拒付物业管理等费用无法律依据，因为被告某广告公司无任何证据证明原告某物业公司没有正常履行包括保安值勤在内的物业管理义务，即不能证明其财产被窃时，原告在履行保安值勤活动中存有过错行为。因此，被告某广告公司以原告未履行治安管理职责致使其财产被盗为由，拒不缴纳水电费、物业管理费，没有任何法律事实和法律依据。鉴于此，2005年8月15日，原告某物业公司以被告某广告公司拒付所欠物业管理等费用为由，诉至海南省海口市人民法院，要求被告某广告公司依法支付所欠物业管理等费用以及逾期支付的利息合计4154.20元。

被告某广告公司认为，本公司财物在原告某物业公司提供管理服务的范围内被盗，本公司可以以此为由拒缴物业管理等费用，其理由如下：其一，有人进入本公司偷窃，本公司已经向公安机关报案，公安机关已经立案并开展侦查工作；而且在2005年4月12日，某小区内曾发生3名少年偷狗事件，据上述的事实足可以作为证据证明物业公司没有正常履行包括保安在内的物业管理义务；其二，依照《海南省物业管理办法》的规定，因物业公司没有建立健全治安管理制度或保安人员违反保安岗位责任制度，造成业主或使用人损失的，物业公司应当承担相应法律责任，因此，业主拒缴物业管理费于法有据；其三，物业公司管理严重失职以及小区治安状况混乱是造成业主被盗的直接原因。可见，原告某物业公司在此次事件中存有严重过错行为。综上所述，在本案中，原告某物业公司的上述行为已经违反双方签订的《物业管理服务合同》，构成单方违约，应当承担由此产生的法律责任。

法院判决：

海南省海口市人民法院经审理认为，收取物业管理费是物业管理公司合法的权利，业主根据《物业管理服务合同》的规定，理应支付相关的物业管理费用。原告某物业公司应当根据《海南省物业管理办法》规定的服务项目，提供符合质量标准的物业管理服务，其中保安服务对住户的人身和财产安全尤其重要。因此，在本案中，被告某广告公司有人入室偷窃以及小区内发生外人入园偷狗事件，与原告某物业公司履行保安值勤的物业管理义务不当有直接关系，据此可以认定原告某物业公司提供的物业管理服务质量存有瑕疵。被告某广告公司以此为由拒缴物业管理等相关费用，属于行使合同履行中抗辩权的行为，但该抗辩权行使范围应当与原告违约程度相对应。因此，对于被告某广告公司的抗辩理由，本院予以部分支持。根据现行的物业管理法律法规和《中华人民共和国合同法》的相关规定，原告某物业公司未履行《物业管理服务合同》的有关规定，理应部分承担业主的经济损失。根据《中华人民共和国合同法》第六十七条、《物业管理条例》第三十六条之规定，判决如下：

1. 被告某广告公司应当支付原告某物业公司物业管理等相关费用的90%，即承担4154.20元的90%，合计3738.78元；

2. 原告某物业公司应当承担违约责任415.42元。

本案的诉讼费用500元，由原告某物业公司承担450元，被告某广告公司承担50元。

本案评析：

根据现行物业管理法律法规规定，物业管理收费应当由下列相关费用构成。

1. 根据现行物业管理法律法规的规定，物业管理服务收费的费用构成

根据《城市住宅小区物业管理服务收费暂行办法》的相关规定，物业管理服务收费的费用构成包括：管理、服务人员的工资和按规定提取的福利费；公共设施、设备日常运行、维修及保养费；绿化管理费；清洁卫生费；保安费；办公费；物业管理单位固定资产折旧费；法定税费；合理利润等。但费用的具体项目须由双方当事人在《物业管理服务合同》中具体约定。但是，物业管理服务收费与以下几种费用不同：

（1）专项维修基金。物业共用部位、共用设施的大修、更新、改造等费用因为数额较大，难以预计。所以依据建设部与财政部《住宅共用部位、共用设施设备维修基金管理办法》的相关规定，应当建立专项维修基金，发生费用时从专项维修基金中开支。而物业管理服务费用的收取仅针对上述部分的日常维护管理所需要开支，属维修基金部分不得再另行收取；

（2）业主个人费用。业主个人自用部位、自用设备或毗邻部位的维修养护及其他特约服务发生等费用，应另外向物业管理企业缴纳；

（3）代收代缴费用。业主的水电费、煤气费、有线电视费、电话费可以约定由物业管理企业代收代缴。物业管理企业自身不具有承担这些费用的责任，所发生的费用应与服务收费项目区分。

2．物业管理费

物业管理费的每月收费标准，经物价部门核定的或由物业管理单位与小区管理委员会或物业产权人代表协商议定的收费项目、收费标准和收费办法应当在物业管理合同中明文约定。物业管理服务收费应当实行明码标价，收费项目和标准及收费办法应当在经营场所或收费地点公布。物业管理单位应当定期（一般为6个月）向住户公布收费的收入和支出账目。物业收费根据服务性质和特点的不同分别实行政府定价、政府指导价和经营者定价。对公共卫生、公用设施的维护、保安、绿化等公共性的服务及代收水费、电费等服务收费，实行政府定价或指导价，凡属为业主个别需要而提供的特约服务，除物价部门有规定标准的外，服务收费实行经营者定价。因此，物业管理费用具体构成如下：

（1）管理、服务人员的工资和按规定提取的福利费；

（2）公共设施、设备日常运行、维修及保养费；

（3）绿化管理费；

（4）清洁卫生费；

（5）保安费；

（6）办公费；

（7）物业管理单位固定资产折旧费；

（8）法定税费。

其中第（2）项和第（6）项费用支出是指工资及福利费以外的物资损耗补偿和其他费用开支。

3．物业维修基金

维修基金是由每位业主每月或每季度按照约定的标准，拿出一定数额的资金，交给业主或指定的资金管理人保管，并设立专门的维修基金账户，专款专用。维修基金主要用于物业区内所有物业的外部维修、保养及公共设施的维修与保养。如电梯、楼梯的维修与更新、外墙和墙道的粉刷、道路及路灯、井盖等公用设施的维修等。维修基金的性质决定了维修基金应区别于物业管理费，所以应设立专门账户。业主管理委员会也应设专人管理维修基金，并针对具体物业的情况作出使用维修基金的计划和方案。维修基金也可以由业主管理委员会委托物业管理公司来管理。物业管理公司接受委托，应指定专人任基金管理的经理。按照业主管理委员会的计划与方案，具体操作使用维修基金。每次使用维修基金前应书面向业主管理委员会报告，每次使用之后也应写报告，并随物业管理费的使用情况定期向广大业主公告张贴。大多数情况下，新建的物业在前 3 年需要大面积维修的情况较少，所以维修基金在最初的几年很少被动用。稍具规模的物业区，维修基金的积累是很可观的，少则几百，多则上千万，这笔资金可以很好地得以发展。因为专款专用的性质决定维修基金不能挪作他用，但经业主委员会决定，可以拿出部分基金用来购买国债或投资其他基金。这样科学合理地应用维修基金，可以促使基金自身的良性发展，有了足够并且雄厚的维修基金，业主管理委员会可以用这些基金及时有效地维修和保养物业区，使物业区的风貌与环境保持良好状态，从而对物业起到保值甚至增值的作用。

而且维修基金应归全体业主所有，维修基金与物业管理服务费有本质区别，物业管理服务费是业主对物业管理公司服务所支付的酬金，归物业管理公司所有；而维修基金是房产所有人对小区内共用部位、共用设施和设备进行正常维修保养所提供的资金。维修基金来自所有业主，其所有权归所有业主。只有业主才有权使用和支配维修基金，一般情况下要由全体业主授权业主管理委员会对维修基金进行管理和使用。除此之外，任何人或机构在未征得全体业主或业主管理委员会的同意下管理、使用或支配维修基金，都构成对业主们的侵权，严重的甚至构成犯罪。

维修基金标准的制定应该由广大业主来决定。业主可以通过会议讨论，也可以由业主管理委员会代表广大业主来确定基金的标准。根据建设部与财政部《住宅共用部位、共用设施设备维修基金管理办法》的规定，商品住房维修基金由购房者按购房款的 2% ~3% 的比例向售房单位缴纳，售房单位代为收取的维修基金属全体业主共同所有，不计入住宅销售收入。

在业主办理房屋权属证书时，商品住房销售单位应当将代收的维修基金交给当地房地产行政主管部门代管。业主委员会成立后，经业主委员会同意，房地产行政主管部门将维修基金移交给物业管理企业代管。物业管理企业代管的维修基金，应当定期接受业主委员会的检查与监督。业主委员会成立之前，维修基金的使用由售房单位或售房单位委托的管理单位提出使用计划，经当地房地产行政主管部门审核后划拨。业主委员会成立后，维修基金的使用由物业管理企业提出年度使用计划，经业主委员会审定后实施。

业主的财产在物业管理公司管理服务的范围内被盗，业主不能以此为由拒付物业管理费，但业主可以根据自己受到的经济损失，主张适当地减少物业管理服务费。

业主的财产在物业管理公司管理服务的范围内被盗，物业管理公司是否承担赔偿责任？这个问题是物业管理公司在提供物业管理服务的过程中经常碰到的问题，也是和广大业主产生矛盾的问题之一。根据相关法律法规的规定，对于这个问题应该根据发生被盗事实的具体情况而定。根据《中华人民共和国民法通则》第一〇六条第二款规定："公民、法人由于过错侵害国家的、集体的财产，侵害他人财产、人身的，应当承担民事责任。"因此，业主财产被盗，物业管理公司是否需要承担责任，应当适用过错责任原则，即物业管理公司在有过错的情况下应当承担过错责任。但是，如何界定物业管理公司存有过错？关键看物业管理公司是否严格履行合同义务，如《物业管理服务合同》约定物业管理公司提供24小时安全巡逻，但因保安未按时巡逻造成业主财产失窃的，物业管理公司就应当承担赔偿责任。但如果物业管理公司已经采取了有效措施防止意外发生，尽到了在提供物业服务的过程中保障人身、财产安全义务的，除非双方签订的《物业管理服务合同》有特别约定，否则物业管理公司一般不承担赔偿责任。

在这里特别提醒物业管理公司和广大业主，为了减少业主财产损失风险和物业管理公司的损失，避免不必要的纠纷，物业管理公司最好能够购买公众责任险，在保险事故发生时由保险公司承担相应责任，同时也建议广大业主自行购买人身安全意外保险、室内财产保险等，一旦出现经济损失，则由保险公司承担责任，这样不仅减轻自身的经济损失，而且避免业主和物业管理公司之间的矛盾，为小区和谐建设提供了坚实的保障。

综上所述，在本案中，业主财产被盗，物业管理公司是否应当承担责任，关键是看原告某物业管理公司是否履行了物业服务合同约定的保安服务义务，以及提供的物业管理服务是否符合质量标准。根据《物业管理条例》第三十六条第二款规定："物业管理企业未能履行物业服务合同的约定，导致业主人身、财产安全受到损害的，应当依法承担相应的法律责任。"至于在物业管理区域内发生刑事犯罪案件，物业管理企业是否应当承担赔偿责任，关键要看物业管理企业的保安防范工作是否到位。如果保安防范工作没有疏忽，不存在管理上的缺陷，则物业管理企业就不应当承担责任；如果物业管理企业没有履行物业服务合同上约定的义务，在保安防范工作上存在缺陷，没有建立健全的治安管理制度或保安人员违反保安岗位责任制度，造成业主损失的，物业公司应当承担相应的法律责任。

据此，在本案中，原告某物业公司是某小区的物业管理者，应该按照物业服务合同的约定，履行保安防范义务，保护业主人身和财产安全。被告广告公司办公地点有人入室行窃以及小区内发生外人入园偷狗事件，与物业公司履行保安值勤的物业管理义务不当有直接关系，属于物业管理服务质量有瑕疵的违约。因此，被告某广告公司可以以此为由行使其抗辩权，拒缴相关费用，但业主抗辩权的行使应当有一定的限制，范围应当与物业管理企业的违约程度相对应。业主不能由于物业管理企业某一方面的服务违约，就拒缴所有的物业服务费用，而只能就物业管理企业应当提供服务而没有提供服务，或者没有达到合同约定的服务标准的项目拒缴费用。所以，在本案中，法院的判决是合理的，物业公司在履行合同时没有达到规定的要求，属于部分违约，广告公司可以履行一定的抗辩权，拒缴一定的物业管理费，只缴纳 10% 即可，而物业管理公司承担 90% 的违约责任也是合理的。

附　录

《物业管理条例》

第一章　总　则

第一条　为了规范物业管理活动，维护业主和物业服务企业的合法权益，改善人民群众的生活和工作环境，制定本条例。

第二条　本条例所称物业管理，是指业主通过选聘物业服务企业，由业主和物业服务企业按照物业服务合同约定，对房屋及配套的设施设备和相关场地进行维修、养护、管理，维护物业管理区域内的环境卫生和相关秩序的活动。

第三条　国家提倡业主通过公开、公平、公正的市场竞争机制选择物业服务企业。

第四条　国家鼓励采用新技术、新方法，依靠科技进步提高物业管理和服务水平。

第五条　国务院建设行政主管部门负责全国物业管理活动的监督管理工作。

县级以上地方人民政府房地产行政主管部门负责本行政区域内物业管理活动的监督管理工作。

第二章　业主及业主大会

第六条　房屋的所有权人为业主。

业主在物业管理活动中，享有下列权利：

（一）按照物业服务合同的约定，接受物业服务企业提供的服务；

（二）提议召开业主大会会议，并就物业管理的有关事项提出建议；

（三）提出制定和修改管理规约、业主大会议事规则的建议；

（四）参加业主大会会议，行使投票权；

（五）选举业主委员会成员，并享有被选举权；

（六）监督业主委员会的工作；

（七）监督物业服务企业履行物业服务合同；

（八）对物业共用部位、共用设施设备和相关场地使用情况享有知情权和监督权；

（九）监督物业共用部位、共用设施设备专项维修资金（以下简称专项维修资金）的管理和使用；

（十）法律、法规规定的其他权利。

第七条 业主在物业管理活动中，履行下列义务：

（一）遵守管理规约、业主大会议事规则；

（二）遵守物业管理区域内物业共用部位和共用设施设备的使用、公共秩序和环境卫生的维护等方面的规章制度；

（三）执行业主大会的决定和业主大会授权业主委员会作出的决定；

（四）按照国家有关规定交纳专项维修资金；

（五）按时交纳物业服务费用；

（六）法律、法规规定的其他义务。

第八条 物业管理区域内全体业主组成业主大会。

业主大会应当代表和维护物业管理区域内全体业主在物业管理活动中的合法权益。

第九条 一个物业管理区域成立一个业主大会。

物业管理区域的划分应当考虑物业的共用设施设备、建筑物规模、社区建设等因素。具体办法由省、自治区、直辖市制定。

第十条 同一个物业管理区域内的业主，应当在物业所在地的区、县人民政府房地产行政主管部门或者街道办事处、乡镇人民政府的指导下成立业主大会，并选举产生业主委员会。但是，只有一个业主的，或者业主人数较少且经全体业主一致同意，决定不成立业主大会的，由业主共同履行业主大会、业主委员会职责。

第十一条 下列事项由业主共同决定：

（一）制定和修改业主大会议事规则；

（二）制定和修改管理规约；

（三）选举业主委员会或者更换业主委员会成员；

（四）选聘和解聘物业服务企业；

（五）筹集和使用专项维修资金；

（六）改建、重建建筑物及其附属设施；

（七）有关共有和共同管理权利的其他重大事项。

第十二条 业主大会会议可以采用集体讨论的形式，也可以采用书面征求意见的形式。但是，应当有物业管理区域内专有部分占建筑物总面积过半数的业主且占总人数过半数的业主参加。

业主可以委托代理人参加业主大会会议。

业主大会决定本条例第十一条第（五）项和第（六）项规定的事项，应当经专有部分占建筑物总面积2/3以上的业主且占总人数2/3以上的业主同意；决定本条例第十一条规定的其他事项，应当经专有部分占建筑物总面积过半数的业主且占总人数过半数的业主同意。

业主大会或者业主委员会的决定，对业主具有约束力。

业主大会或者业主委员会作出的决定侵害业主合法权益的，受侵害的业主可以请求人民法院予以撤销。

第十三条 业主大会会议分为定期会议和临时会议。

业主大会定期会议应当按照业主大会议事规则的规定召开。经20%以上的业主提议，业主委员会应当组织召开业主大会临时会议。

第十四条 召开业主大会会议，应当于会议召开15日以前通知全体业主。

住宅小区的业主大会会议，应当同时告知相关的居民委员会。

业主委员会应当做好业主大会会议记录。

第十五条 业主委员会执行业主大会的决定事项，履行下列职责：

（一）召集业主大会会议，报告物业管理的实施情况；

（二）代表业主与业主大会选聘的物业服务企业签订物业服务合同；

（三）及时了解业主、物业使用人的意见和建议，监督和协助物业服务企业履行物业服务合同；

（四）监督管理规约的实施；

（五）业主大会赋予的其他职责。

第十六条 业主委员会应当自选举产生之日起30日内，向物业所在地的区、县人民政府房地产行政主管部门和街道办事处、乡镇人民政府备案。

业主委员会委员应当由热心公益事业、责任心强、具有一定组织能力的业主担任。

业主委员会主任、副主任在业主委员会成员中推选产生。

第十七条 管理规约应当对有关物业的使用、维护、管理业主的共同利益，业主应当履行的义务，违反管理规约应当承担的责任等事项依法作出约定。

管理规约应当尊重社会公德，不得违反法律、法规或者损害社会公共利益。

管理规约对全体业主具有约束力。

第十八条 业主大会议事规则应当就业主大会的议事方式、表决程序、业主委员会的组成和成员任期等事项作出约定。

第十九条 业主大会、业主委员会应当依法履行职责，不得作出与物业管理无关的决定，不得从事与物业管理无关的活动。

业主大会、业主委员会作出的决定违反法律、法规的，物业所在地的区、县人民政府房地产行政主管部门或者街道办事处、乡镇人民政府，应当责令限期改正或者撤销其决定，并通告全体业主。

第二十条 业主大会、业主委员会应当配合公安机关，与居民委员会相互协作，共同做好维护物业管理区域内的社会治安等相关工作。

在物业管理区域内，业主大会、业主委员会应当积极配合相关居民委员会依法履行自治管理职责，支持居民委员会开展工作，并接受其指导和监督。

住宅小区的业主大会、业主委员会作出的决定，应当告知相关的居民委员会，并认真听取居民委员会的建议。

第三章　前期物业管理

第二十一条　在业主、业主大会选聘物业服务企业之前，建设单位选聘物业服务企业的，应当签订书面的前期物业服务合同。

第二十二条　建设单位应当在销售物业之前，制定临时管理规约，对有关物业的使用、维护、管理业主的共同利益，业主应当履行的义务，违反临时管理规约应当承担的责任等事项依法作出约定。

建设单位制定的临时管理规约，不得侵害物业买受人的合法权益。

第二十三条　建设单位应当在物业销售前将临时管理规约向物业买受人明示，并予以说明。

物业买受人在与建设单位签订物业买卖合同时，应当对遵守临时管理规约予以书面承诺。

第二十四条　国家提倡建设单位按照房地产开发与物业管理相分离的原则，通过招投标的方式选聘具有相应资质的物业服务企业。

住宅物业的建设单位，应当通过招投标的方式选聘具有相应资质的物业服务企业；投标人少于 3 个或者住宅规模较小的，经物业所在地的区、县人民政府房地产行政主管部门批准，可以采用协议方式选聘具有相应资质的物业服务企业。

第二十五条　建设单位与物业买受人签订的买卖合同应当包含前期物业服务合同约定的内容。

第二十六条　前期物业服务合同可以约定期限。但是，期限未满、业主委员会与物业服务企业签订的物业服务合同生效的，前期物业服务合同终止。

第二十七条　业主依法享有的物业共用部位、共用设施设备的所有权或者使用权，建设单位不得擅自处分。

第二十八条　物业服务企业承接物业时，应当对物业共用部位、共用设施设备进行查验。

第二十九条　在办理物业承接验收手续时，建设单位应当向物业服务企业移交下列资料：

（一）竣工总平面图，单体建筑、结构、设备竣工图，配套设施、地下管网工程竣工图等竣工验收资料；

（二）设施设备的安装、使用和维护保养等技术资料；

（三）物业质量保修文件和物业使用说明文件；

（四）物业管理所必需的其他资料。

物业服务企业应当在前期物业服务合同终止时将上述资料移交给业主委员会。

第三十条 建设单位应当按照规定在物业管理区域内配置必要的物业管理用房。

第三十一条 建设单位应当按照国家规定的保修期限和保修范围，承担物业的保修责任。

第四章 物业管理服务

第三十二条 从事物业管理活动的企业应当具有独立的法人资格。

国家对从事物业管理活动的企业实行资质管理制度。具体办法由国务院建设行政主管部门制定。

第三十三条 一个物业管理区域由一个物业服务企业实施物业管理。

第三十四条 业主委员会应当与业主大会选聘的物业服务企业订立书面的物业服务合同。

物业服务合同应当对物业管理事项、服务质量、服务费用、双方的权利义务、专项维修资金的管理与使用、物业管理用房、合同期限、违约责任等内容进行约定。

第三十五条 物业服务企业应当按照物业服务合同的约定，提供相应的服务。

物业服务企业未能履行物业服务合同的约定，导致业主人身、财产安全受到损害的，应当依法承担相应的法律责任。

第三十六条 物业服务企业承接物业时，应当与业主委员会办理物业验收手续。

业主委员会应当向物业服务企业移交本条例第二十九条第一款规定的

资料。

第三十七条 物业管理用房的所有权依法属于业主。未经业主大会同意，物业服务企业不得改变物业管理用房的用途。

第三十八条 物业服务合同终止时，物业服务企业应当将物业管理用房和本条例第二十九条第一款规定的资料交还给业主委员会。

物业服务合同终止时，业主大会选聘了新的物业服务企业的，物业服务企业之间应当做好交接工作。

第三十九条 物业服务企业可以将物业管理区域内的专项服务业务委托给专业性服务企业，但不得将该区域内的全部物业管理一并委托给他人。

第四十条 物业服务收费应当遵循合理、公开以及费用与服务水平相适应的原则，区别不同物业的性质和特点，由业主和物业服务企业按照国务院价格主管部门会同国务院建设行政主管部门制定的物业服务收费办法，在物业服务合同中约定。

第四十一条 业主应当根据物业服务合同的约定交纳物业服务费用。业主与物业使用人约定由物业使用人交纳物业服务费用的，从其约定，业主负连带交纳责任。

已竣工但尚未出售或者尚未交给物业买受人的物业，物业服务费用由建设单位交纳。

第四十二条 县级以上人民政府价格主管部门会同同级房地产行政主管部门，应当加强对物业服务收费的监督。

第四十三条 物业服务企业可以根据业主的委托提供物业服务合同约定以外的服务项目，服务报酬由双方约定。

第四十四条 物业管理区域内，供水、供电、供气、供热、通信、有线电视等单位应当向最终用户收取有关费用。

物业服务企业接受委托代收前款费用的，不得向业主收取手续费等额外费用。

第四十五条 对物业管理区域内违反有关治安、环保、物业装饰装修和使用等方面法律、法规规定的行为，物业服务企业应当制止，并及时向有关行政管理部门报告。

有关行政管理部门在接到物业服务企业的报告后，应当依法对违法行为予以制止或者依法处理。

第四十六条 物业服务企业应当协助做好物业管理区域内的安全防范工作。发生安全事故时，物业服务企业在采取应急措施的同时，应当及时向有关行政管理部门报告，协助做好救助工作。

物业服务企业雇请保安人员的，应当遵守国家有关规定。保安人员在维护物业管理区域内的公共秩序时，应当履行职责，不得侵害公民的合法权益。

第四十七条 物业使用人在物业管理活动中的权利义务由业主和物业使用人约定，但不得违反法律、法规和管理规约的有关规定。

物业使用人违反本条例和管理规约的规定，有关业主应当承担连带责任。

第四十八条 县级以上地方人民政府房地产行政主管部门应当及时处理业主、业主委员会、物业使用人和物业服务企业在物业管理活动中的投诉。

第五章　物业的使用与维护

第四十九条 物业管理区域内按照规划建设的公共建筑和共用设施，不得改变用途。

业主依法确需改变公共建筑和共用设施用途的，应当在依法办理有关手续后告知物业服务企业；物业服务企业确需改变公共建筑和共用设施用途的，应当提请业主大会讨论决定同意后，由业主依法办理有关手续。

第五十条 业主、物业服务企业不得擅自占用、挖掘物业管理区域内的道路、场地，损害业主的共同利益。

因维修物业或者公共利益，业主确需临时占用、挖掘道路、场地的，应当征得业主委员会和物业服务企业的同意；物业服务企业确需临时占用、挖掘道路、场地的，应当征得业主委员会的同意。

业主、物业服务企业应当将临时占用、挖掘的道路、场地，在约定期限内恢复原状。

第五十一条 供水、供电、供气、供热、通信、有线电视等单位，应当依法承担物业管理区域内相关管线和设施设备维修、养护的责任。

前款规定的单位因维修、养护等需要，临时占用、挖掘道路、场地的，应当及时恢复原状。

第五十二条 业主需要装饰装修房屋的，应当事先告知物业服务企业。

物业服务企业应当将房屋装饰装修中的禁止行为和注意事项告知业主。

第五十三条 住宅物业、住宅小区内的非住宅物业或者与单幢住宅楼结构相连的非住宅物业的业主，应当按照国家有关规定交纳专项维修资金。

专项维修资金属于业主所有，专项用于物业保修期满后物业共用部位、共用设施设备的维修和更新、改造，不得挪作他用。

专项维修资金收取、使用、管理的办法由国务院建设行政主管部门会同国务院财政部门制定。

第五十四条 利用物业共用部位、共用设施设备进行经营的，应当在征得相关业主、业主大会、物业服务企业的同意后，按照规定办理有关手续。业主所得收益应当主要用于补充专项维修资金，也可以按照业主大会的决定使用。

第五十五条 物业存在安全隐患，危及公共利益及他人合法权益时，责任人应当及时维修养护，有关业主应当给予配合。

责任人不履行维修养护义务的，经业主大会同意，可以由物业服务企业维修养护，费用由责任人承担。

第六章 法律责任

第五十六条 违反本条例的规定，住宅物业的建设单位未通过招投标的方式选聘物业服务企业或者未经批准，擅自采用协议方式选聘物业服务企业的，县级以上地方人民政府房地产行政主管部门责令限期改正，给予警告，可以并处10万元以下的罚款。

第五十七条 违反本条例的规定，建设单位擅自处分属于业主的物业共用部位、共用设施设备的所有权或者使用权的，由县级以上地方人民政府房地产行政主管部门处5万元以上20万元以下的罚款；给业主造成损失的，依法承担赔偿责任。

第五十八条 违反本条例的规定，不移交有关资料的，由县级以上地方人民政府房地产行政主管部门责令限期改正；逾期仍不移交有关资料的，对建设单位、物业服务企业予以通报，处1万元以上10万元以下的罚款。

第五十九条 违反本条例的规定，未取得资质证书从事物业管理的，由县级以上地方人民政府房地产行政主管部门没收违法所得，并处5万元以上20万元以下的罚款；给业主造成损失的，依法承担赔偿责任。

以欺骗手段取得资质证书的，依照本条第一款规定处罚，并由颁发资质证书的部门吊销资质证书。

第六十条 违反本条例的规定，物业服务企业将一个物业管理区域内的全部物业管理一并委托给他人的，由县级以上地方人民政府房地产行政主管部门责令限期改正，处委托合同价款30%以上50%以下的罚款；情节严重的，由颁发资质证书的部门吊销资质证书。委托所得收益，用于物业管理区域内物业共用部位、共用设施设备的维修、养护，剩余部分按照业主大会的决定使用；给业主造成损失的，依法承担赔偿责任。

第六十一条 违反本条例的规定，挪用专项维修资金的，由县级以上地方人民政府房地产行政主管部门追回挪用的专项维修资金，给予警告，没收违法所得，可以并处挪用数额2倍以下的罚款；物业服务企业挪用专项维修资金，情节严重的，并由颁发资质证书的部门吊销资质证书；构成犯罪的，依法追究直接负责的主管人员和其他直接责任人员的刑事责任。

第六十二条 违反本条例的规定，建设单位在物业管理区域内不按照规定配置必要的物业管理用房的，县级以上地方人民政府房地产行政主管部门责令限期改正，应给予警告，没收违法所得，并处10万元以上50万元以下的罚款。

第六十三条 违反本条例的规定，未经业主大会同意，物业服务企业擅自改变物业管理用房的用途的，应由县级以上地方人民政府房地产行政主管部门责令限期改正，给予警告，并处1万元以上10万元以下的罚款；有收益的，所得收益用于物业管理区域内物业共用部位、共用设施设备的维修、养护，剩余部分按照业主大会的决定使用。

第六十四条 违反本条例的规定，有下列行为之一的，由县级以上地方人民政府房地产行政主管部门责令限期改正，给予警告，并按照本条第二款的规定处以罚款；所得收益，用于物业管理区域内物业共用部位、共用设施设备的维修、养护，剩余部分按照业主大会的决定使用：

（一）擅自改变物业管理区域内按照规划建设的公共建筑和共用设施用途的；

（二）擅自占用、挖掘物业管理区域内道路、场地，损害业主共同利益的；

（三）擅自利用物业共用部位、共用设施设备进行经营的。

个人有前款规定行为之一的，处1000元以上1万元以下的罚款；单位有前款规定行为之一的，处5万元以上20万元以下的罚款。

第六十五条 违反物业服务合同约定，业主逾期不交纳物业服务费用的，业主委员会应当督促其限期交纳；逾期仍不交纳的，物业服务企业可以向人民法院起诉。

第六十六条 业主以业主大会或者业主委员会的名义，从事违反法律、法规的活动，构成犯罪的，依法追究刑事责任；尚不构成犯罪的，依法给予治安管理处罚。

第六十七条 违反本条例的规定，国务院建设行政主管部门、县级以上地方人民政府房地产行政主管部门或者其他有关行政管理部门的工作人员利用职务上的便利，收受他人财物或者其他好处，不依法履行监督管理职责，或者发现违法行为不予查处，构成犯罪的，依法追究刑事责任；尚不构成犯罪的，依法给予行政处分。

第七章 附 则

第六十八条 本条例自2003年9月1日起施行。

《物业服务收费管理办法》

第一条　为规范物业服务收费行为，保障业主和物业管理企业的合法权益，根据《中华人民共和国价格法》和《物业管理条例》，制定本办法。

第二条　本办法所称物业服务收费，是指物业管理企业按照物业服务合同的约定，对房屋及配套的设施设备和相关场地进行维修、养护、管理，维护相关区域内的环境卫生和秩序，向业主所收取的费用。

第三条　国家提倡业主通过公开、公平、公正的市场竞争机制选择物业管理企业；鼓励物业管理企业开展正当的价格竞争，禁止价格欺诈，促进物业服务收费通过市场竞争形成。

第四条　国务院价格主管部门会同国务院建设行政主管部门负责全国物业服务收费的监督管理工作。

县级以上地方人民政府价格主管部门会同同级房地产行政主管部门负责本行政区域内物业服务收费的监督管理工作。

第五条　物业服务收费应当遵循合理、公开以及费用与服务水平相适应的原则。

第六条　物业服务收费应当区分不同物业的性质和特点分别实行政府指导价和市场调节价。具体定价形式由省、自治区、直辖市人民政府价格主管部门会同房地产行政主管部门确定。

第七条　物业服务收费实行政府指导价的，有定价权限的人民政府价格主管部门应当会同房地产行政主管部门根据物业管理服务等级标准等因素，制定相应的基准价及其浮动幅度，并定期公布。具体收费标准由业主与物业管理企业根据规定的基准价和浮动幅度在物业服务合同中约定。

实行市场调节价的物业服务收费，由业主与物业管理企业在物业服务合同中约定。

第八条　物业管理企业应当按照政府价格主管部门的规定实行明码标价，在物业管理区域内的显著位置，将服务内容、服务标准以及收费项目、收费标准等有关情况进行公示。

第九条 业主与物业管理企业可以采取包干制或者酬金制等形式约定物业服务费用。

包干制是指由业主向物业管理企业支付固定物业服务费用，盈余或者亏损均由物业管理企业享有或者承担的物业服务计费方式。

酬金制是指在预收的物业服务资金中按约定比例或者约定数额提取酬金支付给物业管理企业，其余全部用于物业服务合同约定的支出，结余或者不足均由业主享有或者承担的物业服务计费方式。

第十条 建设单位与物业买受人签订的买卖合同，应当约定物业管理服务内容、服务标准、收费标准、计费方式及计费起始时间等内容，涉及物业买受人共同利益的约定应当一致。

第十一条 实行物业服务费用包干制的，物业服务费用的构成包括物业服务成本、法定税费和物业管理企业的利润。

实行物业服务费用酬金制的，预收的物业服务资金包括物业服务支出和物业管理企业的酬金。

物业服务成本或者物业服务支出构成一般包括以下部分：

1. 管理服务人员的工资、社会保险和按规定提取的福利费等；
2. 物业共用部位、共用设施设备的日常运行、维护费用；
3. 物业管理区域清洁卫生费用；
4. 物业管理区域绿化养护费用；
5. 物业管理区域秩序维护费用；
6. 办公费用；
7. 物业管理企业固定资产折旧；
8. 物业共用部位、共用设施设备及公众责任保险费用；
9. 经业主同意的其他费用。

物业共用部位、共用设施设备的大修、中修和更新、改造费用，应当通过专项维修资金予以列支，不得计入物业服务支出或者物业服务成本。

第十二条 实行物业服务费用酬金制的，预收的物业服务支出属于代管性质，为所缴纳的业主所有，物业管理企业不得将其用于物业服务合同约定以外的支出。

物业管理企业应当向业主大会或者全体业主公布物业服务资金年度预决算并每年不少于一次公布物业服务资金的收支情况。

业主或者业主大会对公布的物业服务资金年度预决算和物业服务资金的收支情况提出质询时，物业管理企业应当及时答复。

第十三条 物业服务收费采取酬金制方式，物业管理企业或者业主大会可以按照物业服务合同约定聘请专业机构对物业服务资金年度预决算和物业服务资金的收支情况进行审计。

第十四条 物业管理企业在物业服务中应当遵守国家的价格法律法规，严格履行物业服务合同，为业主提供质价相符的服务。

第十五条 业主应当按照物业服务合同的约定按时足额缴纳物业服务费用或者物业服务资金。业主违反物业服务合同约定逾期不缴纳服务费用或者物业服务资金的，业主委员会应当督促其限期缴纳；逾期仍不缴纳的，物业管理企业可以依法追缴。

业主与物业使用人约定由物业使用人缴纳物业服务费用或者物业服务资金的，从其约定，业主负连带缴纳责任。

物业发生产权转移时，业主或者物业使用人应当结清物业服务费用或者物业服务资金。

第十六条 纳入物业管理范围的已竣工但尚未出售，或者因开发建设单位原因未按时交给物业买受人的物业，物业服务费用或者物业服务资金由开发建设单位全额缴纳。

第十七条 物业管理区域内，供水、供电、供气、供热、通讯、有线电视等单位应当向最终用户收取有关费用。物业管理企业接受委托代收上述费用的，可向委托单位收取手续费，不得向业主收取手续费等额外费用。

第十八条 利用物业共用部位、共用设施设备进行经营的，应当在征得相关业主、业主大会、物业管理企业的同意后，按照规定办理有关手续。业主所得收益应当主要用于补充专项维修资金，也可以按照业主大会的决定使用。

第十九条 物业管理企业已接受委托实施物业服务并相应收取服务费用的，其他部门和单位不得重复收取性质和内容相同的费用。

第二十条 物业管理企业根据业主的委托提供物业服务合同约定以外的服务，服务收费由双方约定。

第二十一条 政府价格主管部门会同房地产行政主管部门，应当加强对物业管理企业的服务内容、标准和收费项目、标准的监督。物业管理企业违反价格法律、法规和规定，由政府价格主管部门依据《中华人民共和国价格法》和《价格违法行为行政处罚规定》予以处罚。

第二十二条 各省、自治区、直辖市人民政府价格主管部门、房地产行政主管部门可以依据本办法制定具体实施办法，并报国家发展和改革委员会、建设部备案。

第二十三条 本办法由国家发展和改革委员会会同建设部负责解释。

第二十四条 本办法自2004年1月1日起执行，原国家计委、建设部印发的《城市住宅小区物业管理服务收费暂行办法》（计价费〔1996〕266号）同时废止。

《物业管理企业资质管理办法》

第一条 为了加强对物业管理活动的监督管理，规范物业管理市场秩序，提高物业管理服务水平，根据《物业管理条例》，制定本办法。

第二条 在中华人民共和国境内申请物业服务企业资质，实施对物业服务企业资质管理，适用本办法。

本办法所称物业服务企业，是指依法设立、具有独立法人资格，从事物业管理服务活动的企业。

第三条 物业服务企业资质等级分为一、二、三级。

第四条 国务院建设主管部门负责一级物业服务企业资质证书的颁发和管理。

省、自治区人民政府建设主管部门负责二级物业服务企业资质证书的颁发和管理，直辖市人民政府房地产主管部门负责二级和三级物业服务企业资质证书的颁发和管理，并接受国务院建设主管部门的指导和监督。

设区的市的人民政府房地产主管部门负责三级物业服务企业资质证书的颁发和管理，并接受省、自治区人民政府建设主管部门的指导和监督。

第五条 各资质等级物业服务企业的条件如下：

（一）一级资质

1. 注册资本人民币500万元以上；

2. 物业管理专业人员以及工程、管理、经济等相关专业类的专职管理和技术人员不少于30人。其中，具有中级以上职称的人员不少于20人，工程、财务等业务负责人具有相应专业中级以上职称；

3. 物业管理专业人员按照国家有关规定取得职业资格证书；

4. 管理两种类型以上物业，并且管理各类物业的房屋建筑面积分别占下列相应计算基数的百分比之和不低于100%：

（1）多层住宅200万平方米；

（2）高层住宅100万平方米；

（3）独立式住宅（别墅）15万平方米；

（4）办公楼、工业厂房及其他物业 50 万平方米。

5. 建立并严格执行服务质量、服务收费等企业管理制度和标准，建立企业信用档案系统，有优良的经营管理业绩。

（二）二级资质

1. 注册资本人民币 300 万元以上；

2. 物业管理专业人员以及工程、管理、经济等相关专业类的专职管理和技术人员不少于 20 人。其中，具有中级以上职称的人员不少于 10 人，工程、财务等业务负责人具有相应专业中级以上职称；

3. 物业管理专业人员按照国家有关规定取得职业资格证书；

4. 管理两种类型以上物业，且管理各类物业的房屋建筑面积分别占下列相应计算基数的百分比之和不低于 100%：

（1）多层住宅 100 万平方米；

（2）高层住宅 50 万平方米；

（3）独立式住宅（别墅）8 万平方米；

（4）办公楼、工业厂房及其他物业 20 万平方米。

5. 建立并严格执行服务质量，服务收费等企业管理制度和标准，建立企业信用档案系统，有良好的经营管理业绩。

（三）三级资质

1. 注册资本人民币 50 万元以上；

2. 物业管理专业人员以及工程、管理、经济等相关专业类的专职管理和技术人员不少于 10 人。其中，具有中级以上职称的人员不少于 5 人，工程、财务等业务负责人具有相应专业中级以上职称；

3. 物业管理专业人员按照国家有关规定取得职业资格证书；

4. 有委托的物业管理项目；

5. 建立并严格执行服务质量、服务收费等企业管理制度和标准，并建立企业信用档案系统。

第六条 新设立的物业服务企业应当自领取营业执照之日起 30 日内，持下列文件向工商注册所在地直辖市、设区的市的人民政府房地产主管部门申请资质：

（一）营业执照；

（二）企业章程；

（三）验资证明；

（四）企业法定代表人的身份证明；

（五）物业管理专业人员的职业资格证书和劳动合同，管理和技术人员的职称证书和劳动合同。

第七条 新设立的物业服务企业，其资质等级按照最低等级核定，并设一年的暂定期。

第八条 一级资质物业服务企业可以承接各种物业管理项目。

二级资质物业服务企业可以承接30万平方米以下的住宅项目和8万平方米以下的非住宅项目的物业管理业务。

三级资质物业服务企业可以承接20万平方米以下住宅项目和5万平方米以下的非住宅项目的物业管理业务。

第九条 申请核定资质等级的物业服务企业，应当提交下列材料：

（一）企业资质等级申报表；

（二）营业执照；

（三）企业资质证书正、副本；

（四）物业管理专业人员的职业资格证书和劳动合同，管理和技术人员的职称证书和劳动合同，工程、财务负责人的职称证书和劳动合同；

（五）物业服务合同复印件；

（六）物业管理业绩材料。

第十条 资质审批部门应当自受理企业申请之日起20个工作日内，对符合相应资质等级条件的企业核发资质证书；一级资质审批前，应当由省、自治区人民政府建设主管部门或者直辖市人民政府房地产主管部门审查，审查期限为20个工作日。

第十一条 物业服务企业申请核定资质等级，在申请之日前一年内有下列行为之一的，资质审批部门不予批准：

（一）聘用未取得物业管理职业资格证书的人员从事物业管理活动的；

（二）将一个物业管理区域内的全部物业管理业务一并委托给他人的；

（三）挪用专项维修资金的；

（四）擅自改变物业管理用房用途的；

（五）擅自改变物业管理区域内按照规划建设的公共建筑和共用设施用途的；

（六）擅自占用、挖掘物业管理区域内道路、场地，损害业主共同利益的；

（七）擅自利用物业共用部位、共用设施设备进行经营的；

（八）物业服务合同终止时，不按照规定移交物业管理用房和有关资料的；

（九）与物业管理招标人或者其他物业管理投标人相互串通，以不正当手段谋取中标的；

（十）不履行物业服务合同，业主投诉较多，经查证属实的；

（十一）超越资质等级承接物业管理业务的；

（十二）出租、出借、转让资质证书的；

（十三）发生重大责任事故的。

第十二条 资质证书分为正本和副本，由国务院建设主管部门统一印制，正、副本具有同等法律效力。

第十三条 任何单位和个人不得伪造、涂改、出租、出借、转让资质证书。

企业遗失资质证书，应当在新闻媒体上声明后，方可申请补领。

第十四条 企业发生分立、合并的，应当在向工商行政管理部门办理变更手续后30日内，到原资质审批部门申请办理资质证书注销手续，并重新核定资质等级。

第十五条 企业的名称、法定代表人等事项发生变更的，应当在办理变更手续后30日内，到原资质审批部门办理资质证书变更手续。

第十六条 企业破产、歇业或者因其他原因终止业务活动的，应当在办理营业执照注销手续后15日内，到原资质审批部门办理资质证书注销手续。

第十七条 物业服务企业取得资质证书后，不得降低企业的资质条件，并应当接受资质审批部门的监督检查。

资质审批部门应当加强对物业服务企业的监督检查。

第十八条　有下列情形之一的，资质审批部门或者其上级主管部门，根据利害关系人的请求或者根据职权可以撤销资质证书：

（一）审批部门工作人员滥用职权、玩忽职守作出物业服务企业资质审批决定的；

（二）超越法定职权作出物业服务企业资质审批决定的；

（三）违反法定程序作出物业服务企业资质审批决定的；

（四）对不具备申请资格或者不符合法定条件的物业服务企业颁发资质证书的；

（五）依法可以撤销审批的其他情形。

第十九条　物业服务企业超越资质等级承接物业管理业务的，由县级以上地方人民政府房地产主管部门予以警告，责令限期改正，并处 1 万元以上 3 万元以下的罚款。

第二十条　物业服务企业出租、出借、转让资质证书的，由县级以上地方人民政府的房地产主管部门予以警告，责令限期改正，并处 1 万元以上 3 万元以下的罚款。

第二十一条　物业服务企业不按照本办法规定及时办理资质变更手续的，由县级以上地方人民政府房地产主管部门责令限期改正，可处 2 万元以下的罚款。

第二十二条　资质审批部门有下列情形之一的，由其上级主管部门或者监察机关责令改正，对直接负责的主管人员和其他直接责任人员依法给予行政处分；构成犯罪的，依法追究刑事责任：

（一）对不符合法定条件的企业颁发资质证书的；

（二）对符合法定条件的企业不予颁发资质证书的；

（三）对符合法定条件的企业未在法定期限内予以审批的；

（四）利用职务上的便利，收受他人财物或者其他好处的；

（五）不履行监督管理职责，或者发现违法行为不予查处的。

第二十三条　本办法自 2004 年 5 月 1 日起施行。

《前期物业管理招标投标管理暂行办法》

第一章　总　则

第一条　为了规范前期物业管理招标投标活动，保护招标投标当事人的合法权益，促进物业管理市场的公平竞争，制定本办法。

第二条　前期物业管理，是指在业主、业主大会选聘物业管理企业之前，由建设单位选聘物业管理企业实施的物业管理。

建设单位通过招投标的方式选聘具有相应资质的物业管理企业和行政主管部门对物业管理招投标活动实施监督管理，适用本办法。

第三条　住宅及同一物业管理区域内非住宅的建设单位，应当通过招投标的方式选聘具有相应资质的物业管理企业；投标人少于 3 个或者住宅规模较小的，经物业所在地的区、县人民政府房地产行政主管部门批准，可以采用协议方式选聘具有相应资质的物业管理企业。

国家提倡其他物业的建设单位通过招投标的方式，选聘具有相应资质的物业管理企业。

第四条　前期物业管理招标投标应当遵循公开、公平、公正和诚实信用的原则。

第五条　国务院建设行政主管部门负责全国物业管理招标投标活动的监督管理。

省、自治区人民政府建设行政主管部门负责本行政区域内物业管理招标投标活动的监督管理。

直辖市、市、县人民政府房地产行政主管部门负责本行政区域内物业管理招标投标活动的监督管理。

第六条　任何单位和个人不得违反法律、行政法规规定。限制或者排斥具备投标资格的物业管理企业参加投标，不得以任何方式非法干涉物业管理招标投标活动。

第二章　招　标

第七条　本办法所称招标人是指依法进行前期物业管理招标的物业建设单位。

前期物业管理招标由招标人依法组织实施。招标人不得以不合理条件限制或者排斥潜在投标人，不得对潜在投标人实行歧视待遇，不得对潜在投标人提出与招标物业管理项目实际要求不符的过高的资格等要求。

第八条　前期物业管理招标分为公开招标和邀请招标。

招标人采取公开招标方式的，应当在公共媒介上发布招标公告，并同时在中国住宅与房地产信息网和中国物业管理协会网上发布免费招标公告。

招标公告应当载明招标人的名称和地址，招标项目的基本情况以及获取招标文件的办法等事项。

招标人采取邀请招标方式的，应当向 3 个以上物业管理企业发出投标邀请书，投标邀请书应当包含前款规定的事项。

第九条　招标人可以委托招标代理机构办理招标事宜；有能力组织和实施招标活动的，也可以自行组织实施招标活动。

物业管理招标代理机构应当在招标人委托的范围内办理招标事宜，并遵守本办法对招标人的有关规定。

第十条　招标人应当根据物业管理项目的特点和需要，在招标前完成招标文件的编制。

招标文件应包括以下内容：

（一）招标人及招标项目简介，包括招标人名称、地址、联系方式、项目基本情况、物业管理用房的配备情况等；

（二）物业管理服务内容及要求，包括服务内容、服务标准等；

（三）对投标人及投标书的要求，包括投标人的资格、投标书的格式、主要内容等；

（四）评标标准和评标方法；

（五）招标活动方案，包括招标组织机构、开标时间及地点等；

（六）物业服务合同的签订说明；

（七）其他事项的说明及法律法规规定的其他内容。

第十一条 招标人应当在发布招标公告或者发出投标邀请书的10日前，提交以下材料报物业项目所在地的县级以上地方人民政府房地产行政主管部门备案：

（一）与物业管理有关的物业项目开发建设的政府批件；

（二）招标公告或者招标邀请书；

（三）招标文件；

（四）法律、法规规定的其他材料。

房地产行政主管部门发现招标有违反法律、法规规定的，应当及时责令招标人改正。

第十二条 公开招标的招标人可以根据招标文件的规定，对投标申请人进行资格预审。

实行投标资格预审的物业管理项目，招标人应当在招标公告或者投标邀请书中载明资格预审的条件和获取资格预审文件的办法。

资格预审文件一般应当包括资格预审申请书格式、申请人须知，以及需要投标申请人提供的企业资格文件、业绩、技术装备、财务状况和拟派出的项目负责人与主要管理人员的简历、业绩等证明材料。

第十三条 经资格预审后，公开招标的招标人应当向资格预审合格的投标申请人发出资格预审合格通知书，告知获取招标文件的时间、地点和方法，并同时向资格不合格的投标申请人告知资格预审结果。

在资格预审合格的投标申请人过多时，可以由招标人从中选择不少于5家资格预审合格的投标申请人。

第十四条 招标人应当确定投标人编制投标文件所需要的合理时间。公开招标的物业管理项目，自招标文件发出之日起至投标人提交投标文件截止之日止，最短不得少于20日。

第十五条 招标人对已发出的招标文件进行必要的澄清或者修改的，应当在招标文件要求提交投标文件截止时间至少15日前，以书面形式通知所有的招标文件收受人。该澄清或者修改的内容为招标文件的组成部分。

第十六条 招标人根据物业管理项目的具体情况，可以组织潜在的投标申请人踏勘物业项目现场，并提供隐蔽工程图纸等详细资料。对投标申请人提出的疑问应当予以澄清并以书面形式发送给所有的招标文件收受人。

第十七条 招标人不得向他人透露已获取招标文件的潜在投标人的名称、数量以及可能影响公平竞争的有关招标投标的其他情况。

招标人设有标底的，标底必须保密。

第十八条 在确定中标人前，招标人不得与投标人就投标价格、投标方案等实质内容进行谈判。

第十九条 通过招标投标方式选择物业管理企业的，招标人应当按照以下规定时限完成物业管理招标投标工作：

（一）新建现售商品房项目应当在现售前30日完成；

（二）预售商品房项目应当在取得《商品房预售许可证》之前完成；

（三）非出售的新建物业项目应当在交付使用前90日完成。

第三章 投 标

第二十条 本办法所称投标人是指响应前期物业管理招标、参与投标竞争的物业管理企业。

投标人应当具有相应的物业管理企业资质和招标文件要求的其他条件。

第二十一条 投标人对招标文件有疑问需要澄清的，应当以书面形式向招标人提出。

第二十二条 投标人应当按照招标文件的内容和要求编制投标文件，投标文件应当对招标文件提出的实质性要求和条件作出响应。

投标文件应当包括以下内容：

（一）投标函；

（二）投标报价；

（三）物业管理方案；

（四）招标文件要求提供的其他材料。

第二十三条 投标人应当在招标文件要求提交投标文件的截止时间前，将投标文件密封送达投标地点。招标人收到投标文件后，应当向投标人出具标明签收人和签收时间的凭证，并妥善保存投标文件。在开标前，任何单位和个人均不得开启投标文件。在招标文件要求提交投标文件的截止时间后送达的投标文件，为无效的投标文件，招标人应当拒收。

第二十四条 投标人在招标文件要求提交投标文件的截止时间前，可以补充、修改或者撤回已提交的投标文件，并书面通知招标人。补充、修改的内容为投标文件的组成部分，并应当按照本办法第二十三条的规定送达、签收和保管。在招标文件要求提交投标文件的截止时间后送达的补充或者修改的内容无效。

第二十五条 投标人不得以他人名义投标或者以其他方式弄虚作假，骗取中标。

投标人不得相互串通投标，不得排挤其他投标人的公平竞争，不得损害招标人或者其他投标人的合法权益。

投标人不得与招标人串通投标，损害国家利益、社会公共利益或者他人的合法权益。

禁止投标人以向招标人或者评标委员会成员行贿等不正当手段谋取中标。

第四章 开标、评标和中标

第二十六条 开标应当在招标文件确定的提交投标文件截止时间的同一时间公开进行，开标地点应当为招标文件中预先确定的地点。

第二十七条 开标由招标人主持，邀请所有投标人参加。开标应当按照下列规定进行：

由投标人或者其推选的代表检查投标文件的密封情况，也可以由招标人委托的公证机构进行检查并公证。经确认无误后，由工作人员当众拆封，宣读投标人名称、投标价格和投标文件的其他主要内容。

招标人在招标文件要求提交投标文件的截止时间前收到的所有投标文件，开标时都应当当众予以拆封。

开标过程应当记录，并由招标人存档备查。

第二十八条 评标由招标人依法组建的评标委员会负责。

评标委员会由招标人代表和物业管理方面的专家组成，成员为 5 人以上单数，其中招标人代表以外的物业管理方面的专家不得少于成员总数的三分之二。

评标委员会的专家成员，应当由招标人从房地产行政主管部门建立的专家名册中采取随机抽取的方式确定。

与投标人有利害关系的人不得进入相关项目的评标委员会。

第二十九条 房地产行政主管部门应当建立评标的专家名册。省、自治区、直辖市人民政府房地产行政主管部门可以将专家数量少的城市的专家名册予以合并或者实行专家名册计算机联网。

房地产行政主管部门应当对进入专家名册的专家进行有关法律和业务培训，对其评标能力、廉洁公正等进行综合考评，及时取消不称职或者违法违规人员的评标专家资格。被取消评标专家资格的人员，不得再参加任何评标活动。

第三十条 评标委员会成员应当认真、公正、诚实、廉洁地履行职责。

评标委员会成员不得与任何投标人或者与招标结果有利害关系的人进行私下接触，不得收受投标人、中介人、其他利害关系人的财物或者其他好处。

评标委员会成员和与评标活动有关的工作人员不得透露对投标文件的评审和比较、中标候选人的推荐情况以及与评标有关的其他情况。

前款所称与评标活动有关的工作人员，是指评标委员会成员以外的因参与评标监督工作或者事务性工作而知悉有关评标情况的所有人员。

第三十一条 评标委员会可以用书面形式要求投标人对投标文件中含义不明确的内容作必要的澄清或者说明。投标人应当采用书面形式进行澄清或者说明，其澄清或者说明不得超出投标文件的范围或者改变投标文件的实质性内容。

第三十二条 在评标过程中召开现场答辩会的。应当事先在招标文件中说明，并注明所占的评分比重。

评标委员会应当按照招标文件的评标要求，根据标书评分、现场答辩等情况进行综合评标。

除了现场答辩部分外，评标应当在保密的情况下进行。

第三十三条 评标委员会应当按照招标文件确定的评标标准和方法，对投标文件进行评审和比较，并对评标结果签字确认。

第三十四条 评标委员会经评审，认为所有投标文件都不符合招标文件要求的，可以否决所有投标。

依法必须进行招标的物业管理项目的所有投标被否决的，招标人应当重新招标。

第三十五条 评标委员会完成评标后，应当向招标人提出书面评标报告，阐明评标委员会对各投标文件的评审和比较意见，并按照招标文件规定的评标标准和评标方法，推荐不超过 3 名有排序的合格的中标候选人。

招标人应当按照中标候选人的排序确定中标人。当确定中标的中标候选人放弃中标或者因不可抗力提出不能履行合同的，招标人可以依序确定其他中标候选人为中标人。

第三十六条 招标人应当在投标有效期截止时限 30 日前确定中标人。投标有效期应当在招标文件中载明。

第三十七条 招标人应当向中标人发出中标通知书，同时将中标结果通知所有未中标的投标人，并应当返还其投标书。

招标人应当自确定中标人之日起 15 日内，向物业项目所在地的县级以上地方人民政府房地产行政主管部门备案。备案资料应当包括开标评标过程、确定中标人的方式及理由、评标委员会的评标报告、中标人的投标文件等资料。委托代理招标的，还应当附招标代理委托合同。

第三十八条 招标人和中标人应当自中标通知书发出之日起 30 日内，按照招标文件和中标人的投标文件订立书面合同。招标人和中标人不得再行订立背离合同实质性内容的其他协议。

第三十九条 招标人无正当理由不与中标人签订合同，给中标人造成损失的，招标人应当给予赔偿。

第五章　附　则

第四十条 投标人和其他利害关系人认为招标投标活动不符合本办法有关规定的，有权向招标人提出异议，或者依法向有关部门投诉。

第四十一条 招标文件或者投标文件使用两种以上语言文字的，必须有一种是中文；如对不同文本的解释发生异议的，以中文文本为准。用文字表示的数额与数字表示的金额不一致的。以文字表示的金额为准。

第四十二条 本办法第三条规定住宅规模较小的，经物业所在地的区、县人民政府房地产行政主管部门批准，可以采用协议方式选聘物业管理企业的，其规模标准由省、自治区、直辖市人民政府房地产行政主管部门确定。

第四十三条 业主和业主大会通过招投标的方式选聘具有相应资质的物业管理企业的，参照本办法执行。

第四十四条 本办法自2003年9月1日起施行。

《业主大会规程》

第一条 为了规范业主大会的活动，维护业主的合法权益，根据《物业管理条例》，制定本规程。

第二条 业主大会应当代表和维护物业管理区域内全体业主在物业管理活动中的合法权益。

第三条 一个物业管理区域只能成立一个业主大会。

业主大会由物业管理区域内的全体业主组成。

业主大会应当设立业主委员会作为执行机构。

业主大会自首次业主大会会议召开之日起成立。

第四条 只有一个业主，或者业主人数较少且经全体业主同意，决定不成立业主大会的，由业主共同履行业主大会、业主委员会职责。

第五条 业主筹备成立业主大会的，应当在物业所在地的区、县人民政府房地产行政主管部门和街道办事处（乡镇人民政府）的指导下，由业主代表、建设单位（包括公有住房出售单位）组成业主大会筹备组（以下简称筹备组），负责业主大会筹备工作。

筹备组成员名单确定后，以书面形式在物业管理区域内公告。

第六条 筹备组应当做好下列筹备工作：

（一）确定首次业主大会会议召开的时间、地点、形式和内容；

（二）参照政府主管部门制订的示范文本，拟定《业主大会议事规则（草案）》和《业主公约（草案）》；

（三）确认业主身份，确定业主在首次业主大会会议上的投票权数；

（四）确定业主委员会委员候选人产生办法及名单；

（五）做好召开首次业主大会会议的其他准备工作。

前款（一）、（二）、（三）、（四）项的内容应当在首次业主大会会议召开15日前以书面形式在物业管理区域内公告。

第七条 业主在首次业主大会会议上的投票权数，按照省、自治区、直辖市制定的具体办法确定。

第八条 筹备组应当自组成之日起30日内在物业所在地的区、县人民政府房地产行政主管部门的指导下，组织业主召开首次业主大会会议，并选举产生业主委员会。

第九条 业主大会履行以下职责：

（一）制定、修改业主公约和业主大会议事规则；

（二）选举、更换业主委员会委员，监督业主委员会的工作；

（三）选聘、解聘物业管理企业；

（四）决定专项维修资金使用、续筹方案，并监督实施；

（五）制定、修改物业管理区域内物业共用部位和共用设施设备的使用、公共秩序和环境卫生的维护等方面的规章制度；

（六）法律、法规或者业主大会议事规则规定的其他有关物业管理的职责。

第十条 业主大会议事规则应当就业主大会的议事方式、表决程序、业主投票权确定办法、业主委员会的组成和委员任期等事项依法作出约定。

第十一条 业主公约应当对有关物业的使用、维护、管理业主的共同利益，业主应当履行的义务，违反公约应当承担的责任等事项依法作出约定。

业主公约对全体业主具有约束力。

第十二条 业主大会会议分为定期会议和临时会议。

业主大会定期会议应当按照业主大会议事规则的规定由业主委员会组织召开。

有下列情况之一的，业主委员会应当及时组织召开业主大会临时会议：

（一）20%以上业主提议的；

（二）发生重大事故或者紧急事件需要及时处理的；

（三）业主大会议事规则或者业主公约规定的其他情况。

发生应当召开业主大会临时会议的情况，业主委员会不履行组织召开会议职责的，区、县人民政府房地产行政主管部门应当责令业主委员会限期召开。

第十三条 业主委员会应当在业主大会会议召开15日前将会议通知及有关材料以书面形式在物业管理区域内公告。

住宅小区的业主大会会议，应当同时告知相关的居民委员会。

第十四条 业主因故不能参加业主大会会议的，可以书面委托代理人参加。

第十五条 业主大会会议可以采用集体讨论的形式，也可以采用书面征求意见的形式，但应当有物业管理区域内持有1/2以上投票权的业主参加。

第十六条 物业管理区域内业主人数较多的，可以幢、单元、楼层等为单位，推选一名业主代表参加业主大会会议。

推选业主代表参加业主大会会议的，业主代表应当于参加业主大会会议3日前，就业主大会会议拟讨论的事项书面征求其所代表的业主意见，凡需投票表决的，业主的赞同、反对及弃权的具体票数经本人签字后，由业主代表在业主大会投票时如实反映。

业主代表因故不能参加业主大会会议的，其所代表的业主可以另外推选一名业主代表参加。

第十七条 业主大会作出决定，必须经与会业主所持投票权1/2以上通过。

业主大会作出制定和修改业主公约、业主大会议事规则、选聘、解聘物业管理企业、专项维修资金使用、续筹方案的决定，必须经物业管理区域内全体业主所持投票权2/3以上通过。

第十八条 业主大会会议应当由业主委员会作书面记录并存档。

第十九条 业主大会作出的决定对物业管理区域内的全体业主具有约束力。

业主大会的决定应当以书面形式在物业管理区域内及时公告。

第二十条 业主委员会应当自选举产生之日起3日内召开首次业主委员会会议，推选产生业主委员会主任1人，副主任1~2人。

第二十一条 业主委员会委员应当符合下列条件：

（一）本物业管理区域内具有完全民事行为能力的业主；

（二）遵守国家有关法律、法规；

（三）遵守业主大会议事规则、业主公约，模范履行业主义务；

（四）热心公益事业，责任心强，公正廉洁，具有社会公信力；

（五）具有一定组织能力；

（六）具备必要的工作时间。

第二十二条 业主委员会应当自选举产生之日起30日内，将业主大会的成立情况、业主大会议事规则、业主公约及业主委员会委员名单等材料向物业所在地的区、县人民政府房地产行政主管部门备案。

业主委员会备案的有关事项发生变更的，依照前款规定重新备案。

第二十三条 业主委员会履行以下职责：

（一）召集业主大会会议，报告物业管理的实施情况；

（二）代表业主与业主大会选聘的物业管理企业签订物业服务合同；

（三）及时了解业主、物业使用人的意见和建议，监督和协助物业管理企业履行物业服务合同；

（四）监督业主公约的实施；

（五）业主大会赋予的其他职责。

第二十四条 业主委员会应当督促违反物业服务合同约定逾期不缴纳物业服务费用的业主，限期缴纳物业服务费用。

第二十五条 经1/3以上业主委员会委员提议或者业主委员会主任认为有必要的，应当及时召开业主委员会会议。

第二十六条 业主委员会会议应当作书面记录，由出席会议的委员签字后存档。

第二十七条 业主委员会会议应当有过半数委员出席，作出决定必须经全体委员人数半数以上同意。

业主委员会的决定应当以书面形式在物业管理区域内及时公告。

第二十八条 业主委员会任期届满2个月前，应当召开业主大会会议进行业主委员会的换届选举；逾期未换届的，房地产行政主管部门可以指派工作人员指导其换届工作。

原业主委员会应当在其任期届满之日起10日内，将其保管的档案资料、印章及其他属于业主大会所有的财物移交新一届业主委员会，并做好交接手续。

第二十九条 经业主委员会或者20%以上业主提议，认为有必要变更业主委员会委员的，由业主大会会议作出决定，并以书面形式在物业管理区域内公告。

第三十条 业主委员会委员有下列情形之一的，经业主大会会议通过，其业主委员会委员资格终止：

（一）因物业转让、灭失等原因不再是业主的；

（二）无故缺席业主委员会会议连续3次以上的；

（三）因疾病等原因丧失履行职责能力的；

（四）有犯罪行为的；

（五）以书面形式向业主大会提出辞呈的；

（六）拒不履行业主义务的；

（七）其他原因不宜担任业主委员会委员的。

第三十一条 业主委员会委员资格终止的，应当自终止之日起3日内将其保管的档案资料、印章及其他属于业主大会所有的财物移交给业主委员会。

第三十二条 因物业管理区域发生变更等原因导致业主大会解散的，在解散前，业主大会、业主委员会应当在区、县人民政府房地产行政主管部门和街道办事处（乡镇人民政府）的指导监督下，做好业主共同财产清算工作。

第三十三条 业主大会、业主委员会应当依法履行职责，不得作出与物业管理无关的决定，不得从事与物业管理无关的活动。

业主大会、业主委员会作出的决定违反法律、法规的，物业所在地的区、县人民政府房地产行政主管部门，应当责令限期改正或者撤销其决定，并通告全体业主。

第三十四条 业主大会、业主委员会应当配合公安机关，与居民委员会相互协作，共同做好维护物业管理区域内的社会治安等相关工作。

在物业管理区域内，业主大会、业主委员会应当积极配合相关居民委员会依法履行自治管理职责，支持居民委员会开展工作，并接受其指导和监督。

住宅小区的业主大会、业主委员会作出的决定，应当告知相关的居民委员会，并听取居民委员会的建议。

第三十五条 业主大会和业主委员会开展工作的经费由全体业主承担；经费的筹集、管理、使用具体由业主大会议事规则规定。

业主大会和业主委员会工作经费的使用情况应当定期以书面形式在物业管理区域内公告，接受业主的质询。

第三十六条 业主大会和业主委员会的印章依照有关法律法规和业主大会议事规则的规定刻制、使用、管理。

违反印章使用规定，造成经济损失或者不良影响的，由责任人承担相应的责任。

《物业管理企业资质管理办法》

第一条 为了加强对物业管理活动的监督管理，规范物业管理市场秩序，提高物业管理服务水平，根据《物业管理条例》，制定本办法。

第二条 在中华人民共和国境内申请物业管理企业资质，实施对物业管理企业资质管理，适用本办法。

本办法所称物业管理企业，是指依法设立、具有独立法人资格，从事物业管理服务活动的企业。

第三条 物业管理企业资质等级分为一、二、三级。

第四条 国务院建设主管部门负责一级物业管理企业资质证书的颁发和管理。

省、自治区人民政府建设主管部门负责二级物业管理企业资质证书的颁发和管理，直辖市人民政府房地产主管部门负责二级和三级物业管理企业资质证书的颁发和管理，并接受国务院建设主管部门的指导和监督。

设区的市的人民政府房地产主管部门负责三级物业管理企业资质证书的颁发和管理，并接受省、自治区人民政府建设主管部门的指导和监督。

第五条 各资质等级物业管理企业的条件如下：

（一）一级资质

1. 注册资本人民币500万元以上；

2. 物业管理专业人员以及工程、管理、经济等相关专业类的专职管理和技术人员不少于30人。其中，具有中级以上职称的人员不少于20人，工程、财务等业务负责人具有相应专业中级以上职称；

3. 物业管理专业人员按照国家有关规定取得职业资格证书；

4. 管理两种类型以上物业，并且管理各类物业的房屋建筑面积分别占下列相应计算基数的百分比之和不低于100%：

（1）多层住宅200万平方米；

（2）高层住宅100万平方米；

（3）独立式住宅（别墅）15万平方米；

（4）办公楼、工业厂房及其他物业 50 万平方米。

5. 建立并严格执行服务质量、服务收费等企业管理制度和标准，建立企业信用档案系统，有优良的经营管理业绩。

（二）二级资质

1. 注册资本人民币 300 万元以上；

2. 物业管理专业人员以及工程、管理、经济等相关专业类的专职管理和技术人员不少于 20 人。其中，具有中级以上职称的人员不少于 10 人，工程、财务等业务负责人具有相应专业中级以上职称；

3. 物业管理专业人员按照国家有关规定取得职业资格证书；

4. 管理两种类型以上物业，并且管理各类物业的房屋建筑面积分别占下列相应计算基数的百分比之和不低于 100%：

（1）多层住宅 100 万平方米；

（2）高层住宅 50 万平方米；

（3）独立式住宅（别墅）8 万平方米；

（4）办公楼、工业厂房及其他物业 20 万平方米。

5. 建立并严格执行服务质量、服务收费等企业管理制度和标准，建立企业信用档案系统，有良好的经营管理业绩。

（三）三级资质

1. 注册资本人民币 50 万元以上；

2. 物业管理专业人员以及工程、管理、经济等相关专业类的专职管理和技术人员不少于 10 人。其中，具有中级以上职称的人员不少于 5 人，工程、财务等业务负责人具有相应专业中级以上职称；

3. 物业管理专业人员按照国家有关规定取得职业资格证书；

4. 有委托的物业管理项目；

5. 建立并严格执行服务质量、服务收费等企业管理制度和标准，建立企业信用档案系统。

第六条 新设立的物业管理企业应当自领取营业执照之日起 30 日内。持下列文件向工商注册所在地直辖市、设区的市的人民政府房地产主管部门申请资质：

（一）营业执照；

（二）企业章程；

（三）验资证明；

（四）企业法定代表人的身份证明；

（五）物业管理专业人员的职业资格证书和劳动合同，管理和技术人员的职称证书和劳动合同。

第七条 新设立的物业管理企业，其资质等级按照最低等级核定，并设一年的暂定期。

第八条 一级资质物业管理企业可以承接各种物业管理项目。

二级资质物业管理企业可以承接 30 万平方米以下的住宅项目和 8 万平方米以下的非住宅项目的物业管理业务。

三级资质物业管理企业可以承接 20 万平方米以下的住宅项目和 5 万平方米以下的非住宅项目的物业管理业务。

第九条 申请核定资质等级的物业管理企业，应当提交下列材料：

（一）企业资质等级申报表；

（二）营业执照；

（三）企业资质证书正、副本；

（四）物业管理专业人员的职业资格证书和劳动合同，管理和技术人员的职称证书和劳动合同，工程、财务负责人的职称证书和劳动合同；

（五）物业服务合同复印件；

（六）物业管理业绩材料。

第十条 资质审批部门应当自受理企业申请之日起 20 个工作日内，对符合相应资质等级条件的企业核发资质证书；一级资质审批前，应当由省、自治区人民政府建设主管部门或者直辖市人民政府房地产主管部门审查，审查期限为 20 个工作日。

第十一条 物业管理企业申请核定资质等级，在申请之日前一年内有下列行为之一的，资质审批部门不予批准：

（一）聘用未取得物业管理职业资格证书的人员从事物业管理活动的；

（二）将一个物业管理区域内的全部物业管理业务一并委托给他人的；

（三）挪用专项维修资金的；

（四）擅自改变物业管理用房用途的；

（五）擅自改变物业管理区域内按照规划建设的公共建筑和共用设施用途的；

（六）擅自占用、挖掘物业管理区域内道路、场地，损害业主共同利益的；

（七）擅自利用物业共用部位、共用设施设备进行经营的；

（八）物业服务合同终止时，不按照规定移交物业管理用房和有关资料的；

（九）与物业管理招标人或者其他物业管理投标人相互串通，以不正当手段谋取中标的；

（十）不履行物业服务合同，业主投诉较多，经查证属实的；

（十一）超越资质等级承接物业管理业务的；

（十二）出租、出借、转让资质证书的；

（十三）发生重大责任事故的。

第十二条 资质证书分为正本和副本，由国务院建设主管部门统一印制，正、副本具有同等法律效力。

第十三条 任何单位和个人不得伪造、涂改、出租、出借、转让资质证书。

企业遗失资质证书，应当在新闻媒体上声明后，方可申请补领。

第十四条 企业发生分立、合并的，应当在向工商行政管理部门办理变更手续后30日内，到原资质审批部门申请办理资质证书注销手续，并重新核定资质等级。

第十五条 企业的名称、法定代表人等事项发生变更的，应当在办理变更手续后30日内，到原资质审批部门办理资质证书变更手续。

第十六条 企业破产、歇业或者因其他原因终止业务活动的，应当在办理营业执照注销手续后15日内，到原资质审批部门办理资质证书注销手续。

第十七条 物业管理企业资质实行年检制度。

各资质等级物业管理企业的年检由相应资质审批部门负责。

第十八条 符合原定资质等级条件的，物业管理企业的资质年检结论为合格。

不符合原定资质等级条件的，物业管理企业的资质年检结论为不合格，原资质审批部门应当注销其资质证书，由相应资质审批部门重新核定其资质等级。

资质审批部门应当将物业管理企业资质年检结果向社会公布。

第十九条 物业管理企业取得资质证书后，不得降低企业的资质条件，并应当接受资质审批部门的监督检查。

资质审批部门应当加强对物业管理企业的监督检查。

第二十条 有下列情形之一的，资质审批部门或者其上级主管部门，根据利害关系人的请求或者根据职权可以撤销资质证书：

（一）审批部门工作人员滥用职权、玩忽职守作出物业管理企业资质审批决定的；

（二）超越法定职权作出物业管理企业资质审批决定的；

（三）违反法定程序作出物业管理企业资质审批决定的；

（四）对不具备申请资格或者不符合法定条件的物业管理企业颁发资质证书的；

（五）依法可以撤销审批的其他情形。

第二十一条 物业管理企业超越资质等级承接物业管理业务的，由县级以上地方人民政府房地产主管部门予以警告，责令限期改正，并处1万元以上3万元以下的罚款。

第二十二条 物业管理企业无正当理由不参加资质年检的，由资质审批部门责令其限期改正，可处1万元以上3万元以下的罚款。

第二十三条 物业管理企业出租、出借、转让资质证书的，由县级以上地方人民政府房地产主管部门予以警告，责令限期改正，并处1万元以上3万元以下的罚款。

第二十四条 物业管理企业不按照本办法规定及时办理资质变更手续的，由县级以上地方人民政府房地产主管部门责令限期改正，可处2万元以下的罚款。

第二十五条 资质审批部门有下列情形之一的，由其上级主管部门或者监察机关责令改正，对直接负责的主管人员和其他直接责任人员依法给予行政处分；构成犯罪的，依法追究刑事责任：

（一）对不符合法定条件的企业颁发资质证书的；

（二）对符合法定条件的企业不予颁发资质证书的；

（三）对符合法定条件的企业未在法定期限内予以审批的；

（四）利用职务上的便利，收受他人财物或者其他好处的；

（五）不履行监督管理职责，或者发现违法行为不予查处的。

第二十六条 本办法自 2004 年 5 月 1 日起施行。

《全国物业管理从业人员岗位证书管理办法》

第一条 全国物业管理从业人员岗位证书（以下简称证书）是全国物业管理从业人员参加岗位培训合格证书和上岗资格证书，限持证者任职期间使用。

第二条 证书由建设部人事教育司统一印制，加盖建设部人事教育司证书专用章和住宅与房地产业司公章。证书在全国范围内通用。

第三条 证书由建设部人事教育司会同住宅与房地产业司统一管理，各省、自治区、直辖市建委（建设厅），各计划单列市建委（房管局）教育主管部门会同房地产主管部门具体管理。

第四条 物业管理企业经理证书由具有物业管理企业经理培训资格的培训机构直接向建设部人事教育司、住宅与房地产业司申领。

物业管理企业部门经理、管理员证书由各省、自治区、直辖市建委（建设厅），各计划单列市建委（房管局）统一到建设部人事教育司领取，各培训机构向各地建委（建设厅）教育主管部门和房地产主管部门申领。

申领证书时需提交以下材料：1. 教学计划；2. 培训总结；3. 培训登记；4. 学员岗位职务聘任证书复印件。

第五条 证书实行统一编号制度，编号共10位数。

经建设部统一认定的具有物业管理企业经理培训资格的培训机构负责物业管理企业经理证书的具体发放和统一编号工作，编号前四位为培训机构代码（另行规定），编号后六位从“000001”开始顺次编号。

各地建设教育主管部门会同房地产主管部门负责本行政区域内物业管理企业部门经理、管理员证书的发放和统一编号工作。编号前四位为“0+省、直辖市、自治区、计划单列市国家标准代码”，编号后六位从“000001”开始顺次编号。

第六条 证书实行动态管理、复检验证制度。复检验证工作按照属地原则由各地房地产管理部门会同建设教育主管部门具体管理，每3年进行一次。证书复检时必须查验持证者工作完成情况和接受继续教育情况，具体方法由各地根据情况自行制定、实施。

第七条 持证者必须接受规定的继续教育，由培训机构负责做好继续教育记录。

第八条 证书不得涂改、买卖、伪造。

第九条 本办法自 1999 年 1 月 1 日起实行。

《物业管理企业财务管理规定》

第一章　总　则

第一条　为了规范物业管理企业财务行为，有利于企业公平竞争，加强财务管理和经济核算，结合物业管理企业的特点及其管理要求，制定本规定。

除本规定另有规定外，物业管理企业执行《施工、房地产开发企业财务制度》。

第二条　本规定适用于中华人民共和国境内的各类物业管理企业（以下简称企业），包括国有企业、集体企业、私营企业、外商投资企业等各类经济性质的企业；有限责任公司、股份有限公司等各类组织形式的企业。

其他行业独立核算的物业管理企业也适用本规定。

第二章　代管基金

第三条　代管基金是指企业接受业主管理委员会或者物业产权人、使用人委托代管的房屋共用部位维修基金和共用设施设备维修基金。

房屋共用部位维修基金是指专项用于房屋共用部位大修理的资金。房屋的共用部位，是指承重结构部位（包括楼盖、屋顶、梁、柱、内外墙体和基础等）、外墙面、楼梯间、走廊通道、门厅、楼内存车库等。

共用设施设备维修基金是指专项用于共用设施和共用设备大修理的资金。共用设施设备是指共用的上下水管道、公用水箱、加压水泵、电梯、公用天线、供电干线、共用照明、暖气干线、消防设施、住宅区的道路、路灯、沟渠、池、井、室外停车场、游泳池、各类球场等。

第四条　代管基金作为企业长期负债管理。

代管基金应当专户存储，专款专用，并定期接受业主管理委员会或者物业产权人、使用人的检查与监督。

代管基金利息净收入应当经业主管理委员会或者物业产权人、使用人认可后转作代管基金滚存使用和管理。

第五条 企业有偿使用业主管理委员会或者物业产权人、使用人提供的管理用房、商业用房和共用设施设备，应当设立备查账簿单独进行实物管理，并按照国家法律、法规的规定或者双方签订的合同、协议支付有关费用（如租赁费、承包费等）。

管理用房是指业主管理委员会或者物业产权人、使用人向企业提供的办公用房。

商业用房是指业主管理委员会或者物业产权人、使用人向企业提供的经营用房。

第六条 企业支付的管理用房和商业用房有偿使用费，经业主管理委员会或者物业产权人、使用人认可后转作企业代管的房屋共用部位维修基金。企业支付的共用设施设备有偿使用费，经业主管理委员会或者物业产权人、使用人认可后转作企业代管的共用设施设备维修基金。

第三章 成本和费用

第七条 企业在从事物业管理活动中，为物业产权人、使用人提供维修、管理和服务等过程中发生的各项支出，按照国家规定计入成本、费用。

第八条 企业在从事物业管理活动中发生的各项直接支出，计入营业成本。营业成本包括直接人工费、直接材料费和间接费用等。实行一级成本核算的企业，可不设间接费用，有关支出直接计入管理费用。

直接人工费包括企业直接从事物业管理活动等人员的工资、奖金及职工福利费等。

直接材料费包括企业在物业管理活动中直接消耗的各种材料、辅助材料、燃料和动力、构配件、零件、低值易耗品、包装物等。

间接费用包括企业所属物业管理单位管理人员的工资、奖金及职工福利费、固定资产折旧费及修理费、水电费、取暖费、办公费、差旅费、邮电通讯费、交通运输费、租赁费、财产保险费、劳动保护费、保安费、绿化维护费、低值易耗品摊销及其他费用等。

第九条 企业经营共用设施设备，支付的有偿使用费，计入营业成本。

第十条 企业支付的管理用房有偿使用费，计入营业成本或者管理费用。

第十一条 企业对管理用房进行装饰装修发生的支出，计入递延资产，在有效使用期限内，分期摊入营业成本或者管理费用。

第十二条 企业可以于年度终了，按照年末应收账款余额的0.3～0.5%计提坏账准备金，计入管理费用。

企业发生的坏账损失，冲减坏账准备金。收回已核销的坏账，增加坏账准备金。

不计提坏账准备金的企业，发生的坏账损失，计入管理费用。收回已核销的坏账，冲减管理费用。

第四章 营业收入及利润

第十三条 营业收入是指企业从事物业管理和其他经营活动所取得的各项收入，包括主营业务收入和其他业务收入。

第十四条 主营业务收入是指企业在从事物业管理活动中，为物业产权人、使用人提供维修、管理和服务所取得的收入，包括物业管理收入、物业经营收入和物业大修收入。

物业管理收入是指企业向物业产权人、使用人收取的公共性服务费收入、公众代办性服务费收入和特约服务收入。

物业经营收入是指企业经营业主管理委员会或者物业产权人、使用人提供的房屋建筑物和共用设施取得的收入，如房屋出租收入和经营停车场、游泳池、各类球场等共用设施收入。

物业大修收入是指企业接受业主管理委员会或者物业产权人、使用人的委托，对房屋共用部位、共用设施设备进行大修取得的收入。

第十五条 企业应当在劳务已经提供，同时收讫价款或取得收取价款的凭证时确认为营业收入的实现。

物业大修收入应当经业主管理委员会或者物业产权人、使用人签证认可后，确认为营业收入的实现。

企业与业主管理委员会或者物业产权人、使用人双方签订付款合同或协议的，应当根据合同或者协议所规定的付款日期确认为营业收入的实现。

第十六条 企业利润总额包括营业利润、投资净收益、营业外收支净额以及补贴收入。

第十七条 补贴收入是指国家拨给企业的政策性亏损补贴和其他补贴。

第十八条 营业利润包括主营业务利润和其他业务利润。

主营业务利润是指主营业务收入减去营业税金及附加，再减去营业成本、管理费用及财务费用后的净额。

营业税金及附加包括营业税、城市维护建设税和教育费附加。

其他业务利润是指其他业务收入减去其他业务支出和其他业务缴纳的税金及附加后的净额。

第十九条 其他业务收入是指企业从事主营业务以外的其他业务活动所取得的收入，包括房屋中介代销手续费收入、材料物资销售收入、废品回收收入、商业用房经营收入及无形资产转让收入等。

商业用房经营收入是指企业利用业主管理委员会或者物业产权人、使用人提供的商业用房，从事经营活动取得的收入，如开办健身房、歌舞厅、美容美发屋、商店、饮食店等经营收入。

第二十条 其他业务支出是指企业从事其他业务活动所发生的有关成本和费用支出。

企业支付的商业用房有偿使用费，计入其他业务支出。

企业对商业用房进行装饰装修发生的支出，计入递延资产，在有效使用期限内，分期摊入其他业务支出。

第五章 附 则

第二十一条 本规定自 1998 年 1 月 1 日起施行。

第二十二条 本规定由财政部负责解释和修订。

《物业服务收费管理办法》

第一条 为规范物业服务收费行为，保障业主和物业管理企业的合法权益，根据《中华人民共和国价格法》和《物业管理条例》，制定本办法。

第二条 本办法所称物业服务收费，是指物业管理企业按照物业服务合同的约定，对房屋及配套的设施设备和相关场地进行维修、养护、管理，维护相关区域内的环境卫生和秩序，向业主所收取的费用。

第三条 国家提倡业主通过公开、公平、公正的市场竞争机制选择物业管理企业，鼓励物业管理企业开展正当的价格竞争，禁止价格欺诈，促进物业服务收费通过市场竞争形成。

第四条 国务院价格主管部门会同国务院建设行政主管部门负责全国物业服务收费的监督管理工作。

县级以上地方人民政府价格主管部门会同同级房地产行政主管部门负责本行政区域内物业服务收费的监督管理工作。

第五条 物业服务收费应当遵循合理、公开以及费用与服务水平相适应的原则。

第六条 物业服务收费应当区分不同物业的性质和特点分别实行政府指导价和市场调节价。具体定价形式由省、自治区、直辖市人民政府价格主管部门会同房地产行政主管部门确定。

第七条 物业服务收费实行政府指导价的，有定价权限的人民政府价格主管部门应当会同房地产行政主管部门根据物业管理服务等级标准等因素，制定相应的基准价及其浮动幅度，并定期公布。具体收费标准由业主与物业管理企业根据规定的基准价和浮动幅度在物业服务合同中约定。

实行市场调节价的物业服务收费，由业主与物业管理企业在物业服务合同中约定。

第八条 物业管理企业应当按照政府价格主管部门的规定实行明码标价，在物业管理区域内的显著位置，将服务内容、服务标准以及收费项目、收费标准等有关情况进行公示。

第九条 业主与物业管理企业可以采取包干制或者酬金制等形式约定物业服务费用。

包干制是指由业主向物业管理企业支付固定物业服务费用，盈余或者亏损均由物业管理企业享有或者承担的物业服务计费方式。

酬金制是指在预收的物业服务资金中按约定比例或者约定数额提取酬金支付给物业管理企业，其余全部用于物业服务合同约定的支出，结余或者不足均由业主享有或者承担的物业服务计费方式。

第十条 建设单位与物业买受人签订的买卖合同，应当约定物业管理服务内容、服务标准、收费标准、计费方式及计费起始时间等内容，涉及物业买受人共同利益的约定应当一致。

第十一条 实行物业服务费用包干制的，物业服务费用的构成包括物业服务成本、法定税费和物业管理企业的利润。

实行物业服务费用酬金制的，预收的物业服务资金包括物业服务支出和物业管理企业的酬金。

物业服务成本或者物业服务支出构成一般包括以下部分：

1. 管理服务人员的工资、社会保险和按规定提取的福利费等；
2. 物业共用部位、共用设施设备的日常运行、维护费用；
3. 物业管理区域清洁卫生费用；
4. 物业管理区域绿化养护费用；
5. 物业管理区域秩序维护费用；
6. 办公费用；
7. 物业管理企业固定资产折旧；
8. 物业共用部位、共用设施设备及公众责任保险费用；
9. 经业主同意的其他费用。

物业共用部位、共用设施设备的大修、中修和更新、改造费用，应当通过专项维修资金予以列支，不得计入物业服务支出或者物业服务成本。

第十二条 实行物业服务费用酬金制的，预收的物业服务支出属于代管性质，为所缴纳的业主所有，物业管理企业不得将其用于物业服务合同约定以外的支出。

物业管理企业应当向业主大会或者全体业主公布物业服务资金年度预决算并每年不少于一次公布物业服务资金的收支情况。

业主或者业主大会对公布的物业服务资金年度预决算和物业服务资金的收支情况提出质询时，物业管理企业应当及时答复。

第十三条 物业服务收费采取酬金制方式，物业管理企业或者业主大会可以按照物业服务合同约定聘请专业机构对物业服务资金年度预决算和物业服务资金的收支情况进行审计。

第十四条 物业管理企业在物业服务中应当遵守国家的价格法律法规，严格履行物业服务合同，为业主提供质价相符的服务。

第十五条 业主应当按照物业服务合同的约定按时足额缴纳物业服务费用或者物业服务资金。业主违反物业服务合同约定逾期不缴纳服务费用或者物业服务资金的，业主委员会应当督促其限期缴纳；逾期仍不缴纳的，物业管理企业可以依法追缴。

业主与物业使用人约定由物业使用人缴纳物业服务费用或者物业服务资金的，从其约定，业主负连带缴纳责任。

物业发生产权转移时，业主或者物业使用人应当结清物业服务费用或者物业服务资金。

第十六条 纳入物业管理范围的已竣工但尚未出售，或者因开发建设单位原因未按时交给物业买受人的物业，物业服务费用或者物业服务资金由开发建设单位全额缴纳。

第十七条 物业管理区域内，供水、供电、供气、供热、通讯、有线电视等单位应当向最终用户收取有关费用。物业管理企业接受委托代收上述费用的，可向委托单位收取手续费，不得向业主收取手续费等额外费用。

第十八条 利用物业共用部位、共用设施设备进行经营的，应当在征得相关业主、业主大会、物业管理企业的同意后，按照规定办理有关手续。业主所得收益应当主要用于补充专项维修资金，也可以按照业主大会的决定使用。

第十九条 物业管理企业已接受委托实施物业服务并相应收取服务费用的，其他部门和单位不得重复收取性质和内容相同的费用。

第二十条 物业管理企业根据业主的委托提供物业服务合同约定以外的服务，服务收费由双方约定。

第二十一条 政府价格主管部门会同房地产行政主管部门，应当加强对物业管理企业的服务内容、标准和收费项目、标准的监督。物业管理企业违反价格法律、法规和规定，由政府价格主管部门依据《中华人民共和国价格法》和《价格违法行为行政处罚规定》予以处罚。

第二十二条 各省、自治区、直辖市人民政府价格主管部门、房地产行政主管部门可以依据本办法制定具体实施办法，并报国家发展和改革委员会、建设部备案。

第二十三条 本办法由国家发展和改革委员会会同建设部负责解释。

第二十四条 本办法自2004年1月1日起执行，原国家计委、建设部印发的《城市住宅小区物业管理服务收费暂行办法》（计价费〔1996〕266号）同时废止。

《物业服务收费明码标价规定》

第一条 为进一步规范物业服务收费行为，提高物业服务收费透明度，维护业主和物业管理企业的合法权益，促进物业管理行业的健康发展，根据《中华人民共和国价格法》《物业管理条例》和《关于商品和服务实行明码标价的规定》，制定本规定。

第二条 物业管理企业向业主提供服务（包括按照物业服务合同约定提供物业服务以及根据业主委托提供物业服务合同约定以外的服务），应当按照本规定实行明码标价，标明服务项目、收费标准等有关情况。

第三条 物业管理企业实行明码标价，应当遵循公开、公平和诚实信用的原则，遵守国家价格法律、法规、规章和政策。

第四条 政府价格主管部门应当会同同级房地产主管部门对物业服务收费明码标价进行管理。政府价格主管部门对物业管理企业执行明码标价规定的情况实施监督检查。

第五条 物业管理企业实行明码标价应当做到价目齐全，内容真实，标示醒目，字迹清晰。

第六条 物业服务收费明码标价的内容包括：物业管理企业名称、收费对象、服务内容、服务标准、计费方式、计费起始时间、收费项目、收费标准、价格管理形式、收费依据、价格举报电话12358等。

实行政府指导价的物业服务收费应当同时标明基准收费标准、浮动幅度，以及实际收费标准。

第七条 物业管理企业在其服务区域内的显著位置或收费地点，可采取公示栏、公示牌、收费表、收费清单、收费手册、多媒体终端查询等方式实行明码标价。

第八条 物业管理企业接受委托代收供水、供电、供气、供热、通讯、有线电视等有关费用的，也应当依照本规定第六条、第七条的有关内容和方式实行明码标价。

第九条 物业管理企业根据业主委托提供的物业服务合同约定以外的服

务项目，其收费标准在双方约定后应当以适当的方式向业主进行明示。

第十条 实行明码标价的物业服务收费的标准等发生变化时，物业管理企业应当在执行新标准前一个月，将所标示的相关内容进行调整，并应标示新标准开始实行的日期。

第十一条 物业管理企业不得利用虚假的或者使人误解的标价内容、标价方式进行价格欺诈。不得在标价之外，收取任何未予标明的费用。

第十二条 对物业管理企业不按规定明码标价或者利用标价进行价格欺诈的行为，由政府价格主管部门依照《中华人民共和国价格法》《价格违法行为行政处罚规定》《关于商品和服务实行明码标价的规定》《禁止价格欺诈行为的规定》进行处罚。

第十三条 本规定自2004年10月1日起施行。

《机动车停放服务收费管理办法》

第一条 为加强机动车停放服务收费管理，规范机动车停放服务收费行为，保护车主和机动车停放业务经营者的合法权益，促进汽车消费，根据《中华人民共和国价格法》等有关法律、法规规定，制定本办法。

第二条 凡在中华人民共和国境内依法经营机动车停放业务的单位和个人，均应遵守本办法。

第三条 县级以上地方人民政府价格主管部门负责机动车停放服务收费方面的管理工作。

第四条 机动车停放服务收费实行统一政策、分级管理的原则。国务院价格主管部门统一负责全国机动车停放服务收费管理政策的制定；各省、自治区、直辖市人民政府价格主管部门负责制定本行政区域内机动车停放服务收费实施细则；机动车停放场所所在城市人民政府价格主管部门负责制定机动车停放服务收费具体标准。

第五条 机动车停放服务收费实行市场调节价、政府指导价、政府定价3种定价形式。

（一）具有自然垄断经营性质的机动车停放服务（机场、码头、车站、旅游景点、住宅区的露天或地下配套停车场等停放服务）收费，实行政府指导价或政府定价。具体定价形式由各省、自治区、直辖市人民政府价格主管部门根据本行政区域内机动车保有量和停放服务供求关系确定。

（二）非自然垄断经营性质的机动车停放服务（商场、娱乐场所、宾馆酒店、写字楼等建筑物的配套停车场等停放服务）收费，实行市场调节价。

第六条 实行政府指导价或政府定价的机动车停放服务收费标准的制定或调整，由经营者提出书面申请，报所在地人民政府价格主管部门批准后执行。

第七条 政府价格主管部门在制定机动车停放服务收费标准时，应综合考虑停车场所设施等级、地理位置、服务条件、供求关系及社会各方面承受能力等因素。

（一）具有自然垄断经营性质的机动车停放服务收费标准按照补偿合理经营成本、依法纳税、保本微利的原则核定。

（二）非自然垄断经营性质的机动车停放服务收费标准按照补偿合理经营成本、依法纳税的原则核定。

（三）经营成本按照停车场维护、管理所需支出，在合理定岗、定员的基础上确定。各省、自治区、直辖市人民政府价格主管部门应结合本地区停车场发展的实际情况，制定规范停车场经营成本的指导性意见，指导停车场经营企业加强管理，降低成本。

（四）交通肇事、违章被强制拖离现场车辆，应按就近停放的原则处置，其收费标准按所停放停车场所的标准执行。

第八条　在保证交通畅通，不影响社会治安环境的条件下，鼓励设置临时性免费停车场所，鼓励社会公益性场所提供免费停车服务。

第九条　机动车停放服务收费可实行按车辆占用停车场面积大小分别计费的办法，也可实行按停放时段不同分别计费的办法。

第十条　机动车停放服务收费计时单位，由各地根据实际情况确定，可以分别实行按小时、天、月或年为单位计费；也可以根据供求关系实行累进或递减等差别计费办法。

第十一条　地方人民政府价格主管部门制定涉及面广和调整有争议、社会反应强烈的部分停车场收费标准，必要时可召开听证会，广泛听取社会各方面意见。

第十二条　机动车停放服务收费实行明码标价制度。经营者应当按照《价格法》和国家计委《关于商品和服务实行明码标价的规定》，在机动车停放场所及收费地点醒目位置设置明码标价牌，标明停放车辆类型、服务内容、计费单位、收费标准和投诉、举报电话，接受社会监督。

第十三条　各级人民政府价格主管部门应依法加强对机动车停放服务收费的监督检查。违反本办法规定的，由各级人民政府价格主管部门按照《价格法》和《价格违法行为行政处罚规定》进行查处。

第十四条　对社会反应强烈，明显不合理的机动车停放服务收费，所在地人民政府价格主管部门应及时纠正；所在地人民政府价格主管部门未及时纠正的，上级人民政府价格主管部门有权责令改正，并通报批评。

第十五条 本办法由国家发展计划委员会负责解释。

第十六条 本办法自2000年9月1日起施行。

《住宅共用部位共用设施设备维修基金管理办法》

第一条 为了贯彻落实《国务院关于进一步深化城镇住房制度改革加快住房建设的通知》(国发〔1998〕23号),保障住房售后的维修管理,维护住房产权人和使用人的共同利益,制定本办法。

第二条 在直辖市、市、建制镇和未设镇建制的工矿区范围内,新建商品住房(包括经济适用住房,以下简称商品住房)和公有住房出售后的共用部位、共用设施设备维修基金的管理,均适用本办法。

本办法所称公有住房是指在住房制度改革和拆迁安置中向个人出售的公有住房。

第三条 本办法所称共用部位是指住宅主体承重结构部位(包括基础、内外承重墙体、柱、梁、楼板、屋顶等)、户外墙面、门厅、楼梯间、走廊通道等。

共用设施设备是指住宅小区或单幢住宅内,建设费用已分摊进入住房销售价格的共用的上下水管道、落水管、水箱、加压水泵、电梯、天线、供电线路、照明、锅炉、暖气线路、煤气线路、消防设施、绿地、道路、路灯、沟渠、池、井、非经营性车场车库、公益性文体设施和共用设施设备使用的房屋等。

第四条 凡商品住房和公有住房出售后都应当建立住宅共用部位、共用设施设备维修基金(以下简称维修基金)。

维修基金的使用执行《物业管理企业财务管理规定》(财政部财基字〔1998〕7号),专项用于住宅共用部位、共用设施设备保修期满后的大修、更新、改造。

第五条 商品住房在销售时,购房者与售房单位应当签订有关维修基金缴交约定。购房者应当按购房款2%~3%的比例向售房单位缴交维修基金。售房单位代为收取的维修基金属全体业主共同所有,不计入住宅销售收入。

维修基金收取比例由省、自治区、直辖市人民政府房地产行政主管部门确定。

第六条 公有住房售后的维修基金来源于两部分：

1. 售房单位按照一定比例从售房款中提取，原则上多层住宅不低于售房款的20%，高层住宅不低于售房款的30%。该部分基金属售房单位所有。

2. 购房者按购房款2%的比例向售房单位缴交维修基金。售房单位代为收取的维修基金属全体业主共同所有，不计入住宅销售收入。

公有住房售后维修基金管理与使用的具体办法，由市、县财政部门和房地产行政主管部门共同制定，经当地人民政府批准后实施。

第七条 维修基金应当在银行专户存储，专款专用。为了保证维修基金的安全，维修基金闲置时，除可用于购买国债或者用于法律、法规规定的其他范围外，严禁挪作他用。

维修基金明细户一般按单幢住宅设置，具体办法由市、县房地产行政主管部门制定。

第八条 维修基金自存入维修基金专户之日起按规定计息。维修基金利息净收益转作维修基金滚存使用和管理。

第九条 在业主办理房屋权属证书时，商品住房销售单位应当将代收的维修基金移交给当地房地产行政主管部门代管。

第十条 业主委员会成立后，经业主委员会同意，房地产行政主管部门将维修基金移交给物业管理企业代管。物业管理企业代管的维修基金，应当定期接受业主委员会的检查与监督。

第十一条 业主委员会成立前，维修基金的使用由售房单位或售房单位委托的管理单位提出使用计划，经当地房地产行政主管部门审核后划拨。业主委员会成立后，维修基金的使用由物业管理企业提出年度使用计划，经业主委员会审定后实施。

维修基金不敷使用时，经当地房地产行政主管部门或业主委员会研究决定，按业主占有的住宅建筑面积比例向业主续筹。具体办法由市、县人民政府制定。

第十二条 物业管理企业发生变换时，代管的维修基金账目经业主委员会审核无误后，应当办理账户转移手续。账户转移手续应当自双方签字盖章之日起十日内送当地房地产行政主管部门和业主委员会备案。

第十三条 业主转让房屋所有权时，结余维修基金不予退还，随房屋所有权同时过户。

第十四条 因房屋拆迁或者其他原因造成住房灭失的，维修基金代管单位应当将维修基金账面余额按业主个人缴交比例退还给业主。

第十五条 各级房地产行政主管部门和财政部门负责指导、协调、监督维修基金的管理与使用。

市、县财政部门和房地产行政主管部门应当制定维修基金使用计划报批管理制度、财务预决算管理制度、审计监督制度以及业主的查询和对账制度等。

第十六条 业主或使用人、物业管理企业、开发建设单位之间就维修基金发生纠纷的，当事人可以通过协商、协调解决，协商、协调不成的，可以依法向仲裁机构申请仲裁，或者向人民法院起诉。

第十七条 公有住房售房单位未按照本办法规定足额提取维修基金的，财政部门和房地产行政主管部门应当责令其限期补提维修基金本息；逾期仍不足额提取的，应当处以自应提取之日起未提取额每日万分之三的罚款。

第十八条 维修基金代管单位违反本办法规定，挪用维修基金或者造成维修基金损失的，由当地财政部门和房地产行政主管部门按规定进行处理。情节严重的，应追究直接责任人员和领导人员的行政责任；构成犯罪的，应依法追究刑事责任。

第十九条 本办法实施前，商品住房和公有住房出售后未建立维修基金或维修基金的建立标准低于本办法规定的，当地房地产行政主管部门和财政部门应当按照本办法规定制定建立或补充维修基金的具体办法。

第二十条 公有住房出售后维修基金的财务管理按照财政部的有关规定执行。

第二十一条 省、自治区、直辖市人民政府房地产行政主管部门会同财政部门可以根据本办法制定实施细则。

第二十二条 非住宅商品房维修基金的管理可以参照本办法执行。

第二十三条 本办法由建设部负责解释。

第二十四条 本办法自 1999 年 1 月 1 日起实行。原有的有关政策和规定，凡与本办法不一致的，一律以本办法为准。

《北京市住宅物业管理服务标准》

一、普通商品住宅物业管理服务标准

（一）综合管理

小区规划红线范围内，涉及共用财产和公共事务的管理：

（1）负责制订物业管理服务工作计划，并组织实施；

（2）每年一次对房屋及设施设备进行安全普查，根据普查结果制订维修计划，组织实施；

（3）白天有专职管理员接待住户，处理服务范围内的公共性事务，受理住户的咨询和投诉；夜间有人值班，处理急迫性报修，水、电等急迫性报修半小时内到现场；

（4）协助召开业主大会并配合其运作；

（5）管理规章制度健全，服务质量标准完善，物业管理档案资料齐全；

（6）与业主签订物业服务合同等手续；公开服务标准、收费依据及标准；

（7）应用计算机系统对业主及房产档案、物业管理服务及收费情况进行管理；

（8）全体员工统一着装，佩戴有相片胸卡，持证上岗；

（9）每年进行一次物业管理服务满意率调查，促进管理服务工作的改进和提高，征求意见用户不低于总户数80%；

（10）建立起应对各种公共突发事件的处理机制和预案，包括组织机构、人员和具体措施等，一旦发生，能随时投入运行。

（二）房屋及小区共用部位共用设施设备日常维护

按《北京市住宅公共维修基金使用管理办法》中附件一：共用部位共用设施设备一般应包括的范围的内容为准；不包括另行收费的设备设施，如电梯、水泵、暖气等设备确保居住小区内楼房共用部位共用设施设备、基本市政设施的正常使用运行和小修养护，包括：

（1）楼房及小区内共用部位、共用设施及设备的日常养护和小修，执行《房屋及其设备小修服务标准》；

（2）保证护栏、围墙、桌、椅、楼道灯、绿化设施等公共设施、设备正常使用；道路、甬路、步道、活动场地达到基本平整，边沟涵洞通畅；

（3）确保雨水、污水管道保持通畅，定期清淘化粪池、雨水井，相关设施无破损；

（4）负责小区智能化设施的日常运行维护；

（5）定期清洗外墙。

（三）绿化

小区规划红线范围内的中心绿地和房前、屋后，道路两侧区间绿地按市园林局规定的《二级养护标准》养护。

（四）保洁

小区规划红线以内，业主户门以外维护和保持服务范围内的清洁卫生，包括：

（1）有健全的保洁制度，清洁卫生实行责任制，有明确的分工和责任范围；

（2）设定垃圾集纳地点，并每日将服务范围内的垃圾归集到垃圾楼、站，对垃圾（专用）楼、站、箱、道、桶及垃圾进行管理；

（3）每日对保洁服务范围内的区域进行一次清扫，做到服务范围内无废弃杂物；

（4）对楼梯间、门厅、电梯间、走廊等的门、窗、楼梯扶手、栏杆、墙壁等，进行一周一次清扫；

（5）按政府有关规定向服务范围内喷洒、投放灭鼠药、消毒剂、除虫剂；

（6）在雨、雪天气应及时对小区内主路、干路积水、积雪进行清扫；

（7）发生突发公共卫生事件时，应迅速组织人员对物业的共用部位共用设施设备进行通风、清洗和消毒，加强对业主的宣传，维持正常的生活秩序。

（五）公共秩序维护

小区规划红线以内，业主户门以外公共区域的秩序维护和公共财产的看管，包括：

（1）相对封闭：做到小区主要出入口昼夜有专人值守，危及人身安全处有明显标志和防范措施；

（2）维护交通秩序：包括对机动车辆和非机动车辆的行驶方向、速度、临时停放位置进行管理，保持车辆行驶通畅；

（3）看管公共财产：包括楼内的门、窗、消防器材及小区的井盖、雨箅子、花、草、树木、果实等；

（4）夜间对服务范围内重点部位、道路进行不少于一次的防范检查和巡逻，巡逻不少于2人，做到有计划、有记录；

（5）有发生治安案件、刑事案件、交通事故的处置预案，发生时，应立即采取措施，并及时报警和配合公安部门进行处理。

（六）停车管理

机动车辆、非机动车辆在停车场（存车处）、位的管理：

（1）有健全的机动车、非机动车存车管理制度和管理方案；

（2）对进入小区的机动车辆进行登记发放凭证，出门凭证放行；

（3）保证停车有序，24小时设专人看管，有发生紧急情况预案；

（4）长期存放的车辆，应签订停车管理服务协议，明确双方的权利义务等。

（七）消防管理

公共区域消防设施的维护及消防管理：

（1）有健全的消防管理制度，建立消防责任制及火灾消防预案；

（2）消防设施有明显标志，定期对消防设施进行巡视、检查和维护；

（3）定期进行消防训练，保证有关人员掌握消防基本技能；

（4）发生火灾，及时报警，协助消防人员疏散、救助人员等。

（八）高压供水

养护、运行、维修：

（1）保证居民正常生活用水；有停水处置预案；

（2）水箱盖上锁并定期清洗消毒，确保水质合格；

（3）维修服务标准执行京房地修字〔1998〕第799号文件规定；

（4）发生突发公共卫生事件时，要加强对供水系统的消毒，禁止无关人员进入高压水泵机房，接近高位水箱。

（九）电梯

养护、运行、维护：

（1）主梯6：00～24：00不间断运行，0：00～6：00呼叫运行，电梯工夜间值班，并在候梯厅公布呼叫电话或房号。凡是楼层中设有电梯门的，均须开启载客；

（2）凡有高峰梯的，在高峰期6：00～8：00、17：00～19：00与主梯同时运行；

（3）主梯维修时，有备用梯的，用备用梯运行，无备用梯的，属急迫性维修的，应在30分钟内抢修完工，其他维修应于23：00至次日5：00以内完工；有发生紧急情况时的处置预案；维修服务标准执行京房地修字〔1998〕第799号文件规定；

（4）一旦发生电梯停电关人、夹人等危险情况时，应迅速组织救助。

（十）装修管理服务

房屋装饰装修管理：

（1）有健全的装修管理服务制度；

（2）查验业主装修方案，与业主、施工单位签订装修管理协议，告知业主装修注意事项；

（3）装修期间，对装修现场进行巡视与检查，严格治安、消防和房屋安全管理；对进出小区的装修车辆、装修人员实行出入证管理，调解因装修引发的邻里纠纷；

（4）业主装修结束后，应进行检查。对违反装修协议的要进行处理，问题严重的上报行政管理部门；

（5）及时清运装修垃圾，集中堆放时间不得超过3天。

二、经济适用房、直管和自管公房、危旧房改造回迁房管理服务标准

（一）综合管理

小区规划红线范围内，涉及共用财产和公共事务的管理：

（1）负责制订物业管理服务工作计划，并组织实施；

（2）每年一次对房屋及设施设备进行安全普查，根据普查结果制订维修计划，组织实施；

（3）白天有专职管理员接待住户，处理服务范围内的公共性事务，受理

住户的咨询和投诉；夜间有人值班，处理急迫性报修，水、电等急迫性报修半小时内到现场；

（4）协助召开业主大会并配合其运作；

（5）管理规章制度健全，服务质量标准完善，物业管理档案资料基本齐全；

（6）与业主签订物业服务合同等手续，公开服务标准、收费依据及标准；

（7）全体员工统一佩戴有相片胸卡，持证上岗；

（8）每年进行一次物业管理服务满意率调查，促进管理服务工作的改进和提高，征求意见户数不低于总户数60%；

（9）建立起应对各种公共突发事件的处理机制和预案，包括组织机构、人员和具体措施等，一旦发生，能随时投入运行。

（二）房屋及小区共用部位共用设施设备日常维护

按《北京市住宅公共维修基金使用管理办法》中附件一：共用部位共用设施设备一般以应包括的范围的内容为准；不包括另行收费的设备设施，如电梯、水泵、供暖等设备。

（1）楼房及小区内共用部位、共用设施设备的日常养护和小修，执行《房屋及其设备小修服务标准》；

（2）保证护栏、围墙、楼道灯、绿化设施等公共设施、设备正常使用；

（3）确保雨水、污水管道保持通畅，定期清淘化粪池、雨水井，相关设施无破损。

（三）绿化

小区规划红线范围内的中心绿地和房前、屋后，道路两侧区间绿地按市园林局规定的《三级养护标准》养护。

（四）保洁

小区规划红线以内，业主户门以外

（1）设定垃圾集纳地点，并每日将服务范围内的垃圾归集到垃圾楼、站，对垃圾（专用）楼、站、箱、道、桶及垃圾进行管理；

（2）每日对保洁服务范围内的区域进行一次清扫，做到服务范围内基本无废弃杂物；

（3）按规定进行消毒、灭鼠等活动；

（4）在雨、雪天气应及时对小区内主路、干路积水、积雪进行清扫；

（5）发生突发公共卫生事件时，应迅速组织人员对物业的共用部位、共用设施设备进行通风、清洗和消毒，加强对业主的宣传，维持正常的生活秩序。

（五）公共秩序维护

小区规划红线以内，业主户门以外

（1）相对封闭：做到小区主要出入口全天有专人值守，危及人身安全处有明显标志和防范措施；

（2）维护交通秩序：包括对机动车辆和非机动车辆的行驶方向、速度进行管理，保持车辆行驶通畅；

（3）发生治安案件、刑事案件、交通事故时，应及时报警，并配合公安部门进行处理。

（六）存车管理

机动车辆、非机动车辆在停车场（存车处）、位的看管

（1）有机动车、非机动车存车管理制度和管理方案；

（2）对进入小区的机动车辆进行登记发放凭证，出门凭证放行；

（3）保证停车有序，24 小时设专人看管；

（4）长期存放的，应签订存车协议，明确双方的权利义务等。

（七）消防管理

公共区域消防设施的维护及消防管理

（1）有消防管理制度，建立消防责任制；

（2）消防设施有明显标志，定期对消防设施进行巡视、检查和维护；

（3）定期进行消防训练，保证有关人员掌握消防基本技能；

（4）发生火灾，及时报警，协助消防人员疏散、救助人员等。

（八）高压供水

养护、运行、维修

（1）保证居民正常生活用水，有停水处置预案；

（2）水箱盖上锁并定期清洗消毒，确保水质合格；

（3）维修服务执行京房地修字〔1998〕第799号文件规定；

（4）发生突发公共卫生事件时，要加强对供水系统的消毒，禁止无关人员进入高压水泵机房，接近高位水箱。

（九）电梯

养护、运行、维护

（1）主梯6：00～24：00不间断运行，0：00～6：00呼叫运行，电梯工夜间值班，候梯厅公布呼叫电话或房号，凡是楼层设有电梯门的，均须开启载客；

（2）凡有高峰梯的，在高峰期6：00～8：00、17：00～19：00与主梯同时运行；

（3）主梯维修时，用备用梯运行；无备用梯的，属急迫性维修的，应在30分钟内抢修完工，其他维修应于23：00至次日5：00以内完工，有发生紧急情况时的处置预案；

（4）维修服务标准执行京房地修字〔1998〕第799号文件规定；

（5）一旦发生电梯停电关人、夹人等危险情况时，应迅速组织救助。

（十）装修管理服务

房屋装饰装修管理

（1）有健全的装修管理服务制度；

（2）查验业主装修方案，与业主、施工单位签订装修管理协议，告知业主装修注意事项；

（3）装修期间，对装修现场进行巡视与检查，严格治安、消防和房屋安全管理，对进出小区的装修车辆、装修人员实行出入证管理，调解因装修引发的邻里纠纷；

（4）业主装修结束后，应进行检查。对违反装修协议的要进行处理，问题严重的报行政管理部门；

（5）及时清运装修垃圾，集中堆放时间不得超过三天。

《北京市物业管理招标投标办法》

第一章　总　则

第一条　为规范我市物业管理招标投标活动，根据国家及本市规定，制定本办法。

第二条　物业管理招标投标应当遵循公开、公平、公正和诚实信用的原则。

第二章　招　标

第三条　物业管理招标人是依法提出招标项目，进行招标的开发建设单位、业主大会或产权人。

物业管理招标由招标人依法组织实施。招标人可以自行组织实施招标活动，也可以委托招标代理机构办理招标事宜。

物业管理招标代理机构应当在招标人委托的范围内办理招标事宜，并遵守本办法对招标人的有关规定。未经招标人同意，招标代理机构不得转让代理业务。

招标代理机构不得为投标人提供其所代理的招标项目的咨询服务。

第四条　物业管理招标分为公开招标和邀请招标。

招标人采取公开招标方式的，应当在公共媒介上发布招标公告，并同时在北京市国土资源和房屋管理局（以下简称市国土房管局）网站上发布免费招标公告。

招标公告应当载明招标人的名称、地址，招标项目的基本情况、联系人、联系方法以及获取招标文件的办法等事项。

招标人采取邀请招标方式的，应当向 5 家以上物业管理企业发出投标邀请书，投标邀请书应当包含前款规定的事项。

第五条　招标人对投标人进行资格预审的，应当在招标公告或者投标邀请书中载明资格预审的条件和获取资格预审文件的方法。

资格预审后的投标人一般不少于5个。

第六条 招标人应当根据招标项目的特点和需要，在招标前完成招标文件的编制。

招标文件应包括以下内容：

（一）招标人及招标项目简介；

（二）物业管理服务内容及要求；

（三）对投标人及投标书的要求；

（四）评标方法和标准；

（五）物业服务合同的签订说明；

（六）其他事项的说明及法律法规规定的其他内容。

第七条 前期物业管理招标的招标人应当在发布招标公告或者发出投标邀请书之前，到北京市居住小区管理办公室备案；业主大会招标的，到项目所在区、县国土资源和房屋管理局备案。备案时，招标人应填写《北京市物业管理招投标活动备案表一》并提交以下材料：

（一）招标人资格证明文件（政府主管部门核发的项目建议书批复文件、产权证明或业主大会决议）；

（二）招标公告或者投标邀请书；

（三）招标文件；

（四）法律、法规规定的其他材料。

招标人委托招标代理机构的，还应提交委托书。

第八条 公开招标的物业管理项目，自招标文件发出之日起至投标人提交投标文件截止之日止，最短不得少于20日。

招标人对已发出的招标文件进行必要的澄清或者修改的，应当在招标文件要求提交投标文件的截止时间至少15日前，以书面形式通知所有的招标文件收受人。该澄清或者修改的内容为招标文件的组成部分。

第九条 招标人根据物业项目的具体情况，可以组织投标申请人踏勘物业项目现场，并提供隐蔽工程图纸等详细资料。如招标人对投标申请人提出疑问的澄清内容造成招标文件的实质性修改，招标人应以书面形式发送给所有的招标文件收受人。

第十条　招标人不得向他人透露已获取招标文件的潜在投标人的名称、数量以及可能影响公平竞争的有关招标投标的其他情况。

招标人设有标底的，标底在开标前必须保密。

在确定中标人前，招标人不得与投标人就投标价格、投标方案等实质内容进行谈判。

第十一条　通过招投标方式选择物业管理企业的，招标人应当按照以下规定时限完成：

（一）新建现售商品房物业应当在现售前30日完成；

（二）预售商品房物业应当在取得《商品房预售许可证》之前完成；

（三）自用物业，应当在入住前3个月完成；

（四）更换物业管理公司的物业招标投标工作，应在原（前期）物业服务合同终止前3个月完成。

第三章　投　标

第十二条　本办法所称投标人是响应招标、参加投标竞争的物业管理企业。

投标人应当具有相应的物业管理企业资质和承担招标项目的能力；招标文件对投标人资格条件有规定的，投标人应当具备规定的资格条件。

第十三条　投标人应当按照招标文件的要求编制投标文件，投标文件应当对招标文件提出的实质性要求和条件作出响应。

投标文件应当包括以下内容：

（一）投标函；

（二）投标报价；

（三）物业管理方案；

（四）招标文件要求提供的其他材料。

第十四条　投标人应当在招标文件要求提交投标文件的截止时间前，将投标文件密封后送达招标文件指定地点。招标人收到投标文件后，应当向投标人出具标明签收人和签收时间的凭证，并妥善保存投标文件。在开标前，任何单位和个人均不得开启投标文件。在招标文件要求提交投标文件的截止时间后送达的投标文件，为无效的投标文件，招标人应当拒收。

第十五条 投标人在招标文件要求提交投标文件的截止时间前，可以补充、修改或者撤回已提交的投标文件，并书面通知招标人。补充、修改的内容为投标文件的组成部分，并应当按照本办法第十五条的规定送达、签收和保管。在招标文件要求提交投标文件的截止时间后送达的补充或者修改的内容无效。

第十六条 投标人不得以他人名义投标或者以其他方式弄虚作假，骗取中标。

投标人不得相互串通投标，不得排挤其他投标人的公平竞争，不得损害招标人和其他投标人的合法权益。

投标人不得与招标人串通投标，损害国家利益、社会公共利益或者他人的合法权益。

禁止投标人以向招标人或者评标委员会成员行贿等不正当手段谋取中标。

第四章 开标、评标和中标

第十七条 开标应当在招标文件确定的提交投标文件截止时间的同一时间公开进行；开标地点应当为招标文件中指定的地点。开标时，由所有投标人或者其推选的代表检查投标文件的密封情况。也可以由招标人委托的公证机构检查并公证；经确认无误后，由工作人员当众拆封，宣读投标人名称、投标报价和投标文件的其他主要内容。

开标过程应当记录，并存档备查。

第十八条 开标过程结束后应立即进入评标程序。评标由评标委员会负责。评标委员会由招标人代表和有关物业管理专家组成，成员人数为 5 人以上单数，其中招标人代表以外的物业管理方面的专家不得少于成员总数的 2/3。

市国土房管局建立北京市物业管理评标专家库。

评标委员会的专家人员，应当由招标人在开标前 3 日内从市国土房管局组建的专家库中以随机抽取的方式确定。

第十九条　有下列情形之一的，不得担任评标委员会成员：

（一）投标人或者投标人主要负责人的近亲属；

（二）与投标人有经济利益关系的；

（三）曾因在招标、评标以及其他与招标投标有关活动中从事违法行为而受过行政处罚或刑事处罚的。

评标委员会成员有前款规定情形之一的，应当主动提出回避。

第二十条　评标委员会成员的名单在开标前应严格保密。

评标委员会成员应当客观、公正地履行职责，遵守职业道德，对所提出的评审意见承担个人责任。

评标委员会成员不得与任何投标人或者与招标结果有利害关系的人进行私下接触，不得收受投标人、中介人、其他利害关系人的财物或者其他好处。

第二十一条　招标人应当保证评标在严格保密的情况下进行。

评标委员会成员和与评标活动有关的工作人员不得透露对投标文件的评审和比较、中标候选人的推荐情况以及与评标有关的其他情况。

前款所称与评标活动有关的工作人员，是指评标委员会成员以外的因参与评标监督工作或者事务性工作而知悉有关评标情况的所有人员。

第二十二条　评标委员会可以书面方式或者现场答辩的方式要求投标人对投标文件中含义不明确、对同类问题表述不一致或者有明显文字和计算错误的内容作必要的澄清和说明或者补正。但其内容不得超出投标文件的范围或改变投标文件的实质性内容。

第二十三条　投标人资格条件不符合国家有关规定和招标文件要求的或者拒不按照要求对投标文件进行澄清、说明或者补正的，评标委员会可以否决其投标。

评标委员会应当审查每一投标文件是否对招标文件提出的所有实质性要求和条件作出响应。未能在实质上响应的投标，应作废标处理。

评标委员会发现投标人的报价明显低于其他投标报价或者在设有标底时明显低于标底，使得其投标报价可能低于其成本的，应当要求该投标人作出书面说明并提供相关证明材料。投标人不能合理说明或者不能提供相关证明材料的，由评标委员会认定该投标人以低于成本报价竞标，其投标应作废标处理。

在评标过程中，评标委员会发现投标人以他人的名义投标、串通投标、以行贿手段谋取中标或者以其他弄虚作假方式投标的，该投标人的投标应作废标处理。

第二十四条 评标委员会应当根据招标文件，审查并逐项列出投标文件的全部投标偏差。下列情况属于重大偏差：

（一）投标文件没有投标人授权代表签字和加盖公章；

（二）投标文件载明的招标项目完成期限超过招标文件规定的期限；

（三）投标文件附有招标人不能接受的条件；

（四）不符合招标文件中规定的其他实质性要求。

投标文件有上述情形之一的，为未能对招标文件作出实质性响应，并按本规定有关条款作废标处理。招标文件对重大偏差另有规定的，从其规定。

第二十五条 评标委员会根据本规定否决不合格投标或者界定为废标后，因有效投标不足 3 个使得投标明显缺乏竞争的，评标委员会可以否决全部投标。

投标人少于 3 个或者所有投标被否决的，招标人应当依法重新招标。

第二十六条 一般项目的评标活动应在递交投标文件截止日期后 7 日内完成，重点工程项目需在 15 日内完成。

第二十七条 评标委员会完成评标后，应当向招标人提交书面评标报告。评标报告应当如实记载以下内容：

（一）评标委员会成员名单；

（二）开标记录；

（三）符合要求的投标一览表；

（四）废标情况说明；

（五）评标标准、评标方法或者评标因素一览表；

（六）经评审的价格或者评分比较一览表；

（七）经评审的投标人排序；

（八）推荐的中标候选人名单与签订合同前要处理的事宜；

（九）澄清、说明、补正事项纪要。

第二十八条 评标报告由评标委员会全体成员签字。对评标结论持有异议的评标委员会成员可以书面方式阐述其不同意见和理由。评标委员会成员拒绝在评标报告上签字且不陈述其不同意见和理由的，视为同意评标结论。评标委员会应当对此作出书面说明并记录在案。

第二十九条 招标人可以授权评标委员会直接确定中标人，也可以委托评标委员会推荐出中标候选人名单。

评标委员会推荐的中标候选人应当限定在 1 ~ 3 名，并标明排列顺序。

招标人应当确定排名第一的中标候选人为中标人。排名第一的中标候选人放弃中标、因不可抗力提出不能履行合同或者招标文件规定应当提交履约保证金而在规定的期限内未能提交的，招标人可以确定排名第二的中标候选人为中标人。

排名第二的中标候选人因前款规定的同样原因不能签订合同的，招标人可以确定排名第三的中标候选人为中标人。

第三十条 在确定中标人之前，招标人不得与投标人就投标价格、投标方案等实质性内容进行谈判。

第三十一条 中标人确定后，招标人应当在 3 日内向中标人发出中标通知书，同时通知未中标人。中标通知书对招标人和中标人具有法律约束力。中标通知书发出后，招标人改变中标结果或者中标人放弃中标的，应当承担法律责任。

第三十二条 招标人和中标人双方应自中标通知书发出之日起 30 日内，按照招标文件和中标人的投标文件的内容就招标项目的管理签订（前期）物业服务合同。合同的主要条款不得背离标书中的内容。

第三十三条 招标人应当自与中标人签订（前期）物业服务合同之日起 15 日内，到原备案机关备案。备案时，招标人应填写《北京市物业管理招投标活动备案表二》，并提交以下材料：

（一）评标委员会提供的评标报告；

（二）中标企业的投标文件；

（三）与中标企业签订的（前期）物业管理服务合同正本；

（四）法律、法规规定的其他材料。

第三十四条 招标人收取投标人投标保证金的，在与中标人签订合同后5个工作日内，应当向中标人和未中标的投标人退还投标保证金。

第三十五条 中标人接到中标通知书30日后，无正当理由不与招标人签订（前期）物业服务合同的，中标无效，投标保证金不予退还。给招标人造成损失的，中标人应予赔偿。

招标人在发出中标通知书30日后，无正当理由不与中标人签订（前期）物业服务合同，给中标人造成损失的，招标人应予赔偿。

第五章　附　则

第三十六条 《北京市物业管理招投标备案表》由北京市居住小区管理办公室统一印制。

第三十七条 本办法自2003年12月1日起施行，《北京市物业管理招投标暂行办法》（京国土房管物字〔2001〕258号）同时废止。

《北京市高级人民法院关于审理物业管理纠纷案件的意见（试行）》

为正确审理物业管理纠纷案件，依照《中华人民共和国民法通则》《中华人民共和国合同法》《中华人民共和国民事诉讼法》等法律，并参照国务院《物业管理条例》的有关规定，结合审判实践，就当前我市法院审理物业管理纠纷案件中的相关问题，提出如下意见。

一 关于适用范围

1．本意见所称物业管理纠纷是指居住物业管理区域内业主或业主委员会与物业管理企业之间因物业管理行为发生的民事纠纷。

现有居住物业管理区域内的公房使用人与物业管理企业之间形成物业服务合同关系的，该公房使用人的权利义务等同于前款中的业主。

2．不具有物业管理资质的单位（如村委会、自行管理公房的单位等）因提供物业服务与业主发生的纠纷，不适用本意见。如果争议的双方系平等主体的，按照一般的民事纠纷处理。

3．业主与业主之间、业主与房地产开发企业之间的民事纠纷，不适用本意见。

4．业主与业主团体（业主大会、业主委员会）之间因内部管理行为发生纠纷的，当事人应当向政府房地产行政主管部门申请处理。

5．商业物业管理区域或特种物业管理区域内因物业管理行为发生的民事纠纷可参照适用本意见，但有特别规定的除外。

二 关于管辖

6．当事人一方违反物业服务合同约定造成另一方损害，发生违约与侵权竞合的，另一方可以选择提起违约之诉或者侵权之诉，由法院根据诉讼性质依法确定管辖。

三 关于诉讼主体

7. 业主委员会于下列情形下可作为原告参加诉讼，以其主要负责人（主任或副主任）作为代表人：

（1）物业管理企业违反合同约定损害业主公共权益的；

（2）业主大会决定提前解除物业服务合同，物业管理企业拒绝退出的；

（3）物业服务合同终止时，物业管理企业拒绝将物业管理用房和《物业管理条例》第二十九条第一款规定的资料移交给业主委员会的；

（4）其他损害全体业主公共权益的情形。

业主委员会的成立应当符合法定程序。没有成立业主委员会的，由全体业主行使提起诉讼的权利。

8. 业主委员会作为原告提起诉讼，业主要求作为共同原告参加诉讼的，不予准许。

业主委员会起诉且法院已经受理后，业主又以相同的事实和理由起诉的，不予受理。

9. 物业管理企业侵害的权益仅涉及单个业主或部分业主的，应当由单个业主或部分业主作为原告提起诉讼。

10. 物业管理企业因业主违反物业服务合同的约定而起诉业主委员会或要求将业主委员会列为共同被告的，不予准许。

11. 物业使用人有下列情形之一的，可以作为诉讼当事人：

（1）物业使用人与物业管理企业直接签订物业服务合同的；

（2）物业使用人接受物业服务，已经与物业管理企业形成事实上的物业服务关系的；

（3）业主与物业使用人约定由物业使用人缴纳物业服务费用的；

（4）物业使用人违反《物业管理条例》和业主公约的规定的。

在上述（3）、（4）情形下，业主可以列为共同被告。

12. 因前期物业服务发生纠纷的，业主应以物业管理企业为被告。没有选聘物业管理企业的，应以实际提供物业服务的单位为被告。

四 关于物业服务合同的效力

13. 物业管理企业虽不具有独立的法人资格，但具备国家规定的物业管理资质的，可以确认其所签物业服务合同的效力。

14. 物业管理企业与业主委员会签订物业服务合同后，违规将物业服务全部转托给其他物业管理企业的，如果该转托行为已经公告且业主接受了物业服务的，应依公平原则确定业主向实际提供物业服务的物业管理企业支付适当的物业服务费用。

15. 物业服务合同期限内，当事人一方擅自解除合同的，另一方可以要求其承担相应的民事责任。

物业服务合同到期后，双方没有解除合同并继续履行合同的，视为合同自动延续。

16. 业主委员会代表业主与物业管理企业签订物业服务合同后，单个业主或部分业主要求解除物业服务合同的，不予支持。

五 关于管理权纠纷

17. 物业管理企业依据物业服务合同行使管理权。业主违反规定妨害物业管理秩序的，物业管理企业可予以制止，并要求其承担民事责任。

18. 物业管理企业违约或违规利用物业共用部位、共用设施设备营利，损害业主公共权益的，业主委员会可以要求物业管理企业恢复原状，赔偿损失，并返还收益。

19. 业主在物业共用部位搭建自用设施，妨害物业管理秩序的，物业管理企业可以要求业主排除妨碍，恢复原状，并赔偿相应损失。

20. 业主在小区内饲养动物，构成妨害物业管理秩序的，物业管理企业可以要求业主承担停止侵害、消除危险等民事责任。

21. 业主违反物业服务合同或业主公约的规定装修、装饰房屋，损害公用部位、公用设施设备或构成妨害物业管理秩序的，物业管理企业可以要求其承担相应的民事责任。

六 关于管理费纠纷

22. 有下列情形之一的，业主可以要求减收物业服务费用或要求返还多交的物业服务费用：

（1）物业管理企业提供的服务项目和质量与合同约定标准差距明显的；

（2）物业管理企业擅自扩大收费范围、提高收费标准、重复收费的。

23. 业主因自身原因未居住房屋并以此为由要求减免物业服务费用的，一般不予支持。

24. 物业管理企业与业主委员会虽未签订书面的物业服务合同，但业主事实上接受了物业服务的，物业管理企业可以要求业主缴纳相应的物业服务费用。

双方当事人没有约定物业服务收费标准的，法院可参照政府规定收费标准或同类物业服务项目收费标准确定应缴纳的物业服务费用。

25. 业主拖欠物业服务费用，物业管理企业依据约定请求一并支付滞纳金的，应予支持。滞纳金数额过高的，可以依据欠费方的请求予以适当调整，调整后的滞纳金一般不应超过欠费金额。

26. 审理追索物业服务费案件，应依照现行法律关于诉讼时效的规定。但在适用诉讼时效时不宜过苛，除物业管理企业明显怠于行使权利的，可认定其在持续主张权利。

27. 业主拖欠物业服务费用的，物业管理企业可以向有管辖权的基层人民法院申请支付令。

七 关于代收代缴纠纷

28. 业主拖欠公共性服务或特约服务等物业服务费用，物业管理企业应当通过合法途径进行追索。

物业管理企业采取停止供应电、水、气、热等方式催交物业服务费用给业主造成损失的，业主可以要求物业管理企业承担赔偿责任。

29. 物业管理企业与电、水、气、热等供应部门因代收代缴发生争议，致使供应部门停止电、水、气、热等供应给业主造成损失的，业主有权选择要求物业管理企业履行合同义务，并赔偿损失。物业管理企业承担赔偿责任后，认为自己没有过错的，有权向有关责任人追偿。

30. 物业管理区域实行整体供热的，部分业主要求停止供热并以此为由拒绝缴纳供热费，不予支持。

八 关于管理责任纠纷

31. 物业管理企业未按合同约定提供服务或者提供服务不符合约定标准，业主可以要求物业管理企业承担违约责任。

32. 物业服务合同约定有财物保管服务，在发生财物丢失或毁损时，业主可以要求物业管理企业依保管义务承担相应的赔偿责任。

物业服务合同没有约定财物保管服务，但物业管理企业在其职责范围内未尽到安全防范义务或未配置应有的安全防范设备，对财物丢失或毁损有过错的，业主可以要求物业管理企业承担与其过错相适应的赔偿责任。

33. 物业管理企业在其物业管理区域内设有车辆泊位，并对停放的车辆收取泊位维护费用，在发生车辆丢失或毁损时，按照双方签订的停车管理服务协议确定赔偿责任。没有签订停车管理服务协议，物业管理企业有过错的，可以根据其过错程度、收费标准等因素合理确定物业管理企业应当承担的赔偿责任。

34. 物业管理企业或其聘请的施工人员在维修施工时，违反施工规章制度，不设置明示标志或不采取其他安全措施，造成业主人身或财产损害的，业主可以要求物业管理企业承担相应的赔偿责任。

35. 物业管理企业的受雇人员在履行职务中给业主人身或财产造成损害的，业主可以要求物业管理企业承担相应的赔偿责任。

36. 因物业管理企业疏于管理，致使物业管理区域内的娱乐、运动器材等公共设施存在不安全因素，造成业主在使用或靠近这些设施时受到伤害的，受害人可以要求物业管理企业承担相应的赔偿责任。

37. 物业管理区域内发生电梯事故，造成业主人身或财产损害的，业主可以要求物业管理企业承担相应的赔偿责任。

38. 物业管理企业怠于行使管理职责，致使物业管理区域内发生火灾、水灾、物业坍塌等事故，造成业主人身或财产损害的，业主可以要求物业管理企业承担相应的赔偿责任。

39. 第三人侵权造成业主人身或财产损害，受害人起诉要求物业管理企业赔偿损失的，可根据物业管理企业是否履行保安职责或履行保安职责是否存在过错确定物业管理企业应否承担相应的赔偿责任。

40. 本意见自2004年1月1日起试行，并由北京市高级人民法院民一庭负责解释。法律、司法解释另有规定的，按法律和司法解释的规定执行。

《前期物业管理招标投标管理暂行办法》

第一章　总　则

第一条　为了规范前期物业管理招标投标活动，保护招标投标当事人的合法权益，促进物业管理市场的公平竞争，制定本办法。

第二条　前期物业管理，是指在业主、业主大会选聘物业管理企业之前，由建设单位选聘物业管理企业实施的物业管理。

建设单位通过招投标的方式选聘具有相应资质的物业管理企业和行政主管部门对物业管理招投标活动实施监督管理，适用本办法。

第三条　住宅及同一物业管理区域内非住宅的建设单位，应当通过招投标的方式选聘具有相应资质的物业管理企业；投标人少于 3 个或者住宅规模较小的，经物业所在地的区、县人民政府房地产行政主管部门批准，可以采用协议方式选聘具有相应资质的物业管理企业。

国家提倡其他物业的建设单位通过招投标的方式，选聘具有相应资质的物业管理企业。

第四条　前期物业管理招标投标应当遵循公开、公平、公正和诚实信用的原则。

第五条　国务院建设行政主管部门负责全国物业管理招标投标活动的监督管理。

省、自治区人民政府建设行政主管部门负责本行政区域内物业管理招标投标活动的监督管理。

直辖市、市、县人民政府房地产行政主管部门负责本行政区域内物业管理招标投标活动的监督管理。

第六条　任何单位和个人不得违反法律、行政法规规定，限制或者排斥具备投标资格的物业管理企业参加投标，不得以任何方式非法干涉物业管理招标投标活动。

第二章　招　标

第七条　本办法所称招标人是指依法进行前期物业管理招标的物业建设单位。

前期物业管理招标由招标人依法组织实施。招标人不得以不合理条件限制或者排斥潜在投标人，不得对潜在投标人实行歧视待遇，不得对潜在投标人提出与招标物业管理项目实际要求不符的过高的资格等要求。

第八条　前期物业管理招标分为公开招标和邀请招标。

招标人采取公开招标方式的，应当在公共媒介上发布招标公告，并同时在中国住宅与房地产信息网和中国物业管理协会网上发布免费招标公告。

招标公告应当载明招标人的名称和地址，招标项目的基本情况以及获取招标文件的办法等事项。

招标人采取邀请招标方式的，应当向 3 个以上物业管理企业发出投标邀请书，投标邀请书应当包含前款规定的事项。

第九条　招标人可以委托招标代理机构办理招标事宜，有能力组织和实施招标活动的，也可以自行组织实施招标活动。

物业管理招标代理机构应当在招标人委托的范围内办理招标事宜，并遵守本办法对招标人的有关规定。

第十条　招标人应当根据物业管理项目的特点和需要，在招标前完成招标文件的编制。

招标文件应包括以下内容：

（一）招标人及招标项目简介，包括招标人名称、地址、联系方式、项目基本情况、物业管理用房的配备情况等；

（二）物业管理服务内容及要求，包括服务内容、服务标准等；

（三）对投标人及投标书的要求，包括投标人的资格、投标书的格式、主要内容等；

（四）评标标准和评标方法；

（五）招标活动方案，包括招标组织机构、开标时间及地点等；

（六）物业服务合同的签订说明；

（七）其他事项的说明及法律法规规定的其他内容。

第十一条　招标人应当在发布招标公告或者发出投标邀请书的10日前，提交以下材料报物业项目所在地的县级以上地方人民政府房地产行政主管部门备案：

（一）与物业管理有关的物业项目开发建设的政府批件；

（二）招标公告或者招标邀请书；

（三）招标文件；

（四）法律、法规规定的其他材料。

房地产行政主管部门发现招标有违反法律、法规规定的，应当及时责令招标人改正。

第十二条　公开招标的招标人可以根据招标文件的规定，对投标申请人进行资格预审。

实行投标资格预审的物业管理项目，招标人应当在招标公告或者投标邀请书中载明资格预审的条件和获取资格预审文件的办法。

资格预审文件一般应当包括资格预审申请书格式、申请人须知，以及需要投标申请人提供的企业资格文件、业绩、技术装备、财务状况和拟派出的项目负责人与主要管理人员的简历、业绩等证明材料。

第十三条　经资格预审后，公开招标的招标人应当向资格预审合格的投标申请人发出资格预审合格通知书，告知获取招标文件的时间、地点和方法，并同时向资格不合格的投标申请人告知资格预审结果。

在资格预审合格的投标申请人过多时，可以由招标人从中选择不少于5家资格预审合格的投标申请人。

第十四条　招标人应当确定投标人编制投标文件所需要的合理时间。公开招标的物业管理项目，自招标文件发出之日起至投标人提交投标文件截止之日止，最短不得少于20日。

第十五条　招标人对已发出的招标文件进行必要的澄清或者修改的，应当在招标文件要求提交投标文件截止时间至少15日前，以书面形式通知所有的招标文件收受人。该澄清或者修改的内容为招标文件的组成部分。

第十六条　招标人根据物业管理项目的具体情况，可以组织潜在的投标申请人踏勘物业项目现场，并提供隐蔽工程图纸等详细资料。对投标申请人提出的疑问应当予以澄清并以书面形式发送给所有的招标文件收受人。

第十七条 招标人不得向他人透露已获取招标文件的潜在投标人的名称、数量以及可能影响公平竞争的有关招标投标的其他情况。

招标人设有标底的，标底必须保密。

第十八条 在确定中标人前，招标人不得与投标人就投标价格、投标方案等实质内容进行谈判。

第十九条 通过招标投标方式选择物业管理企业的，招标人应当按照以下规定时限完成物业管理招标投标工作：

（一）新建现售商品房项目应当在现售前30日完成；

（二）预售商品房项目应当在取得《商品房预售许可证》之前完成；

（三）非出售的新建物业项目应当在交付使用前90日完成。

第三章 投 标

第二十条 本办法所称投标人是指响应前期物业管理招标、参与投标竞争的物业管理企业。

投标人应当具有相应的物业管理企业资质和招标文件要求的其他条件。

第二十一条 投标人对招标文件有疑问需要澄清的，应当以书面形式向招标人提出。

第二十二条 投标人应当按照招标文件的内容和要求编制投标文件，投标文件应当对招标文件提出的实质性要求和条件作出响应。

投标文件应当包括以下内容：

（一）投标函；

（二）投标报价；

（三）物业管理方案；

（四）招标文件要求提供的其他材料。

第二十三条 投标人应当在招标文件要求提交投标文件的截止时间前，将投标文件密封送达投标地点。招标人收到投标文件后，应当向投标人出具标明签收人和签收时间的凭证，并妥善保存投标文件。在开标前，任何单位和个人均不得开启投标文件。在招标文件要求提交投标文件的截止时间后送达的投标文件，为无效的投标文件，招标人应当拒收。

第二十四条　投标人在招标文件要求提交投标文件的截止时间前，可以补充、修改或者撤回已提交的投标文件，并书面通知招标人。补充、修改的内容为投标文件的组成部分，并应当按照本办法第二十三条的规定送达、签收和保管。在招标文件要求提交投标文件的截止时间后送达的补充或者修改的内容无效。

第二十五条　投标人不得以他人名义投标或者以其他方式弄虚作假，骗取中标。

投标人不得相互串通投标，不得排挤其他投标人的公平竞争，不得损害招标人或者其他投标人的合法权益。

投标人不得与招标人串通投标，损害国家利益、社会公共利益或者他人的合法权益。

禁止投标人以向招标人或者评标委员会成员行贿等不正当手段谋取中标。

第四章　开标、评标和中标

第二十六条　开标应当在招标文件确定的提交投标文件截止时间的同一时间公开进行，开标地点应当为招标文件中预先确定的地点。

第二十七条　开标由招标人主持，邀请所有投标人参加。开标应当按照下列规定进行：

由投标人或者其推选的代表检查投标文件的密封情况，也可以由招标人委托的公证机构进行检查并公证。经确认无误后，由工作人员当众拆封，宣读投标人名称、投标价格和投标文件的其他主要内容。

招标人在招标文件要求提交投标文件的截止时间前收到的所有投标文件，开标时都应当当众予以拆封。

开标过程应当记录，并由招标人存档备查。

第二十八条　评标由招标人依法组建的评标委员会负责。

评标委员会由招标人代表和物业管理方面的专家组成，成员为 5 人以上单数，其中招标人代表以外的物业管理方面的专家不得少于成员总数的三分之二。

评标委员会的专家成员，应当由招标人从房地产行政主管部门建立的专家名册中采取随机抽取的方式确定。

与投标人有利害关系的人不得进入相关项目的评标委员会。

第二十九条 房地产行政主管部门应当建立评标的专家名册。省、自治区、直辖市人民政府房地产行政主管部门可以将专家数量少的城市的专家名册予以合并或者实行专家名册计算机联网。

房地产行政主管部门应当对进入专家名册的专家进行有关法律和业务培训，对其评标能力、廉洁公正等进行综合考评，及时取消不称职或者违法违规人员的评标专家资格。被取消评标专家资格的人员，不得再参加任何评标活动。

第三十条 评标委员会成员应当认真、公正、诚实、廉洁地履行职责。

评标委员会成员不得与任何投标人或者与招标结果有利害关系的人进行私下接触，不得收受投标人、中介人、其他利害关系人的财物或者其他好处。

评标委员会成员和与评标活动有关的工作人员不得透露对投标文件的评审和比较、中标候选人的推荐情况以及与评标有关的其他情况。

前款所称与评标活动有关的工作人员，是指评标委员会成员以外的因参与评标监督工作或者事务性工作而知悉有关评标情况的所有人员。

第三十一条 评标委员会可以用书面形式要求投标人对投标文件中含义不明确的内容作必要的澄清或者说明。投标人应当采用书面形式进行澄清或者说明，其澄清或者说明不得超出投标文件的范围或者改变投标文件的实质性内容。

第三十二条 在评标过程中召开现场答辩会的，应当事先在招标文件中说明，并注明所占的评分比重。

评标委员会应当按照招标文件的评标要求，根据标书评分、现场答辩等情况进行综合评标。

除了现场答辩部分外，评标应当在保密的情况下进行。

第三十三条 评标委员会应当按照招标文件确定的评标标准和方法，对投标文件进行评审和比较，并对评标结果签字确认。

第三十四条 评标委员会经评审，认为所有投标文件都不符合招标文件要求的，可以否决所有投标。

依法必须进行招标的物业管理项目的所有投标被否决的，招标人应当重新招标。

第三十五条 评标委员会完成评标后，应当向招标人提出书面评标报告，阐明评标委员会对各投标文件的评审和比较意见，并按照招标文件规定的评标标准和评标方法，推荐不超过3名有排序的合格的中标候选人。

招标人应当按照中标候选人的排序确定中标人。当确定中标的中标候选人放弃中标或者因不可抗力提出不能履行合同的，招标人可以依序确定其他中标候选人为中标人。

第三十六条 招标人应当在投标有效期截止时限30日前确定中标人。投标有效期应当在招标文件中载明。

第三十七条 招标人应当向中标人发出中标通知书，同时将中标结果通知所有未中标的投标人，并应当返还其投标书。

招标人应当自确定中标人之日起15日内，向物业项目所在地的县级以上地方人民政府房地产行政主管部门备案。备案资料应当包括开标评标过程、确定中标人的方式及理由、评标委员会的评标报告、中标人的投标文件等资料。委托代理招标的，还应当附招标代理委托合同。

第三十八条 招标人和中标人应当自中标通知书发出之日起30日内，按照招标文件和中标人的投标文件订立书面合同。招标人和中标人不得再行订立背离合同实质性内容的其他协议。

第三十九条 招标人无正当理由不与中标人签订合同，给中标人造成损失的，招标人应当给予赔偿。

第五章　附　则

第四十条 投标人和其他利害关系人认为招标投标活动不符合本办法有关规定的，有权向招标人提出异议或者依法向有关部门投诉。

第四十一条 招标文件或者投标文件使用两种以上语言文字的，必须有一种是中文，如对不同文本的解释发生异议的，以中文文本为准。用文字表示的数额与数字表示的金额不一致的，以文字表示的金额为准。

第四十二条 本办法第三条规定住宅规模较小的，经物业所在地的区、县人民政府房地产行政主管部门批准，可以采用协议方式选聘物业管理企业的，其规模标准由省、自治区、直辖市人民政府房地产行政主管部门确定。

第四十三条 业主和业主大会通过招投标的方式选聘具有相应资质的物业管理企业的，参照本办法执行。

第四十四条 本办法自2003年9月1日起施行。

《上海市住宅物业管理规定》

第一章 总 则

第一条 为了规范住宅物业管理活动，维护业主和物业服务企业的合法权益，根据《中华人民共和国物权法》、国务院《物业管理条例》和其他有关法律、行政法规，结合本市实际情况，制定本规定。

第二条 本市行政区域内住宅物业管理、使用及其监督管理，适用本规定。

第三条 本规定所称住宅物业管理（以下简称物业管理），是指住宅区内的业主通过选聘物业服务企业，由业主和物业服务企业按照物业服务合同约定，或者通过其他形式，对房屋及配套的设施设备和相关场地进行维修、养护、管理，维护相关区域内的环境卫生和秩序的活动。

本规定所称业主，是指房屋的所有权人。

本规定所称使用人，是指房屋的承租人和实际居住人。

本规定所称物业服务企业，是指依法取得独立法人资格、具有相应资质，从事物业服务的企业。

第四条 市房屋行政管理部门负责全市物业管理的监督管理工作。区、县房屋行政管理部门负责本辖区内物业管理的监督管理，其设立的房屋管理办事机构（以下简称房管办事处）承担相关具体事务。

市和区、县房屋行政管理部门履行以下职责：

（一）业主大会和业主委员会的业务指导与监督管理；

（二）物业服务企业和从业人员的监督管理；

（三）专项维修资金归集、使用的指导与监督；

（四）物业使用和维护的监督管理；

（五）物业管理方面的其他监督管理职责。

第五条 区、县人民政府应当建立住宅小区综合管理工作制度，组织区、县相关行政管理部门和单位，部署、推进和协调辖区内物业管理各项工作，并指导监督业主大会、业主委员会的各项工作。

乡、镇人民政府和街道办事处应当建立本辖区住宅小区综合管理工作制度，协调和处理辖区内物业管理综合事务和纠纷，指导监督业主大会、业主委员会的组建及日常运作。

第六条 市物业管理行业协会是实行行业服务和自律管理的社会组织，依法制定和组织实施自律性规范，组织业务培训，对物业服务企业之间的纠纷进行调解，维护物业服务企业合法权益。

本市鼓励物业服务企业加入市物业管理行业协会。

第二章 业主及业主大会

第七条 住宅小区，包括分期建设或者两个以上单位共同开发建设的住宅小区，其设置的配套设施设备是共用的，应当划分为一个物业管理区域。但被道路、河道等分割为两个以上自然街坊或者封闭小区，且能明确共用配套设施设备管理、维护责任的，可以分别划分为独立的物业管理区域。

第八条 房屋行政管理部门负责核定物业管理区域。

规划行政管理部门在住宅建设工程设计方案审查时，应当征求区、县房屋行政管理部门对物业管理区域的规划意见。

建设单位在申请办理住宅建设工程规划许可证的同时，应当向区、县房屋行政管理部门提出划分物业管理区域的申请，区、县房屋行政管理部门应当在五日内核定物业管理区域。

建设单位在房屋销售时，应当将区、县房屋行政管理部门核定的物业管理区域范围，通过合同约定方式向物业买受人明示。

第九条 尚未划分或者需要调整物业管理区域的，区、县房屋行政管理部门应当会同乡、镇人民政府或者街道办事处，按照第七条的规定，结合当地居民委员会、村民委员会的布局划分物业管理区域。调整物业管理区域的，还应当征得专有部分占建筑物总面积过半数的业主且占总人数过半数的业主同意。

物业管理区域调整后，区、县房屋行政管理部门应当在相关物业管理区域内公告。

第十条 建设单位在办理房屋交付使用许可手续时，应当向房管办事处提交下列资料：

（一）竣工总平面图，单体建筑、结构、设备竣工图，配套设施、地下管网工程竣工图等竣工验收资料；

（二）设施设备的安装、使用和维护保养等技术资料；

（三）物业质量保修文件和物业使用说明文件；

（四）物业管理所必需的其他资料。

建设单位在办理物业承接验收手续时，应当向物业服务企业移交前款规定的资料。

业主可以向房管办事处、物业服务企业申请查询本物业管理区域内第一款规定的资料。

第十一条 业主在物业管理活动中，除享有《中华人民共和国物权法》、国务院《物业管理条例》规定的权利外，还有权提议召开首次业主大会会议。

业主在物业管理活动中，应当履行《中华人民共和国物权法》、国务院《物业管理条例》规定的义务。

业主应当直接或者通过建设单位、物业服务企业向业主委员会提供联系地址、通讯方式。

第十二条 业主大会由一个物业管理区域内的全体业主组成。

一个物业管理区域内，房屋出售并交付使用的建筑面积达到百分之五十以上，或者首套房屋出售并交付使用已满两年的，应当召开首次业主大会会议，成立业主大会。但只有一个业主的，或者业主人数较少且经全体业主一致同意，决定不成立业主大会的，由业主共同履行业主大会、业主委员会职责。

第十三条 物业管理区域符合本规定第十二条第二款所列应当成立业主大会条件之一的，建设单位应当在三十日内向物业所在地的乡、镇人民政府或者街道办事处提出成立业主大会的书面报告，并提供下列资料：

（一）物业管理区域核定意见；

（二）物业服务企业用房和业主委员会用房（以下合称物业管理用房）配置证明；

（三）业主清册和物业建筑面积；

（四）物业出售并交付使用时间；

（五）已筹集的专项维修资金清册。

建设单位未及时书面报告的，业主可以向乡、镇人民政府或者街道办事处提出成立业主大会的书面要求。

第十四条 乡、镇人民政府或者街道办事处应当在接到建设单位书面报告或者业主书面要求后的六十日内，会同区、县房屋行政管理部门组建业主大会筹备组（以下简称筹备组）。筹备组应当自成立之日起七日内，将成员名单在物业管理区域内公告。

筹备组由业主代表，建设单位代表，乡、镇人民政府或者街道办事处代表，房管办事处代表，物业所在地居民委员会或者村民委员会代表组成。筹备组人数应当为单数，其中业主代表应当符合本规定第十九条第二款的规定，人数所占比例应当不低于筹备组总人数的二分之一。筹备组组长由乡、镇人民政府或者街道办事处代表担任。

筹备组中的业主代表，由街道办事处或者乡、镇人民政府组织业主推荐产生。

业主对筹备组成员有异议的，由乡、镇人民政府或者街道办事处协调解决。

第十五条 筹备组应当做好以下筹备工作：

（一）确认并公示业主身份、业主人数以及所拥有的专有部分面积；

（二）确定首次业主大会会议召开的时间、地点、形式和内容；

（三）草拟管理规约、业主大会议事规则；

（四）确定首次业主大会会议表决规则；

（五）制定业主委员会成员候选人产生办法，确定业主委员会成员候选人名单；

（六）制定业主委员会选举办法；

（七）完成召开首次业主大会会议的其他准备工作。

前款内容应当在首次业主大会会议召开十五日前在物业管理区域内公告。业主对公告内容有异议的，筹备组应当记录并作出答复。

筹备组应当自成立之日起九十日内，组织召开首次业主大会会议。

筹备组在业主委员会依法成立后自行解散。

第十六条 业主大会除履行《中华人民共和国物权法》、国务院《物业管理条例》规定的职责外，还可以决定业主委员会的工作经费、撤销业主小组不适当的决定。

第十七条 业主大会会议可以采用集体讨论形式，也可以采用书面征求意见的形式。业主大会会议应当有物业管理区域内专有部分占建筑物总面积过半数的业主且占总人数过半数的业主参加。

业主大会作出决定，应当经专有部分占建筑物总面积过半数的业主且占总人数过半数的业主同意。业主大会决定筹集和使用专项维修资金，或者改建、重建建筑物及其附属设施的，应当经专有部分占建筑物总面积三分之二以上的业主且占总人数三分之二以上的业主同意。

业主可以委托代理人参加业主大会会议，代理人应当持业主书面委托书并依据委托人对所议事项的意见进行投票表决。

第十八条 首次业主大会会议通过的议事规则，应当就业主大会的议事方式、表决程序、业主小组的设立、业主委员会的组成、任期、罢免和补选等事项作出约定。

第十九条 业主委员会由业主大会会议选举产生，依法履行职责。业主委员会由五人以上单数组成，任期为三年到五年。

业主委员会成员应当符合国务院《物业管理条例》规定的条件。业主有损坏房屋承重结构、违法搭建、破坏房屋外貌、擅自改变物业使用性质、欠交物业服务费或者专项维修资金、违法出租房屋等情形且未改正的，不得担任业主委员会成员。担任业主委员会成员后出现上述情形的，应当按照业主大会确定的规则予以罢免。

业主委员会履行下列职责：

（一）召集业主大会会议，报告物业管理的实施情况；

（二）代表业主与业主大会选聘的物业服务企业签订物业服务合同；

（三）及时了解业主、物业使用人的意见和建议，督促业主交纳物业服务费，监督和协助物业服务企业履行物业服务合同；

（四）监督管理规约的实施；

（五）业主大会赋予的其他职责。

业主委员会应当接受业主大会和业主的监督。

第二十条 业主委员会主任、副主任由业主委员会选举产生。

业主委员会主任负责主持业主委员会日常工作，并履行以下职责：

（一）召集和主持业主委员会会议；

（二）提出业主委员会会议议题；

（三）按照业主大会会议的决定，签署有关文书。

业主委员会主任因故不能履行职责时，由副主任履行。

第二十一条 业主委员会自选举产生之日起三十日内，持下列文件向乡、镇人民政府或者街道办事处备案：

（一）业主大会会议记录和会议决定；

（二）业主大会议事规则；

（三）管理规约；

（四）业主委员会成员的名单和基本情况。

乡、镇人民政府或者街道办事处对依法选举产生的业主委员会出具业主大会、业主委员会备案证明和印章刻制证明。业主委员会应当依法刻制和使用印章。

第二十二条 业主大会会议分为定期会议和临时会议。业主大会定期会议应当按照业主大会议事规则的规定召开。经百分之二十以上业主提议，业主委员会应当组织召开业主大会临时会议。

召开业主大会会议，业主委员会应当事先将会议时间、地点、议题和议程书面通知所在地房管办事处、居民委员会或者村民委员会，邀请房管办事处、居民委员会或者村民委员会派代表参加，并听取房管办事处、居民委员会或者村民委员会的意见、建议。

业主委员会不依法组织召开业主大会会议的，乡、镇人民政府或者街道办事处应当督促其限期召开；逾期不召开的，乡、镇人民政府或者街道办事处可以应业主要求组织召开业主大会会议。

第二十三条 业主委员会应当建立定期接待制度，听取业主和使用人对物业管理和业主委员会日常工作的意见和建议，接受业主和使用人的咨询、投诉和监督。

业主委员会应当建立工作记录制度，做好业主大会会议、业主委员会会议、物业服务合同协商签订活动，以及物业管理中各项重要事项的记录，并妥善保管。

业主委员会应当建立信息公开制度，按照规定及时公布业主大会和业主委员会作出的决定、物业服务企业选聘、物业服务合同等物业管理中的各项决定和重大事项；定期公布专项维修资金和公共收益收支；接受业主查询所保管的物业管理信息。

第二十四条　业主委员会任期届满的两个月前，应当书面报告乡、镇人民政府或者街道办事处。乡、镇人民政府或者街道办事处应当在六十日内会同区、县房屋行政管理部门组建换届改选小组，由换届改选小组组织召开业主大会会议选举产生新一届业主委员会。

换届改选小组由业主代表，乡、镇人民政府或者街道办事处代表，房管办事处代表，物业所在地居民委员会或者村民委员会代表组成。换届改选小组人数应当为单数，其中业主代表应当符合本规定第十九条第二款的规定，人数所占比例应当不低于换届改选小组总人数的二分之一。换届改选小组组长由乡、镇人民政府或者街道办事处代表担任。

自换届改选小组产生至新一届业主委员会选举产生期间，业主委员会不得组织召开业主大会会议对下列事项作出决定：

（一）选聘、解聘物业服务企业；

（二）除管理规约规定情形之外的物业维修、更新、改造等重大事项；

（三）其他重大事项。

第二十五条　业主委员会应当自换届改选小组成立之日起十日内，将其保管的有关财务凭证、业主清册、会议纪要等档案资料、印章及其他属于业主大会所有的财物移交物业所在地房管办事处保管。业主大会、业主委员会依法需要使用上述物品的，物业所在地房管办事处应当及时提供。

新一届业主委员会选举产生后，应当在三十日内向乡、镇人民政府或者街道办事处办理换届备案手续，并由物业所在地房管办事处在备案后十日内，将其保管的前款所述物品移交新一届业主委员会。

拒不移交第一款所述物品的，新一届业主委员会可以请求物业所在地乡、镇人民政府或者街道办事处督促移交，物业所在地公安机关应当予以协助。

第二十六条 不再担任业主委员会成员的，应当在十日内将其保管的本规定第二十五条第一款所述物品移交业主委员会；拒不移交的，业主委员会可以按照本规定第二十五条第三款规定处理。

第二十七条 业主委员会出现成员人数不足二分之一或者其他无法正常运作情形的，业主大会应当作出决定启动补选或者提前换届改选程序。

第二十八条 业主委员会的名称、所辖区域范围、成员、业主大会议事规则和管理规约发生变更的，业主委员会应当在三十日内向乡、镇人民政府或者街道办事处办理变更备案手续。

因物业管理区域调整、房屋灭失或者其他原因致使业主委员会无法存续的，业主委员会应当在三十日内向乡、镇人民政府或者街道办事处办理注销备案手续。

第二十九条 按照本规定第二十一条、第二十五条、第二十八条规定，乡、镇人民政府或者街道办事处受理业主委员会备案后，应当在二十日内完成备案手续，并将备案资料抄送区、县房屋行政管理部门。

第三十条 同一物业管理区域内有两幢以上房屋的，可以以幢、单元为单位成立业主小组。业主小组由该幢、单元的全体业主组成。

业主小组应当履行下列职责：

（一）推选业主代表出席业主大会会议，表达本小组业主的意愿；

（二）决定本小组范围内住宅共用部位和共用设施设备的维修、更新、改造和养护；

（三）决定本小组范围内的其他事项。

业主小组议事由该业主小组产生的业主代表主持。业主小组行使前款规定职责的程序，参照本物业管理区域业主大会议事规则执行。

第三十一条 居民委员会、村民委员会设立的人民调解委员会，可以依法调解本地区业主、业主委员会、物业服务企业之间的物业管理纠纷。

第三章 物业管理服务

第三十二条 物业服务企业应当按照国家有关规定，取得相应资质。

房屋行政管理部门应当依法对物业服务企业的服务活动实施监督检查。

第三十三条 物业服务项目经理应当取得相应的资格证书。

物业服务项目经理承接物业管理区域数量和建筑面积的规范，由市房屋行政管理部门制定。

第三十四条 市房屋行政管理部门应当根据物业服务合同履行、投诉处理和日常检查等情况，建立物业服务企业信用档案库和物业服务项目经理信用档案库。

第三十五条 选聘物业服务企业前，业主委员会应当拟定选聘方案。选聘方案应当包括拟选聘物业服务企业的资质、管理实绩要求、物业服务内容和收费标准、物业服务合同期限和选聘方式等内容。

选聘方案经业主大会会议表决通过后，业主委员会应当在物业管理区域内公告。

第三十六条 选聘物业服务企业的，应当通过本市统一的物业管理招投标平台公开招标，但业主大会决定继续聘用原物业服务企业或者业主大会决定采用协议选聘等其他方式的除外。

市房屋行政管理部门负责建立本市统一的物业管理招投标平台，为选聘物业服务企业提供指导和服务。

第三十七条 建设单位在申请房屋预售许可前，应当参照市房屋行政管理部门制作的示范文本，制定临时管理规约和房屋使用说明书，作为房屋销售合同的附件。

临时管理规约应当对物业的使用和维护管理、业主义务、违反临时管理规约应当承担的责任等事项作出规定，但不得与法律、法规、规章相抵触，不得侵害物业买受人的合法权益。临时管理规约应当报区、县房屋行政管理部门备案。

房屋使用说明书应当载明房屋平面布局、结构、附属设备，注明房屋承重结构的房屋结构图，不得占用、移装的共用部位、共用设备，以及其他有关安全合理使用房屋的注意事项。

建设单位与物业买受人签订的房屋销售合同，应当包含前期物业服务合同约定的内容，以及建设工程规划许可文件载明的建设项目平面布局图，并在房屋交接书中列明物业管理区域内归全体业主所有的配套设施设备。

建设单位不得将物业共用部分的所有权或者使用权单独转让。

第三十八条 建设单位应当在物业管理区域地面上配置独用成套的物业管理用房，其中物业服务企业用房按照物业管理区域房屋总建筑面积的千分之二配置，但不得低于一百平方米；业主委员会用房按照不低于三十平方米配置。在物业交付时，物业管理用房由建设单位交付物业服务企业代管，并在业主大会成立后三十日内无偿移交给业主大会。

规划行政管理部门在核发建设工程规划许可证时，应当在许可证附图上注明物业管理用房的具体部位。

区、县房屋行政管理部门在核发房屋预售许可证和办理房屋所有权初始登记时，应当注明物业管理用房室号。

物业管理用房不得擅自变更位置，也不得分割、转让、抵押。

第三十九条 物业管理区域内的下列配套设施设备归业主共有：

（一）物业管理用房；

（二）门卫房、电话间、监控室、垃圾箱房、共用地面架空层、共用走廊；

（三）物业管理区域内按规划配建的非机动车车库；

（四）物业管理区域内的共有绿化、道路、场地；

（五）建设单位以房屋销售合同或者其他书面形式承诺归全体业主所有的物业；

（六）其他依法归业主共有的设施设备。

建设单位申请房屋所有权初始登记时，应当提出前款规定的配套设施设备登记申请，由房地产登记机构在房地产登记册上予以记载，但不颁发房地产权证书。

第四十条 物业服务企业应当按照物业服务合同的约定，提供相应的服务。物业服务合同可以约定下列服务事项：

（一）物业共用部位、共用设施设备的使用管理和维护；

（二）共有绿化的维护；

（三）共有区域的保洁；

（四）共有区域的秩序维护；

（五）车辆的停放管理；

（六）物业使用中对禁止性行为的管理措施；

（七）物业维修、更新、改造和养护费用的账务管理；

（八）物业档案资料的保管；

（九）业主大会或者业主委托的其他物业服务事项。

物业服务企业可以将物业服务合同中的专项服务事项委托给专业性服务企业，但不得将物业服务合同约定的全部事项一并委托给他人。

第四十一条 物业服务企业提供物业服务，应当遵守下列规定：

（一）符合国家和本市规定的技术标准、规范；

（二）及时向业主、使用人告知安全合理使用物业的注意事项；

（三）定期听取业主的意见和建议，改进和完善服务；

（四）配合居民委员会、村民委员会做好社区管理相关工作。

物业服务企业应当协助做好物业管理区域内的安全防范工作。

第四十二条 物业服务合同期限届满的三个月前，业主委员会应当组织召开业主大会，作出续聘或者另聘物业服务企业的决定，并将决定书面告知物业服务企业。业主大会决定续聘且物业服务企业接受的，业主委员会与物业服务企业应当在物业服务合同届满前重新签订物业服务合同。

物业服务企业决定物业服务合同期限届满后不再为该物业管理区域提供物业服务的，应当提前三个月书面告知业主委员会。

物业服务合同期限届满后，业主大会没有作出续聘或者另聘物业服务企业决定，物业服务企业按照原合同继续提供服务的，原合同权利义务延续。在合同权利义务延续期间，任何一方提出终止合同的，应当提前三个月书面告知对方。

第四十三条 物业服务企业应当建立和保存下列档案和资料：

（一）小区共有部分经营管理档案；

（二）小区监控系统、电梯、水泵、电子防盗门等共用设施设备档案及其运行、维修、养护记录；

（三）水箱清洗记录及水箱检测报告；

（四）住宅装饰装修管理资料；

（五）业主清册；

（六）物业服务企业或者建设单位与相关公用事业单位签订的供水、供电、垃圾清运、电信覆盖等书面协议；

（七）物业服务活动中形成的与业主利益相关的其他重要资料。

物业服务合同终止时，物业服务企业应当向业主委员会移交本规定第十条第一款和前款规定的档案和资料，以及物业管理用房。

第四十四条 物业服务收费应当遵循合理、公开、质价相符的原则。

物业服务收费实行政府指导价和市场调节价，同一物业管理区域内实施同一物业服务内容和标准的，物业服务收费执行同一价格标准。具体办法由市人民政府另行制定。

物业服务企业可以根据业主的委托提供物业服务合同约定以外的服务项目，服务报酬由双方协商确定。

物业服务企业应当在物业管理区域内书面公布物业服务项目及其收费标准。

第四十五条 前期物业服务合同生效之日至出售房屋交付之日的当月发生的物业服务费用，由建设单位承担。

出售房屋交付之日的次月至前期物业服务合同终止之日的当月发生的物业服务费用，由物业买受人按照房屋销售合同约定的前期物业服务收费标准承担；房屋销售合同未约定的，由建设单位承担。

业主应当根据物业服务合同约定，按时交纳物业服务费；业主逾期不交纳物业服务费的，业主委员会应当督促其交纳；物业服务企业可以依法向人民法院起诉。

业主转让物业时，应当与物业服务企业结清物业服务费；未结清的，买卖双方应当对物业服务费的结算作出约定，并告知物业服务企业。

第四十六条 利用物业共用部分获取的收益，归共同拥有该物业的业主所有，主要补充专项维修资金，也可以按照业主大会的决定用于业主委员会工作经费或者物业管理方面的其他需要。

第四十七条 经专有部分占建筑物总面积过半数的业主且占总人数过半数的业主同意，业主可以自行管理物业，并对下列事项作出决定：

（一）自行管理的执行机构；

（二）自行管理的内容、标准、费用和期限；

（三）聘请专业机构的方案；

（四）其他有关自行管理的内容。

电梯、消防、技防等涉及人身、财产安全以及其他有特定要求的设施设备管理，应当委托专业机构进行维修和养护。

业主大会可以委托具有资质的中介机构对管理费用、专项维修资金、公共收益等进行财务管理，根据委托财务管理合同开通专项维修资金账户，并应当向业主每季度公布一次自行管理账目。

业主自行管理物业的具体范围和实施办法由市人民政府另行制定。

第四章 物业的使用与维护

第四十八条 物业服务企业承接物业时，应当对移交的房屋及配套设施设备和相关场地进行检查验收，并对相关资料进行核对接收。

物业服务企业应当自承接验收之日起七日内签署验收确认书。

第四十九条 建设单位应当按照国家规定的保修期限和保修范围，承担物业的保修责任。建设单位委托物业服务企业维修的，应当与物业服务企业另行签订委托协议。

建设单位应当在房屋所有权初始登记前，将物业保修金交存至指定账户，专项用于保修期内物业维修的保障。保修期内，物业保修金不足的，建设单位应当补足；保修期满后，物业保修金有余额的，应当返还建设单位。

物业保修金监管实行统一交存、资金归属不变、专款专用、政府监管的原则。

第五十条 业主、使用人应当遵守国家和本市的规定以及临时管理规约、管理规约，按照房屋安全使用规定使用物业。

禁止下列损害公共利益及他人利益的行为：

（一）损坏房屋承重结构；

（二）违法搭建建筑物、构筑物；

（三）破坏房屋外貌；

（四）擅自改建、占用物业共用部分；

（五）损坏或者擅自占用、移装共用设施设备；

（六）存放不符合安全标准的易燃、易爆、剧毒、放射性等危险性物品，或者存放、铺设超负荷物品；

（七）排放有毒、有害物质；

（八）发出超过规定标准的噪声；

（九）法律、法规和规章禁止的其他行为。

第五十一条 业主、使用人装饰装修房屋，应当遵守国家和本市的规定以及临时管理规约、管理规约。

业主、使用人装饰装修房屋的，应当事先告知物业服务企业。物业服务企业应当将装饰装修工程的禁止行为和注意事项告知业主、使用人。

在业主、使用人装饰装修房屋期间，物业服务企业应当对装饰装修房屋情况进行现场巡查，业主应当予以配合。

第五十二条 业主、使用人应当按照规划行政管理部门批准或者房地产权证书载明的用途使用物业，不得擅自改变物业使用性质。

确需改变物业使用性质的，由区、县规划行政管理部门会同区、县房屋行政管理部门提出允许改变物业使用性质的区域范围和方案，并召开听证会听取利害关系人意见后，报区、县人民政府决定。

在允许改变物业使用性质的区域范围内，具体房屋单元的业主需要改变使用性质的，应当符合法律、法规以及管理规约，经有利害关系的业主同意后报区、县房屋行政管理部门审批，并依法向其他行政管理部门办理有关手续。

第五十三条 物业服务企业发现业主、使用人在物业使用、装饰装修过程中有违反国家和本市有关规定以及临时管理规约、管理规约行为的，应当依据有关规定或者临时管理规约、管理规约予以劝阻、制止；劝阻、制止无效的，应当在二十四小时内报告业主委员会和有关行政管理部门。有关行政管理部门在接到物业服务企业的报告后，应当依法对违法行为予以制止或者处理。

第五十四条 供水、供电、供气等专业单位应当承担分户计量表和分户计量表前管线、设施设备的维修养护责任。

第五十五条 物业管理区域内，规划用于停放机动车的车位、车库的归属，由当事人通过出售、附赠或者出租等方式约定。占用业主共有的道路或者其他场地用于停放机动车的车位，属于业主共有。

建设单位所有的机动车停车位向业主、使用人出租的，其收费标准应当按照价格主管部门的规定执行。

车辆在全体共用部分的停放、收费和管理等事项，由业主大会决定。业主大会决定对车辆停放收费的，参照价格主管部门的规定确定收费标准。业主大会成立前，车辆在物业管理区域内停放的，其收费标准应当按照价格主管部门的规定执行。

车主对车辆有保管要求的，由车主和物业服务企业另行签订保管合同。

公安、消防、抢险、救护、环卫等特种车辆执行公务时在物业管理区域内停放，不得收费。

第五十六条 物业管理区域内的机动车停车位，应当提供给本物业管理区域内的业主、使用人使用。建设单位尚未出售的停车位，应当出租给业主、使用人停放车辆。停车位不得转让给物业管理区域外的单位、个人。停车位有空余的，可以临时出租给物业管理区域外的单位、个人。

物业管理区域内停放车辆，不得影响其他车辆和行人的正常通行。

第五十七条 新建商品住宅、公有住宅以及住宅区内的非住宅物业出售时，物业出售人和买受人应当按照国家和本市的规定交纳专项维修资金。专项维修资金应当用于物业共用部分的维修、更新和改造，不得挪作他用。

第五十八条 未建立首期专项维修资金或者专项维修资金余额不足首期筹集金额百分之三十的，业主应当按照国家和本市的相关规定、管理规约和业主大会的决定，及时补建或者再次筹集专项维修资金。

补建或者再次筹集专项维修资金应当采用分期交纳的方式，并由物业服务企业在收取物业服务费时予以代收。业主大会也可以决定由业主一次性交纳。

业主申请房地产转移登记或者抵押登记时，应当同时向房地产登记机构提供已足额交纳专项维修资金的相关凭证。

第五十九条 专项维修资金应当存入银行专户，按幢立账、按户核算。

受委托的物业服务企业至少每半年公布一次专项维修资金和公共收益的收支情况，接受业主的监督。

第六十条 专项维修资金使用实行工程审价和使用程序审核。

业主委员会任期届满前，应当在换届改选小组的指导下委托有资质的中介机构对专项维修资金、公共收益的使用情况以及业主委员会工作经费进行财务审计。

第六十一条 物业维修、更新、改造和养护的费用，按照下列规定承担：

（一）专有部分的所需费用，由拥有专有部分的业主承担；

（二）部分共用部分的所需费用，由拥有部分共用部分业主按照各自拥有的房屋建筑面积比例共同承担；

（三）全体共用部分的所需费用，由物业管理区域内的全体业主按照各自拥有的房屋建筑面积比例共同承担。

按照本规定设立专项维修资金的，部分共用部分、全体共用部分的维修、更新和改造费用在专项维修资金中列支。但物业的共用部分属于人为损坏的，费用应当由责任人承担。

第六十二条 物业部分共用部分的维修、更新和改造应当由部分共用的业主决定，并经专有部分占部分共用部分建筑物总面积三分之二以上的业主且占部分共用部分总人数三分之二以上的业主同意，其他决定事项，应当经专有部分占部分共用部分建筑物总面积过半数的业主且占部分共用部分总人数过半数的业主同意。

前款决定不得与业主大会对全体共用部分作出的决定相抵触。对上述决定，业主委员会应当执行。

第六十三条 机动车停车场（库）的维修、养护费用由其所有人承担。机动车停车场（库）的专项维修资金按照物业管理专项维修资金标准交纳，纳入业主大会的专项维修资金账户管理，单独核算。

第六十四条　建设单位未按照规定提出成立业主大会书面报告前，专项维修资金不得动用，住宅共用部位、共用设施设备需要维修、更新和改造的，应当由建设单位承担物业维修责任。

建设单位已经按照规定提出成立业主大会的书面报告但业主大会尚未成立期间，需要动用专项维修资金的，物业服务企业应当提出维修实施方案，由物业所在地的居民委员会或者村民委员会组织征询业主意见，经全体共用部分业主依法讨论通过后，由物业服务企业组织实施。仅涉及部分共用部分的，可以提交涉及共用部分的业主依法讨论通过。

维修费用经市房屋行政管理部门指定的中介机构审价后，在专项维修资金中列支。

第六十五条　业主应当定期对物业进行维修养护，并按照规定检测和鉴定。

物业服务企业应当根据物业服务合同的约定，履行物业维修养护义务。

物业出现国家和本市规定的必须维修养护的情形时，业主或者物业服务企业应当及时履行维修养护义务。

第六十六条　发生下列紧急情况时，物业服务企业应当立即采取应急防范措施，并制定维修、更新方案，同时向业主委员会和物业所在地房管办事处报告：

（一）电梯、水泵故障影响正常使用的；

（二）消防设施损坏，消防部门出具整改通知书的；

（三）外墙墙面有脱落危险、屋顶或外墙渗漏等情况，严重影响房屋使用和安全，经有资质的鉴定机构出具证明的。

前款规定涉及维修费用需要动用住宅专项维修资金的，业主大会成立前，物业服务企业应当持有关材料，报区、县房屋行政管理部门审核同意，并经具有相应资质的中介机构审价后，在专项维修资金中直接列支；业主大会成立后，物业服务企业应当持有关材料，向业主委员会提出列支住宅专项维修资金，由业主委员会审核同意，报区、县房屋行政管理部门备案，并经具有相应资质的中介机构审价后，在专项维修资金中列支。

发生本条第一款所列情形，未按规定实施维修和更新、改造的，区、县房屋行政管理部门可以组织代为维修，维修费用在专项维修资金中列支。

第六十七条 物业存在房屋结构安全隐患或者被鉴定为危险房屋，可能危及公共利益或者他人合法权益时，责任人应当及时维修养护，有关业主应当予以配合。责任人不履行维修养护义务的，可以由物业服务企业报经业主大会同意或者直接按照管理规约的规定，代为维修养护或者采取应急防范措施，费用由责任人承担。

第六十八条 物业管理区域内的房屋外墙应当保持整洁和完好，并定期进行清洗或者粉刷，具体办法由市人民政府另行制定。

第六十九条 物业共用部分需要维修、养护、更新、改造的，相关专有部分的业主、使用人应当予以配合。

供水、供电、供气、信息、环卫、邮政、民防等专业单位进行相关作业需要进入物业管理区域的，物业服务企业应当予以配合；需要进入专有部分的，相关业主、使用人应当予以配合。

上述作业造成共有部分或者专有部分损失的，责任人应当依法恢复原状、承担赔偿责任。

第五章　法律责任

第七十条 违反本规定的行为，法律、行政法规或者本市其他法规有处罚规定的，依照有关法律、法规处理。

第七十一条 业主、使用人违反管理规约应当承担相应的民事责任。对违反管理规约的，业主委员会应当予以劝阻、制止；对不听劝阻的，业主委员会可以在物业管理区域内就相关情况予以公示；相关业主可以依法向人民法院提起民事诉讼。

第七十二条 发现物业服务企业不再符合原资质等级条件的，房屋行政管理部门应当责令限期改正；逾期不改正的，重新核定其资质等级，其中原资质等级为一级的，报国务院建设主管部门处理。

第七十三条 建设单位违反本规定第十三条第一款规定，未将物业管理区域符合业主大会成立条件的情况书面报告物业所在地乡、镇人民政府或者街道办事处，或者未按照规定提供有关资料的，由区、县房屋行政管理部门责令限期改正，可处一万元以上十万元以下的罚款。

第七十四条　违反本规定第三十三条第一款规定，物业服务企业聘用的物业服务项目经理未取得相应的资格证书的，由区、县房屋行政管理部门责令物业服务企业限期改正，并可处五万元以上二十万元以下的罚款。

第七十五条　建设单位违反本规定第四十九条第二款规定，未交存物业保修金的，由区、县房屋行政管理部门责令限期改正；逾期不改正的，处一万元以上五万元以下的罚款，并自逾期之日起按日加收万分之三的滞纳金。

第七十六条　违反本规定第五十条第二款第一项规定，损坏房屋承重结构的，由区、县房屋行政管理部门责令立即改正，恢复原状，可处一万元以上十万元以下的罚款；情节严重的，可处十万元以上二十万元以下的罚款。

第七十七条　违反本规定第五十条第二款第二项规定，违法搭建建筑物、构筑物的，由房屋、城管执法或者规划行政管理部门按照职责分工，责令限期拆除，可处一万元以上十万元以下的罚款；当事人逾期未拆除的，房屋、城管执法或者规划行政管理部门可以申请区、县人民政府组织强制拆除。

对正在实施违法搭建建筑物、构筑物的，由房屋、城管执法或者规划行政管理部门按照职责分工，责令立即停止施工，可以暂扣施工工具、材料；拒不改正的，可以组织代为改正，代为改正的费用由当事人承担。

第七十八条　违反本规定第五十条第二款第三项、第四项、第五项规定，破坏房屋外貌，擅自改建、占用物业共用部分，损坏或者擅自占用、移装共用设施设备的，由区、县房屋行政管理部门责令改正，恢复原状，可处一千元以上一万元以下的罚款；情节严重的，可处一万元以上十万元以下的罚款。

第七十九条　业主、使用人违反本规定第五十二条规定，擅自改变物业使用性质的，由区、县房屋行政管理部门责令限期改正，恢复原状，可处一万元以上五万元以下的罚款。

第八十条　物业服务企业违反本规定第五十三条规定，对业主、使用人的违法行为未予以劝阻、制止或者未在规定时间内报告有关行政管理部门的，由区、县房屋行政管理部门责令改正，可处一千元以上一万元以下的罚款。

第八十一条　建设单位违反本规定第五十六条第一款规定，不将机动车停车位提供给本物业管理区域内业主、使用人使用的，由区、县房屋行政管理部门责令立即改正，并处一万元以上十万元以下的罚款。

第八十二条 违反本规定第五十七条规定，物业出售人未按规定交纳专项维修资金的，由房屋行政管理部门责令限期改正，可处应交专项维修资金数额一倍以下的罚款。

违反本规定第五十八条第一款规定，业主未按要求补建或者再次筹集专项维修资金的，由房屋行政管理部门责令限期改正。

第八十三条 当事人对房屋行政管理部门以及其他有关行政管理部门的具体行政行为不服的，可以依照《中华人民共和国行政复议法》或者《中华人民共和国行政诉讼法》的规定，申请行政复议或者提起行政诉讼。

当事人对具体行政行为逾期不申请复议，不提起诉讼，又不履行的，作出具体行政行为的行政管理部门可以依法申请人民法院强制执行。

第八十四条 房屋行政管理部门，乡、镇人民政府，街道办事处，房管办事处以及相关行政管理部门的工作人员违反本规定，有下列情形之一的，由其所在单位或者上级主管部门依法给予行政处分；构成犯罪的，依法追究刑事责任：

（一）违法实施行政许可或者行政处罚的；

（二）未按照本规定履行监督检查职责的；

（三）发现违法行为不及时查处，或者包庇、纵容违法行为，造成后果的；

（四）其他玩忽职守、滥用职权、徇私舞弊的情形。

第六章　附　则

第八十五条 本规定中有关专业用语的含义：

（一）专有部分，是指在构造上及利用上具有独立性，由单个业主独立使用、处分的物业部位。

（二）部分共用部分，是指由部分业主共同使用、管理的物业部位、设施设备及场地等部分。

（三）全体共用部分，是指由全体业主共同使用、管理的物业部位、设施设备及场地等部分。

第八十六条 市房屋行政管理部门应当制定临时管理规约、管理规约、首次业主大会会议表决规则、业主大会议事规则、业主委员会成员候选人产生办法、业主委员会选举办法、物业服务合同等示范文本。

第八十七条 非住宅物业管理，参照本规定执行。

第八十八条 本规定自2011年4月1日起施行。

《广东省物业管理条例》

第一章　总则

第一条　为了规范物业管理活动，维护业主、物业服务企业的合法权益，营造和谐、安全、文明、整洁的居住和工作环境，根据《中华人民共和国物权法》《教室物业管理条例》等法律、行政法规，结合本省实际，制定本条例。

第二条　本条例适用于本省行政区域内物业管理活动。

本条例所称物业管理，是指业主通过选聘物业服务企业，由业主和物业服务企业按照物业服务合同约定，对房屋及配套的设施设备和相关场地进行维修、养护、管理，维护物业管理区域内的环境卫生和相关秩序的活动。

第三条　各级人民政府应当规范物业管理工作，保障业主对物业依法享有的管理权，促进物业管理向专业化、市场化发展，鼓励采用新技术、新方法，提高物业管理和服务水平。

第四条　省人民政府建设行政主管部门负责全省物业管理活动的监督管理工作。

市、县（区）人民政府房地产行政主管部门负责本行政区域内物业管理活动的监督管理工作。

各级人民政府有关行政管理部门在各自职责范围内，做好物业管理区域内的有关工作。

第五条　街道办事处、乡镇人民政府会同物业所在地的区、县人民政府房地产行政主管部门对设立业主大会和选举业主委员会给予指导和协助，协调处理物业管理中的纠纷。居民委员会、村民委员会予以协助和配合。

第六条　物业管理行业协会应当依法加强行业自律管理，规范行业行为，维护市场秩序和公平竞争，建立物业服务企业及其从业人员诚信档案，督促其依法、诚信经营和服务，对违反法律法规和行业规范的行为给予通报批评和公开谴责，促进行业健康发展。

第二章 物业管理区域

第七条 物业管理区域根据物业建设用地规划许可证确定的红线图范围，结合物业的共用设施设备、社区建设等因素划定。物业的配套设施设备共用的，应当划定为一个物业管理区域。但其设施设备能够分割、独立使用的，可以划定为不同的物业管理区域。

旧城区、城中村等没有实施物业管理的建成居住区需要实施物业管理的，由街道办事处、乡镇人民政府征求相关业主意见后，确定物业管理区域。

对物业管理区域划定有争议的，物业所在地的区、县人民政府房地产行政主管部门应当征求物业所在地街道办事处、乡镇人民政府、相关业主、居民委员会的意见后确定。

第八条 新建物业出售前，建设单位应当将划定的物业管理区域向物业所在地的区、县人民政府房地产行政主管部门备案，并将经备案的物业管理区域在商品房买卖合同中明示。

已经实施物业管理的区域，由物业服务企业向物业所在地的区、县人民政府房地产行政主管部门备案。

街道办事处、乡镇人民政府确定的物业管理区域，由街道办事处、乡镇人民政府向物业所在地的区、县人民政府房地产行政主管部门备案。

第九条 一个物业管理区域成立一个业主大会，由一个物业服务企业提供物业管理服务。

第三章 业主、业主大会及业主委员会

第十条 房屋的所有权人为业主。

尚未登记取得所有权，但基于买卖、赠予、拆迁补偿等旨在转移所有权的法律行为已经合法占有该房屋的人，在物业管理活动中享有法律法规规定的业主的权利，并承担相应的义务。

第十一条 业主依法成立业主大会，选举业主委员会。

业主大会由物业管理区域内全体业主组成，代表和维护全体业主在物业

管理活动中的合法权益，依法履行职责。

一个物业管理区域内业主人数较少且经全体业主一致同意，决定不成立业主大会的，由业主共同履行业主大会、业主委员会的职责。

第十二条 已交付使用的物业建筑面积达到物业管理区域建筑面积百分之五十的，建设单位应当书面报告物业所在地街道办事处、乡镇人民政府，并在物业管理区域的显著位置公告。

第十三条 百分之二十以上业主可以联名向街道办事处、乡镇人民政府提出成立业主大会的书面要求。

已交付使用的物业建筑面积达到物业管理区域建筑面积百分之五十以上的，业主可以向街道办事处、乡镇人民政府提出成立业主大会的书面要求。

符合前两款情形之一的，街道办事处、乡镇人民政府应当在三十日内会同物业所在地的区、县人民政府房地产行政主管部门指导、协助业主推荐产生业主大会筹备组。

业主大会筹备组由业主代表、建设单位以及街道办事处、乡镇人民政府代表七至十五人组成，其中业主代表应当不少于首次业主大会筹备组人数的百分之六十。业主大会筹备组成员名单应当自成立之日起七日内在物业管理区域的显著位置公告。

第十四条 建设单位和物业服务企业应当协助业主大会筹备组工作，向业主大会筹备组提供业主清册、物业建筑的基本资料（包括物业管理区域内地上、地下的建筑物、设施设备和相关场地等）、已筹集的专项维修资金清册等文件资料，并在物业管理区域提供相应的人力、场地支持。

业主大会筹备组应当对业主资料保密，不得将前款资料用于与业主大会筹备无关的活动。

第十五条 业主大会筹备组应当自成立之日起六个月内，组织召开首次业主大会会议。

业主大会筹备组履行下列职责：

（一）确定首次业主大会会议召开的时间、地点、形式和内容；

（二）拟订管理规约草案和业主大会议事规则草案；

（三）确认业主身份，确定业主在首次业主大会会议上的投票权数；

（四）确定业主委员会委员候选人产生办法及名单；

（五）召开首次业主大会会议的其他准备工作。

前款（一）至（四）项的内容应当在首次业主大会会议召开十五日前在物业管理区域的显著位置公告并书面通知全体业主。

第十六条 首次业主大会会议应当对管理规约、业主大会议事规则进行表决，并选举业主委员会。

第十七条 管理规约应当对有关物业的使用、维护、管理业主的共同利益，业主应当履行的义务，违反管理规约应当承担的责任等事项依法作出约定。管理规约对全体业主、物业使用人具有约束力。

业主大会议事规则应当就业主大会的议事方式、表决程序，业主委员会的组成、成员任期及职务终止等事项作出约定。

第十八条 业主大会会议分为定期会议和临时会议。

业主大会定期会议应当按照业主大会议事规则的规定召开。

经业主委员会决定，或者百分之二十以上的业主提议，业主委员会应当组织召开业主大会临时会议。

业主委员会不按照前两款规定组织召开业主大会定期会议、临时会议的，业主可以向物业所在地街道办事处、乡镇人民政府提出协助要求，街道办事处、乡镇人民政府应当协调组织召开。

第十九条 召开业主大会会议，应当于会议召开十五日前将会议时间、地点、议题和议程在物业管理区域的显著位置公告，并书面通知全体业主。

业主大会会议可以采用集体讨论的形式，也可以采用书面征求意见等形式。采用书面征求意见形式的，应将书面征求意见的结果在物业管理区域内公示三十日以上，业主有权查阅相关资料。

第二十条 业主可以幢、单元或者楼层为单位，推选业主代表参加业主大会会议。

推选业主代表参加业主大会会议的，业主代表应当在参加业主大会会议三日前，就业主大会会议拟讨论的事项书面征求其所代表的业主意见。需要投票表决的，业主的赞同、反对及弃权的具体票数经本人签字后，由业主代表在业主大会投票时如实反映。

第二十一条 业主可以委托他人参加业主大会会议。业主委托他人参加业主大会会议的，应当出具书面委托书，载明委托事项、委托权限及期限。

第二十二条 业主大会决定筹集和使用专项维修资金、改建或者重建建筑物及其附属设施的，应当经专有部分占建筑物总面积三分之二以上的业主且占总人数三分之二以上的业主同意；决定其他有关共有和共同管理权利重大事项的，应当经专有部分占建筑物总面积过半数的业主且占总人数过半数的业主同意。面积和业主人数按照下列方式确定：

（一）专有部分面积，按照建筑面积计算；建筑物总面积，按专有部分面积之和计算。

（二）建设单位已经出售的专有部分的业主人数，一户按一人计算；建设单位未出售的专有部分按一人计算；总人数，按照两者之和计算。

第二十三条 业主大会会议表决采用记名投票的方式。

任何人不得伪造业主选票、表决票、业主签名或者书面委托书。选票、表决票和书面委托书应当妥善保管，以备查询。

第二十四条 业主委员会是业主大会的执行机构，履行下列职责：

（一）召集业主大会会议，向业主大会报告工作；

（二）代表业主与业主大会决定选聘或者续聘的物业服务企业签订物业服务合同；

（三）及时了解业主、物业使用人的意见和建议，监督和协助物业服务企业履行物业服务合同；

（四）督促业主、物业使用人遵守管理规约，协调处理物业管理活动中的相关问题；

（五）配合街道办事处、乡镇人民政府、居民委员会做好物业管理区域的社区建设工作；

（六）法律法规规定或者业主大会赋予的其他职责。

业主委员会对全体业主负责，接受业主监督。

第二十五条 业主委员会委员应当从具备以下条件的业主中选举产生：

（一）具有完全民事行为能力；

（二）遵纪守法，热心公益事业，责任心强，具有较强的公信力和组织能力；

（三）遵守管理规约，履行业主义务，按时交纳住宅专项维修资金和物业服务费用，无损害公共利益行为；

（四）本人及其近亲属未在为本物业管理区域提供物业服务的企业及其下属单位任职。

第二十六条　业主委员会一般由五至十五人的单数委员组成，每届任期不超过五年，可以连选连任，具体人数、任期由业主大会议事规则约定。业主委员会主任、副主任在业主委员会成员中推选产生。

业主委员会委员候选人由业主联名推荐、业主自荐等方式产生。

业主委员会是否实行差额选举以及实行差额选举的差额比例由业主大会议事规则约定。

业主委员会实行差额选举的，未当选业主委员会委员且得票数达到法定票数的候选人，可以按照得票顺序当选业主委员会候补委员。候补委员人数由业主大会议事规则约定。候补委员可以列席业主委员会会议，不具有表决权。

第二十七条　业主委员会应当自选举产生之日起三十日内，向物业所在地的区、县人民政府房地产行政主管部门和街道办事处、乡镇人民政府备案。备案时应提交以下材料：

（一）管理规约、业主大会议事规则；

（二）业主大会的会议记录和会议决定；

（三）业主委员会委员（候补委员）名单及其基本情况。

物业所在地的区、县人民政府房地产行政主管部门应当在收到上述材料后五日内发出备案回执。

业主委员会收到备案回执后，应将备案情况告知物业服务企业，并在物业管理区域的显著位置公告。

备案的有关事项发生变更的，业主委员会应当自变更之日起十五日内书面报告物业所在地的区、县人民政府房地产行政主管部门和街道办事处、乡镇人民政府。

第二十八条　业主委员会凭物业所在地的区、县人民政府房地产行政主管部门的备案回执，向公安机关申请刻制印章，按照业主大会议事规则的规定和业主大会的决定使用。

第二十九条 业主委员会会议应当按照业主大会议事规则的规定定期召开。经三分之一以上业主委员会委员提议或者业主委员会主任认为有必要的，可以召开业主委员会会议。

业主委员会会议应当有过半数委员出席，作出决定必须经全体委员过半数同意，并在物业管理区域的显著位置公布。

第三十条 业主委员会委员应当遵守法律法规和管理规约，不得有下列行为：

（一）挪用、侵占业主共有财产；

（二）索取、非法收受建设单位、物业服务企业或者有利害关系业主提供的利益或者报酬；

（三）利用职务之便要求物业服务企业减免物业服务费；

（四）违反物业服务合同拒不交纳物业服务费用；

（五）泄露业主资料或者将业主资料用于与物业管理无关的活动；

（六）其他损害业主共同利益或者可能影响其公正履行职责的行为。

业主委员会委员违反前款规定的，经业主委员会会议决定中止其委员职务，并提请业主大会会议决定终止其委员职务。

第三十一条 业主委员会委员有下列情形之一的，其委员职务自行终止：

（一）因物业转让等原因不再是业主的；

（二）因疾病等原因丧失履行职责能力的；

（三）任职期间被依法追究刑事责任的；

（四）本人以书面形式向业主大会或者业主委员会提出辞职的；

（五）业主大会议事规则约定的其他情形。

第三十二条 业主委员会委员职务终止，有候补委员的，由候补委员依次递补。业主委员会应当及时将业主委员会委员职务终止和候补委员递补的情况在物业管理区域的显著位置公告。

职务终止的业主委员会委员应当自公告之日起三日内将其保管的属于业主大会、业主委员会所有的资料、印章等物品交回业主委员会。

第三十三条　业主委员会委员缺员，由候补委员递补后仍不足五人，或者后期物业的业主入住后需增补业主委员会委员的，业主委员会应当组织召开业主大会会议补选业主委员会委员。

业主委员会委员集体辞职的，应当召开业主大会会议重新选举业主委员会。业主可以向物业所在地街道办事处、乡镇人民政府提出协助要求，街道办事处、乡镇人民政府应当给予协助。

第三十四条　业主委员会任期届满三个月前，应当组织召开业主大会会议选举产生新一届业主委员会。业主委员会任期届满仍未组织召开业主大会会议进行换届选举的，业主可以向物业所在地街道办事处、乡镇人民政府提出协助要求，街道办事处、乡镇人民政府应当给予协助。

业主委员会应当在任期届满三日内，将属于业主大会、业主委员会的有关财物、文件资料、印章等移交给新一届业主委员会。

业主委员会任期届满，不得继续履行职责。

第三十五条　业主委员会日常工作经费由全体业主承担，经费的筹集、管理和使用由业主大会决定。

业主委员会应当按季度在物业管理区域的显著位置公布工作经费的使用情况，接受业主监督。

第四章　前期物业管理

第三十六条　前期物业管理阶段的住宅物业，建设单位应当通过招投标的方式选聘具有相应资质的物业服务企业进行前期物业管理服务，并签订书面的前期物业服务合同。投标人少于三个或者总建筑面积不超过五万平方米的住宅物业，经物业所在地的区、县人民政府房地产行政主管部门批准，可以采用协议方式选聘具有相应资质的物业服务企业。

分期开发的物业划定为一个物业管理区域的，应当由同一物业服务企业提供服务。

物业服务企业应当于合同签订之日起十五日内将前期物业服务合同报物业所在地的区、县人民政府房地产行政主管部门和街道办事处、乡镇人民政府备案。

第三十七条 建设单位与物业买受人签订的商品房买卖合同，应当包含前期物业服务合同约定的内容，载明由物业买受人交纳的前期物业服务费的时间、标准和方式。

实行政府指导价的前期物业服务费标准，应当按照政府指导价的有关规定执行。

第三十八条 建设单位应当按照不少于物业管理区域总建筑面积千分之二的比例，在物业管理区域内配置物业服务用房，最低不少于五十平方米，最高不超过三百平方米。其中，业主委员会办公用房最低不少于十平方米，最高不超过六十平方米。分期开发建设的物业，建设单位应当在先期开发的区域按照不少于先期开发房屋建筑面积千分之二的比例配置物业服务用房。

物业服务用房应当为地面以上的独立成套装修房屋，具备水、电使用功能；没有配置电梯的物业，物业服务用房所在楼层不得高于四层。

物业服务用房的所有权依法属于全体业主，专用于物业管理服务工作，不得挪作他用。

第三十九条 县级以上人民政府城乡规划行政主管部门应当在审批建设工程规划许可证时，按前条规定明确物业服务用房的位置和面积。建设单位应当在商品房预售时予以公布。

县级以上人民政府房地产行政主管部门应当在办理所有权初始登记时，在房地产登记簿中注明物业服务用房面积和房号以及物业的其他共有部分。业主有权查询。

第四十条 建设单位在交付物业前，应当对物业服务用房、共用场地、共用设施设备配置独立的水、电、气计量器具。

第四十一条 物业买受人应当在建设单位交付物业后按照商品房买卖合同的约定交纳物业服务费用。

物业管理区域尚未出售或者已出售但尚未交付给物业买受人的物业，其物业服务费用由建设单位按照该物业区域同类物业的标准全额交纳。

建设单位出售物业时，不得承诺或者约定减免物业服务费用。建设单位已经承诺或者约定减免的物业服务费用，由建设单位承担。

第四十二条 物业服务企业承接物业时，应当对物业共用部位、共用设施设备进行查验。

在办理物业承接验收手续时，建设单位应当向物业服务企业移交下列资料：

（一）物业的报建、批准文件，竣工总平面、单体建筑、结构、设备竣工图，配套设施、地下管网工程竣工图等竣工验收资料；

（二）设施设备买卖合同复印件及安装、使用和维护保养等技术资料；

（三）物业质量保修文件和物业使用说明文件；

（四）物业管理区域内各类建筑物、场地、设施设备的清单；

（五）物业及配套设施的产权清单；

（六）物业服务用房的清单；

（七）物业的使用、维护、管理必需的其他资料。

建设单位、物业服务企业不得泄露业主资料，物业服务企业不得将业主资料用于与物业管理服务无关的活动。在前期物业服务合同终止时，物业服务企业应当将前款资料移交给业主委员会。

第四十三条 物业服务企业应当听取业主、物业使用人对物业管理服务的意见和建议，及时处理业主投诉，改进物业管理服务。

物业服务企业不及时处理业主的投诉的，居民委员会、街道办事处、乡镇人民政府、物业所在地的区、县人民政府房地产行政主管部门应当及时协调处理；对物业服务企业损害业主、物业使用人合法权益的，物业所在地的区、县人民政府房地产行政主管部门应当责令其限期整改，物业服务企业应当按期整改。

第五章 物业管理服务

第四十四条 业主大会成立后，业主委员会应当与业主大会选聘或者续聘的物业服务企业签订物业服务合同。签订合同时，业主委员会应当出具业主大会选聘或者续聘物业服务企业的决定和业主委员会的合法有效证明。

物业服务合同应当对物业管理范围、物业管理服务事项、服务标准、服务费用、双方的权利义务、专项维修资金的管理与使用、物业服务用房的使用、共用部位和共用设施设备的管理使用、合同期限、物业服务企业的退出、资料的移交、违约责任等内容进行约定。

物业服务企业应当于合同签订之日起十五日内将物业服务合同报物业所在地的区、县人民政府房地产行政主管部门和街道办事处、乡镇人民政府备案。

第四十五条 物业服务企业应当按照法律法规的规定和物业服务合同的约定，为业主提供服务，并配合政府有关部门、街道办事处、乡镇人民政府开展社区服务和社区文化活动。

第四十六条 物业服务企业应当明码标价，将服务内容、服务标准以及收费项目、收费标准等有关情况在物业管理区域的显著位置进行公示。

物业服务企业可以根据业主的委托提供物业服务合同约定以外的服务项目，服务报酬由双方协商确定。

第四十七条 业主应当按照物业服务合同的约定，按时交纳物业服务费用。物业产权转移时，业主应当与物业服务企业结清物业服务费用。

第四十八条 物业管理区域内，供水、供电、供气、通信、有线电视等单位应当服务到最终用户，并向最终用户收取有关费用。

第四十九条 物业服务收费实行酬金制的，物业服务企业应当向业主大会或者全体业主公布物业服务资金年度预决算，并每年不少于一次公布物业服务资金的收支情况。业主委员会可以聘请专业机构对物业服务资金的收支情况进行审计。

物业服务企业应当定期公布共用场地、共用设施设备产生的水电用量、单价、金额，按照实际费用和约定的方式向全体业主合理分摊。没有约定或者约定不明确的，按照业主专有部分占建筑物总面积的比例分摊。

业主或者业主大会对公布的物业服务资金年度预决算和物业服务资金的收支情况，以及共用场地、共用设施设备产生的水电费的分摊情况提出异议时，物业服务企业应当及时答复。

第五十条 物业服务合同期限届满三个月前，业主委员会应当组织召开业主大会决定选聘或者续聘物业服务企业，并将决定书面告知物业服务企业；物业服务企业决定不再续签物业服务合同的，应当在物业服务合同期限届满三个月前书面告知业主委员会。业主大会决定续聘的，业主委员会应当在物业服务合同期限届满一个月前与物业服务企业续签物业服务合同。

业主大会决定选聘新的物业服务企业的，原物业服务企业应当在物业服务合同终止之日起十五日内退出物业管理区域。

物业服务合同期限届满，业主大会没有作出选聘或者续聘决定，原物业服务企业自愿按照原合同约定继续提供服务的，物业服务合同自动延续至业主大会作出选聘或者续聘决定为止。

第五十一条　物业服务企业退出时，应当向业主委员会移交其合法占有的下列资料和财物，并配合新的物业服务企业做好交接工作：

（一）第四十二条规定的资料；

（二）物业服务用房；

（三）物业管理服务期间改造、维修、保养有关物业形成的技术资料；

（四）物业管理服务期间配置的固定设施设备；

（五）其他应当移交的财物、资料。

第五十二条　业主委员会应当督促物业服务企业按照物业服务合同的约定做好物业管理服务，协调、处理业主、物业使用人对物业管理服务的投诉。

业主、物业使用人、业主委员会和物业服务企业对于物业管理服务有争议的，可以向物业所在地的区、县人民政府房地产行政主管部门、街道办事处、乡镇人民政府、居民委员会申请协调处理。

业主、物业使用人、业主委员会和物业服务企业对有关物业服务收费有争议的，可以向物业所在地价格行政主管部门申请协调处理。

第六章　物业的使用和维护

第五十三条　物业管理区域内按照规划建设的公共建筑和共用设施，不得擅自改变用途。

任何人不得擅自占用、挖掘物业管理区域的道路、场地，损害业主的共同利益。

利用物业管理区域属于业主共有的道路、绿地或者其他场地作为停放车辆的车位或者利用物业共用部位、共用设施设备进行经营的，应当征得相关业主和业主大会的同意，并依法办理相关手续。所得收益依法归全体业主共有。

第五十四条 物业管理区域内，规划用于停放汽车的车位、车库，应当首先满足本区域业主的需要。

物业管理区域内规划用于停放汽车的车位、车库，建设单位应当首先出租给本区域业主、物业使用人。在满足本区域业主、物业使用人需要后，建设单位将车位、车库出租给本区域业主、物业使用人以外的其他人的，其租赁合同期限不得超过六个月。

建设单位依法取得车位、车库权属登记后方能出售车位、车库。建设单位应当在出售车位、车库一个月前，以书面形式告知本区域全体业主，并在物业管理区域的显著位置公示拟出售车位、车库的产权证明文件和出售价格。拟出售车位、车库数量少于本区域房屋套数时，每户业主只能购买一个车位、车库。

第五十五条 物业管理区域内禁止下列行为：

（一）损坏或者擅自变动房屋承重结构、主体结构；

（二）违反法律法规以及管理规约，改变房屋用途，将住宅改变为经营性用房；

（三）将没有防水要求的房间或者阳台改为卫生间、厨房，或者将卫生间改在下层住户的卧室、起居室（厅）、书房和厨房的上方；

（四）破坏或者擅自改变房屋外观；

（五）违法搭建建筑物、构筑物；

（六）损坏或者擅自占用、改建物业共用部位；

（七）损坏或者擅自占用、移装共用设施设备；

（八）损毁树木、园林；

（九）存放不符合安全标准的易燃、易爆、剧毒、放射性等危险性物品，存放、铺设超负荷物品；

（十）乱丢垃圾，高空抛物；

（十一）发出超过规定标准的噪声或者影响邻居采光、通风；

（十二）法律法规和管理规约禁止的其他行为。

物业管理区域内发生上述行为时，业主、物业使用人有权投诉、举报，物业服务企业、业主委员会应当根据物业服务合同或者管理规约及时予以劝阻、制止；劝阻、制止无效的，物业服务企业、业主委员会应当及时报告有关行政主管部门，有关部门应当依法及时处理，相关业主和物业使用人应当积极予以配合。

第五十六条 物业共用部位、共用设施设备维修、更新时，相关业主、物业使用人应当予以配合。因相关业主、物业使用人阻挠维修、更新，造成其他业主、物业使用人财产损失的，责任人应当予以赔偿。

因物业共用部位、共用设施设备维修、更新等原因，造成房屋、设施设备等损害的，责任人应当予以恢复原状或者赔偿。

第五十七条 业主转让或者出租物业时，应当将管理规约内容、物业服务费用标准等事项告知受让人或者承租人，并自物业转让合同或者租赁合同签订之日起十五日内，将物业转让或者出租情况告知业主委员会和物业服务企业。

第五十八条 住宅物业、住宅小区内的非住宅物业或者与单幢住宅楼结构相连的非住宅物业的业主，应当按照国家规定交存住宅专项维修资金。

住宅专项维修资金实行专户存储、专款专用、业主决策、政府监督的原则。

住宅专项维修资金专户以物业管理区域为单位设账，并按房屋户门号设分户账；未划定物业管理区域的，以幢为单位设账，按房屋户门号设分户账。

住宅专项维修资金属于业主所有，专项用于物业保修期满后物业共用部位、共用设施设备的维修和更新、改造，不得挪作他用。

第五十九条 业主转让物业时，其交存的住宅专项维修资金余额不予退还，一并转让给新业主。

第六十条 共有物业的维修、更新、改造费用，由共有该物业的业主按照各自拥有的物业专有部分建筑面积比例分摊。

第六十一条 物业保修期内发生的维修费用，由建设单位承担，不得从住宅专项维修资金中列支。

物业管理区域内依法应当由供水、供电、供气、通讯、有线电视等单位承担的相关管线和设施设备的维修、养护费用，不得从住宅专项维修资金中列支。

第七章　法律责任

第六十二条　建设单位未按照本条例第十二条规定向物业所在地街道办事处、乡镇人民政府报告并在物业管理区域公告的，或者未按照本条例第十四条规定向业主大会筹备组提供相关文件资料的，由物业所在地县级以上人民政府房地产行政主管部门责令限期改正；逾期不改正的，可以处五万元以下的罚款。

建设单位未按照本条例第三十八条规定提供物业服务用房的，由县级以上人民政府房地产行政主管部门责令限期提供；逾期不提供的，责令向业主大会交纳相应价款，用于解决物业服务用房，没收违法所得，并处十万元以上五十万元以下的罚款。

第六十三条　物业服务企业有下列情形之一的，由县级以上人民政府房地产行政主管部门按照以下规定予以处罚：

（一）业主大会决定选聘新的物业服务企业后，原物业服务企业不按规定退出物业管理区域的，责令限期退出；逾期拒不退出的，处五万元以上十五万元以下的罚款，并由颁发其资质证书的房地产行政主管部门吊销其资质证书；

（二）损毁或者破坏属于全体业主的档案资料、财物和共用设施设备的，可处五万元以上二十万元以下的罚款。

物业服务企业违反本条例第三十七条第二款规定，擅自提高收费标准，增加收费项目的，由县级以上人民政府价格行政主管部门根据有关法律法规的规定予以处罚。

第六十四条　物业服务企业人员对业主或者物业使用人采取人身、财产侵害等行为的，应当依法承担民事责任；对违反治安管理的行为，依照《中华人民共和国治安管理处罚法》予以处罚；构成犯罪的，依法追究刑事责任。

第六十五条　业主委员会作出的决定违反法律法规规定或者业主大会决定，给业主、物业服务企业造成损害的，由签字同意该决定的业主委员会委员承担民事责任。

业主委员会违反法律法规规定，严重侵害业主合法权益或者严重影响公共秩序的，由政府有关部门依法追究责任。

第六十六条 业主委员会委员违反本条例第三十条规定的，由县级以上人民政府相关行政主管部门依法处理，并在其物业管理区域内予以通报；构成犯罪的，依法追究刑事责任。

业主委员会委员职务终止后未将其保管的属于业主大会、业主委员会所有的资料、印章等物品交回业主委员会，业主委员会任期届满后未及时将有关财物、文件资料、印章等移交新一届业主委员会的，由县级以上人民政府房地产行政主管部门责令限期改正，并给予警告。

第六十七条 违反本条例规定，泄露业主资料或者将业主资料用于与物业管理服务无关的活动的，依法追究法律责任。

第六十八条 违反本条例第五十五条规定，给他人造成损害的，依法承担民事责任，并由有关行政主管部门按照下列规定予以查处；构成犯罪的，依法追究刑事责任：

（一）违反第一项规定的，由县级以上人民政府建设行政主管部门责令限期改正，处五万元以上十万元以下的罚款。

（二）违反第二项、第四项、第五项规定的，由县级以上人民政府城乡规划行政主管部门依照有关法律法规的规定查处。

（三）违反第三项规定的，由县级以上人民政府建设行政主管部门责令限期拆除，并对业主、物业使用人处一千元以上五千元以下的罚款，对装饰装修企业处五千元以上五万元以下的罚款；逾期未拆除的，县级以上人民政府建设行政主管部门可以申请人民法院强制执行。

（四）违反第六项、第七项规定的，由县级以上人民政府房地产行政主管部门责令限期改正，给予警告；对个人可以处一万元以下的罚款；对单位可以处二十万元以下的罚款。

（五）违反第八项、第九项、第十项、第十一项、第十二项规定的，由相关行政主管部门依法查处。

第六十九条 县级以上人民政府房地产行政主管部门、街道办事处、乡镇人民政府以及其他有关行政管理部门的工作人员利用职务上的便利，收受他人财物或者其他好处，不依法履行监督管理职责，或者发现违法行为不予查处，尚未构成犯罪的，依法给予处分；构成犯罪的，依法追究刑事责任。

第八章　附则

第七十条　本条例所称共用部位，是指属于业主共有共用的房屋主体承重结构部位（包括基础、内外承重墙体、柱、梁、楼板、屋面等）、走廊通道、楼梯间、电梯井、物业服务用房，以及房屋外墙面等。

本条例所称共用设施设备，是指物业区域内供排水管道、水箱、加压水泵、电梯、天线、照明设施、供电线路、煤气（天然气）管道、消防设施、沟渠、池、井、公益性文体等设施设备。

第七十一条　本条例自2009年3月1日起施行。

《深圳经济特区住宅区物业管理条例（修正）》

第一章 总 则

第一条 为加强深圳经济特区（以下简称特区）的住宅区物业管理，明确业主、物业管理公司及其他有关管理部门的权利和义务，保障住宅区物业的合理使用，维护住宅区的公共秩序，创造良好的生活环境，制定本条例。

第二条 本条例所称住宅区，是指以住宅为主，并有相应配套公用设施及非住宅房屋的居住区。住宅区的范围由深圳市人民政府（以下简称市政府）住宅行政管理部门会同有关部门划定。

本条例所称物业，是指住宅区内各类房屋及相配套的公用设施、设备及公共场地。

本条例所称业主，是指住宅区内住宅和非住宅房屋的所有权人。

第三条 住宅区的公共场所和公用设施，由全体业主、承租人和其他非业主使用人共同使用与维护。

第四条 住宅区物业管理实行业主自治与专业服务相结合，属地管理与行业管理相结合的管理模式。

第五条 业主、承租人有依法参加住宅区物业管理的权利，并有合理使用房屋和公用设施，维护住宅区公共利益的义务。

第六条 市政府住宅行政管理部门是特区住宅区物业管理的主管部门（以下简称市住宅主管部门）。

各区人民政府住宅行政管理部门（以下简称区住宅主管部门）是本辖区内住宅区物业管理的业务管理部门，对本辖区的住宅区物业管理依法进行指导、监督。

第七条 各住宅区可以根据本条例规定成立业主委员会。业主委员会应当接受市、区住宅主管部门的指导和监督。

第八条 物业管理公司根据本条例规定和业主委员会的委托对住宅区的物业统一实施管理。

物业管理公司应当在其管理的住宅区内设住宅区管理处。

第二章　业主大会及业主委员会

第九条　住宅区入住率达到百分之五十以上或自第一个业主入住之日起满两年的，开发建设单位或其委托的单位应当及时告知区住宅主管部门、区住宅主管部门应在接到通知之日起六个月内召集第一次业主大会，选举产生业主委员会，开发建设单位应当协助召集业主大会。

分期开发的住宅区，经已入住的过半数投票权的业主申请，区住宅主管部门可以召集临时业主大会，在分期开发期间成立临时业主委员会。临时业主委员会的权利、义务与业主委员会的权利、义务相同。

第十条　业主大会由本住宅区的业主组成。

业主大会必须经由已入住的过半数投票权的业主出席才能举行。业主可以委托代理人出席业主大会，不满十八周岁的业主由其法定代理人出席。

第十一条　业主大会由业主委员会负责召集，并每年至少召开一次。业主委员会应负责在会议召开七天前将业主大会召开日期和内容送达每名业主。

经持有住宅区全体业主百分之十以上投票权的业主提议，业主委员会应在接到该项提议之日起二十日内就其所指的提议内容召开业主大会；逾期未召集的，由提议的业主向区住宅主管部门申请，区住宅主管部门可以责令或限期业主委员会召集业主大会。

第十二条　业主大会的决定，由出席会议的业主所投票数的过半数通过。

大会表决可以采用投票方式或者其他方式，各类房屋按建筑面积每十平方米计算为一票；不足十平方米的，五平方米及五平方米以上的计算为一票，不足五平方米的不计票。

第十三条　业主大会行使下列职权：

（一）选举、罢免业主委员会的组成人员；

（二）监督业主委员会的工作；

（三）听取和审查业主委员会的工作报告；

（四）决定住宅区内关于业主利益的重大事项；

（五）修改业主公约；

（六）改变和撤销业主委员会不适当的决定；

（七）批准业主委员会章程。

第十四条 业主委员会委员由业主大会在业主中选举产生。业主委员会主任、副主任由业主委员会在其委员会中选举产生。业主委员会可聘请派出所、居民委员会等有关单位的人员担任业主委员会委员。

业主委员会委员的数额一般为十一至十七人，经业主大会决定可以适当增减，但最低不得少于五人。

业主委员会委员应当由热心公益事业、责任心强、有一定的组织能力和必要工作时间的人士担任。

业主委员会聘请执行秘书一至二名，负责处理业主委员会日常事务。

第十五条 业主委员会应当制订章程。业主委员会章程经业主委员会委员一致同意制订，并经业主大会批准。

第十六条 业主委员会及其成员名单应当自选举产生之日起十五日内，报所在地的区住宅主管部门备案。

第十七条 业主委员会每届任期三年，业主委员会委员可以连选连任。业主委员会委员为兼职，业主委员会主任可以为专职。

业主委员会会议由业主委员会主任根据工作需要召集，并应在会议召开七天前将会议通知书及有关材料送达每位委员。业主委员会召开会议时，可以邀请政府有关部门、居民委员会、物业管理公司等单位的人员和非业主使用人代表参加会议。

第十八条 业主委员会向业主大会负责并报告工作。

第十九条 业主委员会行使下列职权：

（一）召集和主持业主大会；

（二）审议决定住宅维修基金和公用设施专用基金的使用；

（三）采取公开招标方式聘请物业管理公司对住宅区进行物业管理，并与其订立、变更或解除委托管理合同；

（四）审议物业管理公司制订的对本住宅区的年度管理计划、住宅区配套工程和重大的维修工程项目；

（五）审议住宅区物业管理服务费的收费标准；

（六）监督物业管理公司对本住宅区的物业管理工作。

前款第（三）、（四）、（五）项规定的事项，应当经业主大会批准。

业主委员会根据本条第一款第（三）项的规定实施公开招标有困难的，可以委托市、区住宅主管部门实施。

第二十条 业主委员会履行下列义务：

（一）执行业主大会的各项决定；

（二）遵守和履行物业委托管理合同；

（三）不得从事各种投资和经营活动；

（四）对物业管理公司的正当经营和管理活动予以支持和配合。

第二十一条 业主委员会决定问题，采取少数服从多数的原则。

第二十二条 业主大会和业主委员会应接受市、区住宅主管部门的指导与监督。业主大会的决定、业主委员会章程的内容或业主委员会的决定不得与宪法、法律、法规和规章相抵触。

第三章 物业管理公司及其职责

第二十三条 物业管理公司根据住宅区物业委托管理合同对住宅区实施物业管理。

委托管理合同应当包括以下内容：委托管理事项、管理标准、管理权限、管理期限、管理费收支、利润及风险、监督检查、违约责任及其他权利义务条款。

委托管理合同应当报区住宅管理部门备案。

第二十四条 物业管理公司必须持有市住宅主管部门颁发的《物业管理资质证书》方可从事住宅区物业管理业务。

第二十五条 开发建设单位应当从住宅区入住前六个月开始自行或者委托物业管理公司对住宅区进行前期管理，管理费用由开发建设单位自行承担。

第二十六条 住宅区开始入住后两年内，开发建设单位自行或者委托物业管理公司对住宅区进行物业管理；业主委员会在此期间成立的，业主委员会应与开发建设单位签订委托管理合同，并行使本条例规定的各项职责，但不得终止委托管理合同；开始入住两年后，业主委员会应依本条例规定聘请物业管理公司对住宅区物业进行管理，原开发建设单位在同等条件下可以优先承包管理。

在住宅区开始入住两年后业主委员会仍未成立的，由开发建设单位自行或委托物业管理公司继续管理。

在开发建设单位自行或委托物业管理公司对住宅区进行物业管理期间，应当接受业主和有关部门的监督。

第二十七条 物业管理公司在住宅区范围内就下列事项进行管理：

（一）房屋的使用、维修、养护；

（二）消防、电梯、机电设备、路灯、连廊、自行车房（棚）、园林绿化地、沟、渠、池、井、道路、停车场等公用设施的使用、维修、养护和管理；

（三）清洁卫生；

（四）车辆行驶及停泊；

（五）公共秩序；

（六）市住宅主管部门规定和委托管理合同规定的其他物业管理事项。

第二十八条 物业管理公司的权利：

（一）根据有关法律、法规，结合实际情况，制订本住宅区物业管理办法；

（二）依据委托管理合同和有关规定收取管理费用；

（三）制止违反住宅区物业管理规定的行为；

（四）选聘专营公司承担专项经营业务。

第二十九条 物业管理公司的义务：

（一）以为业主服务为宗旨，注重社会效益、经济效益和环境效益；

（二）按市住宅主管部门规定的标准和委托管理合同对住老区实施物业管理；

（三）接受业主委员会和业主的监督；

（四）组织或协助有关部门提供社区生活服务和开展社区文化活动；

（五）按照法律、法规和市政府的有关规定从事经营活动。

第三十条 住宅区内车辆停放的管理，应接受公安等部门的统一指导和监督。

进入住宅区的车辆应按规定停放在停车场或设置有停车标志的场所。

物业管理公司应与车主明确车辆保管关系或车位有偿使用关系，并按有关规定收取相应的保管费或车位使用费。

第三十一条 物业管理公司对住宅区的管理未能达到市住宅主管部门和委托管理合同规定的标准，或者违反委托管理合同规定的，业主委员会或委托方可以终止合同。

因管理、维修、养护不善，造成业主损失的，物业管理公司应当赔偿损失；违反有关法律、法规和政策规定的，由有关部门依法予以处理。

第三十二条 物业管理公司可享受国家对第三产业的优惠政策。

第四章　业主公约

第三十三条 本条例所称业主公约，是指由业主承诺的，对全体业主具有约束力的，有关业主在住宅区使用、维护物业及其管理等方面权利义务的行为守则。

第三十四条 业主公约由市住宅主管部门统一制订示范文本。业主大会可以根据本住宅区的实际情况进行修改补充，并报市住宅主管部门和区住宅主管部门备案。

业主公约应当符合法律、法规、政府有关规定和土地使用权出让合同的规定。

第三十五条 业主公约应当包括下列内容：

（一）住宅区名称、地点、面积及户数；

（二）公共场所及公用设施状况；

（三）业主大会的召集程序及决定住宅区重大事项的方式；

（四）业主使用其住宅和住宅区内公共场所及公用设施的权益；

（五）业主参与住宅区物业管理的权利；

（六）业主对业主委员会及物业管理公司的监督权；

（七）住宅区物业各项维修、养护和管理费用的缴交；

（八）业主在本住宅区内应遵守的行为准则；

（九）违反业主公约的责任；

（十）其他有关事项。

第三十六条　业主公约在住宅区入住率达到百分之三十后，经已入住业主中持有过半数以上投票权的业主签订后生效。已生效的业主公约对本住宅区所有业主和非业主使用人具有约束力。

业主入住时物业管理公司应组织业主签订业主公约，不组织业主签订业主公约的，市、区住宅主管部门有权予以纠正。

第五章　住宅区的使用及维护

第三十七条　移交住宅区时，开发建设单位应当向业主委员会移交下列住宅区工程建设资料：

（一）住宅区规划图、竣工总平面图；

（二）单体建筑、结构、设备竣工图；

（三）地下管网竣工图；

（四）其他必要的资料。

开发建设单位应按规划或合同的约定完成住宅区相关配套设施的建设。

第三十八条　业主、承租人和其他非业主使用人使用房屋应当遵守下列规定：

（一）未经市政府有关部门批准，不得改变房屋结构、外貌和用途；

（二）不得对房屋的内外承重墙、梁、柱、楼板、阳台、天台、屋面及通道进行违章凿、拆、搭、占；

（三）不得堆放易燃、易爆、剧毒、放射性等物品，但自用生活性燃料除外；

（四）不得利用房屋从事危害公共利益的活动；

（五）不得侵害他人的正当权益。

第三十九条　房屋的维修责任，按下列规定划分：

（一）室内部分，由业主负责维修；

（二）房屋的外墙面、楼梯间、通道、屋面、上下水管道、公用水箱、加压水泵、电梯、机电设备、公用天线和消防设施等房屋本体公用设施，由物业管理公司组织定期养护和维修，其费用从住宅维修基金中支出。

住宅维修基金由业主按规定分摊，分期缴纳，由住宅区管理处以房屋本体为单位设立专账代管，用于房屋本体公用设施的维修养护，不得挪作他用。

第四十条 住宅区的道路、路灯、沟渠、池、井、绿化、娱乐场所、停车场、连廊、自行车房（棚）等住宅区公用设施由物业管理公司统一管理维修养护。管理维修养护费用从管理服务费中支出。

人为造成公用设施损坏的，由损坏者负责修复；造成损失的，应当赔偿损失。

第四十一条 住宅区的水、电、煤气、通讯等管线的维修养护，由有关供水、供电、供气及通讯单位负责，维修养护费用由有关业务单位支付。

第四十二条 业主、承租人、非业主使用人和物业管理公司应当维护房屋外观整洁、统一。

业主委员会根据房屋的状况决定修缮、粉刷。但房屋的天面和外墙应当每十年至少修缮、粉刷一次，房屋的空调架、防盗网等外观设施应当每三年至少粉刷一次，楼梯间的墙面、台阶、扶手等设施应当每五年至少修缮、粉刷一次；期限届满、确实不需要修缮或粉刷的，业主委员会可向市、区住宅主管部门申请延期修缮或粉刷；经市、区住宅主管部门同意，可以延期。

前款所需费用，除房屋的外观设施由业主或承租人承担外，其他费用从住宅维修基金中支付。住宅维修基金的使用明细表，物业管理公司应向业主公布。

第四十三条 房屋及其附属设施或住宅区公用设施，可能危害房屋安全或公共安全的，应当及时修缮；应由业主修缮的，其费用由业主承担；应由物业管理公司修缮的，其费用由物业管理公司承担。

前款费用的支付来源及使用明细表，应向业主公布。

第四十四条 住宅区内禁止下列行为：

（一）践踏、占用绿化地；

（二）占用楼梯间、通道、屋面、平台、道路、停车场、自行车房（棚）等公用设施而影响其正常使用功能；

（三）乱抛垃圾、杂物；

（四）影响市容观瞻的乱搭、乱贴、乱挂等；

（五）损毁、涂划园林艺术雕塑；

（六）聚众喧闹；

（七）随意停放车辆和鸣喇叭；

（八）发出超出规定标准的噪音；

（九）排放有毒、有害物质；

（七）经营业主公约所禁止的行业；

（十一）法律、法规及市政府规定禁止的其他行为。

第六章　住宅区专用基金与专用房屋

第四十五条　开发建设单位应在住宅区移交时，按住宅区除地价以外的建设总投资百分之二的比例，一次性向业主委员会划拨住宅区的公用设施专用基金。

公用设施专用基金用于购买管理用房和住宅区公用设施的重大维修工程项目。

第四十六条　公用设施专用基金由区住宅主管部门设立专账管理。区住宅主管部门对业主委员会正常使用公用设施专用基金不得干涉。

公用设施专用基金管理办法由市政府制定。

第四十七条　开发建设单位应在移交住宅区时，按市政府有关规定以建造成本价提供住宅区物业管理用房，其产权属该住宅区全体业主共有。

第四十八条　开发建设单位应在移交住宅区时，按市政府规定的比例以同期市政府微利房价格提供部分商业用房，该商业用房的产权属该住宅区全体业主共有。

上述商业用房的购置费用可由公用设施专用基金中垫支，并从该商业用房的经营收入中回收。

上述商业用房、按规定提供的物业管理用房、住宅区公用设施专用基金以及住宅区内其他产权属于全体业主共有的公用配套设施、设备和场地，均由物业管理公司按委托管理合同经营，其收入用于补充住宅区的管理服务费。

第四十九条　本条例施行前移交使用的住宅区，未按规划设计要求建设的，开发建设单位应当按市政府规划建设主管部门规定的时间完成全部工程项目；未按深圳市规划标准设计或者缺少便民服务网点的，由市政府规划建设主管部门和原开发建设单位予以配套完善或补建。

第五十条 住宅区的公用设施专用基金、住宅维修基金和管理服务费的收支账目，业主委员会应至少每三个月公布一次，接受业主的监督。

委托管理合同终止后，业主委员会和物业管理公司可以共同委托会计师事务所对住宅维修基金和管理服务费的使用明细表和收支明细账目进行审计，所需费用由管理费中支出。审计报告应向业主公布。

业主对住宅维修基金和管理服务费的使用有异议的，可以要求业主委员会向物业管理公司咨询并查阅收支总表，物业管理公司应提供完备的资料并详细说明。

第七章 法律责任

第五十一条 业主、非业主使用人违反业主公约，应当承担相应的民事责任。对违反业主公约造成他人安全或利益受到侵害的，业主委员会或者相关的业主、非业主使用人可以向人民法院提起民事诉讼。

未缴纳物业管理服务费、住宅维修基金和物业委托管理合同约定的其他费用的，物业管理公司可要求有关业主限期缴纳；逾期不缴纳的，可按日加收应缴纳费用万分之五的滞纳金，并可按业主公约和物业委托管理合同的规定进行催交；连续六个月不缴纳的，可向人民法院申请追交。

物业管理公司违反物业委托管理合同的约定，应当承担相应的违约责任；造成损失的，应当承担赔偿责任。

第五十二条 业主大会、业主委员会违反本条例第二十二条规定的，市、区住宅主管部门应当责令限期改正或撤销其决定，并通告全体业主。

第五十三条 违反本条例第二十四条规定，未取得物业管理资质证书而从事住宅区物业管理业务或者所管理物业与所持资质证书等级不相符的，市、区住宅主管部门应当责令其停止违法行为，没收违法所得，并可处以五千元以上两万元以下的罚款。

第五十四条 物业管理公司违反本条例规定，有下列行为之一的，业主委员会有权予以制止并限期改正；逾期不改正的，业主委员会可以终止委托管理合同；市住宅主管部门和有关行政主管部门应当责令其限期改正，并可处以三千元以上一万元以下的罚款；情节严重的，市住宅主管部门可以降低其物业管理资质等级，直至吊销资质证书，并可建议工商行政管理部门依法注销其物业管理的经营项目：

（一）擅自扩大收费范围、提高收费标准的；

（二）改变公用设施专用基金和住宅维修基金的用途，或未按规定定期公布收支账目的；

（三）改变专用房屋的用途，未按规定使用的；

（四）管理制度不健全、管理混乱，造成对住宅区的房屋管理、维修、养护不善，经市、区住宅主管部门认定应当予以处罚的。

第五十五条 开发建设单位违反本条例第三十七条、第四十五条、第四十八条、第四十九条规定的，市、区住宅主管部门应当责令其限期履行；逾期不履行的，可按应交款项逾期的时间处以每日千分之三的罚款；情节严重的，经市、区住宅主管部门认定，市政府规划国土行政主管部门应当暂停其房地产开发资质。

第五十六条 业主委员会、业主、非业主使用人或其他单位、个人违反本条例规定，按照下列规定予以处罚：

（一）违反本条例第二十条第（三）项规定，擅自进行经营活动的，市、区住宅主管部门应当责令限期改正，可以并处三千元以上一万元以下的罚款；

（二）违反本条例第三十八条规定的，市、区住宅主管部门应当责令限期改正，恢复原状，可以并处一千元以上五千元以下的罚款；

（三）违反本条例第四十二条第二款、第四十三条规定的，市、区住宅主管部门应当责令其限期修缮或粉刷；逾期拒不修缮或粉刷的，可处以三千元以上五千元以下的罚款；

（四）违反本条例第四十四条规定的，市、区住宅主管部门应当责令其限期改正，可以并处一百元以上两千元以下的罚款。

第八章 附 则

第五十七条 市政府可根据本条例制定实施细则。

第五十八条 写字楼、商住楼等物业的管理可参照本条例执行。

第五十九条 本条例自 1994 年 11 月 1 日起施行。

第六十条 本条例实施前已建成的住宅区的整治改造办法由市政府另行制定。

《海南省住宅区物业管理条例》

第一章　总　则

第一条　为加强物业管理，提高物业管理的服务水平，规范物业管理行为，维护业主、使用人和物业管理公司的合法权益，提供整洁、文明、舒适、安全的居住环境，根据国家有关法律、法规，结合本省实际，制定本条例。

第二条　本条例适用于本省行政区域内住宅区的物业管理。

本条例所称物业，是指已竣工并交付使用的住宅及其附属的设施、设备和场地。

本条例所称物业管理，是指业主组成业主委员会对其物业的共有部分和共同事务委托物业管理公司进行专业管理的活动。

本条例所称业主，是指物业的所有权人。

本条例所称使用人，是指物业的承租人和业主之外的其他实际使用物业的人。

本条例所称物业管理公司，是指依法设立的从事物业管理服务的企业法人。

第三条　物业管理实行业主自治管理与物业管理公司专业管理相结合的管理模式。

第四条　省人民政府建设行政主管部门对全省的物业管理进行管理、监督和指导。

各市、县、自治县人民政府确定的物业管理行政主管部门对本行政区域内的物业管理进行管理、监督和指导。

第二章　业主自治管理

第五条　业主通过业主大会及其选举产生的业主委员会对所属住宅区物业实行自治管理。

市、县、自治县物业管理行政主管部门可以按照住宅与其附属的共用设施、设备和场地的相关情况具体划定物业管理区域的范围。

第六条 业主享有对住宅区物业共有部分和共同事务进行管理的权利,并承担相应的义务。

业主享有下列权利:

(一)参加业主大会;

(二)选举和被选举业主委员会成员;

(三)表决通过业主公约、业主委员会章程和其他有关物业管理的重大事项;

(四)监督业主委员会和物业管理公司的工作。

业主履行下列义务:

(一)执行业主大会和业主委员会的决议、决定;

(二)遵守业主公约和有关住宅区物业管理的规定;

(三)按照合同约定缴纳物业管理费、水电费和维修基金等费用。

第七条 房屋已交付使用且出售房屋建筑面积达到50%以上的,售房单位应当在30日内向所在地物业管理行政主管部门报告,并在物业管理行政主管部门指导下组织召开首次业主大会,选举产生业主委员会。

具备成立业主委员会条件而3个月内没有成立的,物业管理行政主管部门应当在具备条件的6个月内组织召开首次业主大会,选举产生业主委员会。

第八条 业主大会是住宅区物业管理的最高决策机构。业主大会行使下列职权:

(一)选举、罢免业主委员会成员;

(二)制定或修改业主公约和业主委员会章程;

(三)批准或终止物业管理委托合同;

(四)监督业主委员会的工作,听取和审议业主委员会的工作报告;

(五)决定与业主利益相关的物业管理方面的重大事项;

(六)改变或撤销业主委员会不适当的决定。

第九条 业主大会由全体业主组成。

业主大会必须有持过半数投票权的业主(或委托代理人)出席才能举行。

业主大会选举业主委员会和通过业主公约、业主委员会章程及决定其他重大事项,必须经过全体业主所持票数过半数通过。决定其他事项必须经过出席大会的业主所持票数过半数通过。

业主所持票数按其拥有的房屋建筑面积计算。建筑面积每10平方米为1票,5平方米以上不足10平方米的计算为1票,不足5平方米的不计票。

第十条 业主大会由业主委员会负责召集。业主大会召开7日前,业主委员会应当将会议内容及有关事项书面通知业主和使用人。

业主大会每年至少召开1次。

业主大会闭会期间,持有30%以上投票权的部分业主联名提议可以召开临时业主大会。业主委员会应当在接到该项提议后15日内召开临时业主大会。逾期不召开的,由物业管理行政主管部门组织召开。

第十一条 业主大会应当根据国家法律、法规和本条例,结合所属物业的实际,制订业主公约。

业主公约是由业主共同制订的有关物业的共有部分和共同事务管理的协议,业主公约对全体业主具有约束力。

第十二条 业主委员会委员由业主大会从业主中选举产生。业主委员会主任、副主任从委员中选举产生。业主委员会委员每届任期两年,可以连选连任。

业主委员会委员应当由热心公益事业、责任心强、能模范遵守物业管理规章制度和有一定工作能力的人员担任。

业主委员会成员一般不领取报酬。但担任专职工作的业主委员会成员或聘请的专职工作人员可以领取报酬,具体标准由业主大会决定。

第十三条 业主委员会应当自选举产生之日起15日内,持下列材料向所在地物业管理行政主管部门办理登记:

(一)业主委员会登记申请书;

(二)业主委员会章程;

(三)筹备业主委员会和召开业主大会的有关原始资料;

(四)业主委员会主任、副主任及委员名单。

物业管理行政主管部门应当自受理申请之日起15日内对符合本条例规定

的业主委员会予以登记;对不符合本条例规定的,不予登记,但应当书面通知申请人。

物业管理行政主管部门登记的日期为业主委员会成立日期。

第十四条 业主委员会是代表全体业主的合法权益,遵照业主大会的决议、决定和业主委员会的章程,对所属物业区域实施自治管理的组织。业主委员会履行下列职责:

(一)召集和主持业主大会;

(二)提出业主公约、业主委员会章程的草案或修订草案;

(三)选聘或解聘物业管理公司,签订、变更或解除物业管理委托合同;

(四)审议物业管理公司提出的本住宅区物业管理年度计划和财务收支情况;

(五)审议住宅区配套工程、重大维修工程项目及其他物业管理服务的重大措施;

(六)听取业主、使用人的意见和建议,监督、检查物业管理公司的工作;

(七)教育、督促业主和使用人遵守物业管理法律法规和业主公约;

(八)履行业主大会赋予的其他职责。

前款(二)至(五)项规定的事项必须经业主大会批准。

第十五条 业主委员会必须依照国家有关法律法规和本条例及业主委员会章程的规定行使职权,接受全体业主、使用人和物业管理行政主管部门的监督。

第十六条 业主委员会会议由业主委员会主任根据工作需要或者1/3以上委员的提议召开,但每年至少召开2次。会议必须有过半数委员出席,作出的决定必须经全体委员过半数通过,并以书面的形式由业主委员会委员签字认可,存档备查。

第十七条 业主委员会的活动经费最高不得超过同期物业管理费总额的1%,从物业管理费中支出,具体数额和使用计划由业主大会审议决定。业主委员会的活动经费包括业主大会和业主委员会会议的费用、必要的办公费用和业主委员会专职人员的报酬。

第十八条 住宅交付使用后至业主委员会成立前,对物业的管理由售房单位负责，售房单位可以聘请物业管理公司进行管理，也可以自行管理。

第三章 物业专业管理

第十九条 物业专业管理由业主委员会聘请具有资质的物业管理公司进行管理。

物业管理公司经业主委员会的聘用，可以依照国家法律法规和本条例以及物业管理委托合同的约定，对业主所属物业区域内的房屋及配套设施、设备和公共场所进行日常维护、修缮，对环境卫生、社会治安、公共秩序及其他事务进行日常管理，并为业主、使用人提供相关的服务。

第二十条 物业管理公司必须持营业执照向省物业管理行政主管部门提出申请，经确认资质等级并取得物业管理经营许可证后，方可从事物业专业管理服务活动。

物业管理公司必须按照资质等级管理的规定从事物业管理经营。

工商行政管理部门向物业管理公司核发营业执照时，应当注明持有物业管理经营许可证方可经营。

物业管理公司资质等级管理办法由省人民政府另行制定。

第二十一条 物业管理实行招标投标制度。具体办法由省物业管理行政主管部门报省人民政府批准后实施。

第二十二条 物业管理公司接受业主委员会的委托从事物业管理服务，应当参照国家制定的物业管理委托合同示范文本与委托方签订物业管理委托合同，明确双方的权利义务关系。

物业管理委托合同应当自生效之日起30日内由物业管理公司报所在地物业管理行政主管部门备案。

第二十三条 普通住宅物业管理收费，应当遵循公平、合理、公开的原则。物业管理收费应当与物业管理服务水平相适应。

普通住宅及普通住宅中未售出空置房屋的物业管理费，实行政府指导价，以业主的房屋建筑面积计算，具体标准由省价格主管部门会同省物业管理行政主管部门按照物业的类型、服务项目和服务标准分类制定。

政府制定物业管理费指导价应当实行听证会制度。

高档住宅的物业管理服务收费标准通过招标投标确定。

为业主、使用人个别需求提供特约服务的服务收费，由物业管理公司与业主、使用人协商议定。

第二十四条 物业管理的服务项目主要包括绿化、清洁、保安、公共设施设备的日常运行和保养等。物业管理公司和业主委员会可以就以上项目的部分或全部以及其他双方约定的服务项目签订物业管理委托合同。

普通住宅物业管理费收取的具体标准由业主委员会与物业管理公司根据政府指导价规定的幅度在物业管理委托合同中约定，并报所在地价格主管部门备案。未成立业主委员会的住宅区，普通住宅物业管理收费不得超过政府指导价的基准价标准。

第二十五条 住宅物业管理费的费用构成按照国家和本省的有关规定执行。

第二十六条 物业管理费由物业管理公司按照物业管理委托合同的约定向业主逐月收取。

物业管理公司应当每半年公布一次物业管理费的收支账目，接受业主、使用人的监督。

物业管理费的收费项目、收费标准等应当向业主、使用人公开并加以说明，业主和使用人有权查询。

第二十七条 已按照本条例规定向业主收取物业管理费的，任何单位和个人不得再向业主收取性质和内容相同的费用。

物业管理公司不得擅自提高收费标准，增加收费项目，扩大收费范围。

未经业主、使用人的同意，物业管理公司自行提供服务的，业主、使用人有权拒绝支付服务费用。

第二十八条 业主共有的公用设施、设备、场地以及房屋，可以由业主委员会委托物业管理公司经营，其收益归全体业主共有，并入维修基金。

第二十九条 物业管理公司应当在物业管理委托合同终止或解除后的10日内，向业主委员会办理以下移交手续：

（一）移交维修基金、预交的物业管理费和结余的维修养护费；

（二）移交维修基金账册、财务账目清单及其他物业档案资料；

（三）移交业主共有的物业管理用房、经营用房、场地和其他财物。

业主委员会应当在终止或解除物业管理委托合同后的10日内报所在地物业管理主管部门备案。

第三十条 物业必须经综合验收合格后，方可将物业管理权移交给业主委员会。分期建设的，配套设施满足使用功能要求时，经分期验收合格的，可以移交物业管理权。综合验收或分期验收不合格的，业主委员会有权拒绝接受物业管理权，售房单位必须继续承担物业管理费用。

第三十一条 售房单位向业主委员会移交物业管理权时，业主委员会和物业管理公司应当按照国家有关规定做好物业的接管验收工作。售房单位及有关单位对接管验收中所提意见应当及时处理。

第三十二条 售房单位在物业综合验收或分期验收时，应当向业主委员会提供物业管理用房，其产权属全体业主共有。尚未成立业主委员会的，由所在地物业管理行政主管部门代为接收。未提供房屋的，售房单位应当提供与管理用房等价的房款。

物业管理用房的面积按验收的总建筑面积的1‰计算，但最小不得少于30平方米。

第三十三条 售房单位向业主委员会移交物业管理权时，应当将属于全体业主共有的房屋及其他财产，以及下列所涉及的物业文件资料同时移交：

（一）物业建设项目的各项批准文件；

（二）项目工程规划图、总平面图、单位工程竣工图和公用设施设备竣工图；

（三）单位工程竣工验收资料和物业综合验收或分期验收资料；

（四）其他必要资料。

第四章 物业的使用

第三十四条 业主、使用人应当遵守法律、法规和业主公约的规定，爱护和正确使用住宅区物业，正确处理供水、排水、通行、通风、采光、维修、环境卫生、环境保护等方面的相邻关系。

第三十五条 业主对自有房屋进行装饰、装修，应当遵守国家有关规定和业主公约，对可能影响他人生活，危及他人安全、损害他人利益的，应当事先告知物业管理公司。物业管理公司应当将国家有关规定和注意事项告知业主或使用人。

凡涉及拆改房屋主体结构或明显加大房屋荷载的装饰装修工程,业主或使用人必须按照国家有关规定报经有关主管部门批准。因违反国家规定,装饰装修不当造成他人人身财产损害的,业主或使用人应当依法承担法律责任。

第三十六条 任何单位和个人不得改变物业区域内按照规划建设的市政公用基础设施和公共配套设施的使用性质,不得占用物业区域内的道路、场地。

第三十七条 物业管理公司应当建立健全物业区域治安管理制度。因物业管理公司没有建立健全治安管理制度或保安人员违反保安岗位责任制度,造成业主或使用人损失的,物业管理公司应当承担相应的法律责任。

第三十八条 由物业管理公司管理的停车场,物业管理公司应当与区域内的车主签订车辆停放管理协议,明确车辆停放管理的责任关系和收费关系。

车辆停放管理的收费标准由省价格主管部门统一制定。

第三十九条 业主转让或出租房屋时,应当自合同签订之日起15日内,将双方在物业管理方面的约定书面告知物业管理公司。

第四十条 住宅区内业主或使用人的用水、用电,应当分户装表,供水、供电企业收费应当直接抄表到户。

水、电收费应当按照有关规定和法定计量器具计量收费。住宅区实行二次供水或停电时自行发电的,水费和电费相应增加该部分的成本费用,并向业主和使用人公开,接受业主、使用人和业主委员会的监督。

第五章　物业的维修

第四十一条 住宅区依法设立维修基金。维修基金专项用于物业共用部位、共用设施,设备保修期满后的大修、更新、改造。

第四十二条 商品住房在销售时,购房者与售房单位应当签订有关维修基金缴交约定。维修基金由售房单位在售房时向购房者一次性代为收取。多层楼房、别墅一般按照购房款2%的比例收取;高层楼房及多层带电梯楼房一般按照购房款3%的比例收取。所收维修基金不计入销售成本。

公有住房、职工集资建房和政府安居工程的维修基金的筹集、使用和管理办法由省人民政府另行制定。

第四十三条 售房单位应当在为业主办理房屋产权证书之前，将代收的维修基金移交给所在地物业管理行政主管部门代管。条件具备的小区，经业主委员会提交业主大会决定，可以将维修基金交给业主委员会或物业管理公司代管。

维修基金由物业管理行政主管部门代管的，物业管理行政主管部门不得干涉维修基金的正常使用。

第四十四条 维修基金归全体业主共有，设立专账管理，专款专用，定期接受业主和业主委员会的检查与监督。

维修基金明细户一般按照单幢房屋设置。

第四十五条 维修基金的使用，由物业管理公司提出年度使用计划，经业主委员会审核、业主大会批准后实施。

维修基金不足时，应当按照业主委员会的决定和所拥有的房屋建筑面积比例，缴纳物业维修基金。

第四十六条 物业维修、更新、改造的费用，按照下列规定承担：

(一)业主自用部位、自用设施、设备的维修、更新、改造费用，由业主自行承担；

(二)物业共用部位、共用设施设备的大修、更新、改造费用，由各幢房屋的业主按照其占有的房屋建筑面积比例分摊。依照本条例设立维修基金的，在维修基金中列支；

物业共用部位、共用设施设备属人为损坏的，其维修、更新费用由责任人承担。

(三)住宅区的水、电、煤气、通讯及有线电视等管线的维修养护，由有关供水、供电、供气、通讯、有线电视等单位负责，维修养护费用由有关业务单位承担。

第四十七条 物业共用部位、共用设施设备进行维修时，相关业主或使用人应当提供便利，予以配合。

第六章 法律责任

第四十八条 物业管理公司违反本条例第二十条第一、二款规定，未取得物业管理经营许可证从事物业管理经营的,或者所经营物业与其资质等级不相符合的,由物业管理行政主管部门责令停止经营,没收违法所得,并可处以5000元以上20000元以下的罚款;情节严重的,降低其资质等级,直至吊销其物业管理经营许可证。

第四十九条 物业管理公司违反本条例第二十七条第一、二款规定及物业管理委托合同,重复收费、超标准收费或者擅自增加收费项目、扩大收费范围的,由价格主管部门责令改正,并可依照有关法律法规的规定进行处罚。

第五十条 物业管理公司违反本条例第二十九条规定,售房单位违反本条例第三十三条规定,拒不移交有关财产或资料的,由物业管理行政主管部门责令其交出,经责令仍拒不交出的,物业管理行政主管部门可以追缴,并处以5000元以上20000元以下的罚款。

第五十一条 售房单位违反本条例第三十二条规定,不提交物业管理用房,也不缴纳等价房款的,由物业管理行政主管部门责令其提交,并可处以10000元以上30000元以下的罚款。

第五十二条 业主违反本条例和物业管理委托合同,不按照约定缴纳物业管理费的,物业管理公司可以依照合同约定收取违约金或滞纳金;合同没有约定的,可以在追缴期限届满后每日加收1‰的滞纳金。物业管理公司可以依法向人民法院申请支付令或者起诉。

第五十三条 业主、使用人违反本条例和业主公约规定的,物业管理公司有权予以制止,要求其限期改正或提请有关部门处理;造成损失的,责任人应当依法承担相应的法律责任。

第五十四条 售房单位、物业管理公司或业主委员会挪用维修基金的,由物业管理行政主管部门追回挪用款项,没收违法所得;售房单位、物业管理公司挪用造成损失的,必须依法承担民事责任;物业管理行政主管部门工作人员挪用的,给予行政处分;构成犯罪的,依法追究刑事责任。

第五十五条 业主、使用人、业主委员会、售房单位及物业管理公司之间因物业管理发生纠纷的,可以向物业管理行政主管部门申请调解,也可以依法申请仲裁或向人民法院起诉。

当事人对行政处罚不服的,可以依照《行政复议法》和《行政诉讼法》的规定申请复议或向人民法院起诉。

第七章 附 则

第五十六条 本条例中有关专业用语的含义为:

(一)自用部位,是指业主所购房屋内部,由业主自用的卧室、客厅、厨房、卫生间、阳台、天井、庭园及室内墙面、天花板、地面等部位;

(二)自用设施设备,是指业主所购房屋内部,由业主自用的门窗、卫生洁具以及通向总管的供水、排水、燃气管道、电线等设施设备;

(三)共用部位,是指一幢房屋内由该幢房屋的业主共同使用的门厅、楼梯间、走廊通道、天井、房屋承重结构(包括基础、承重墙体、梁、柱、屋顶等)、室外墙面等部位。

(四)共用设施设备,是指物业区域内或单幢房屋内,建设费用已分摊进入住房销售价格的共用的上下水管道、落水管、水箱、加压水泵、电梯、天线、供电线路、照明、煤气线路、消防设施、绿地、道路、路灯、沟、渠、池、井、非经营性车场车库、公益性文体设施和共用设施设备使用的房屋等。

第五十七条 写字楼及工业、商业用房等实行物业管理的,可参照本条例执行。

第五十八条 省人民政府可以根据本条例制定实施细则。

第五十九条 本条例具体应用的问题由省人民政府解释。

第六十条 本条例自 2000 年 1 月 1 日起施行,《海南经济特区城镇住宅区物业管理规定》同时废止。

《住宅共用部位、共用设施设备维修基金管理办法》

第一条 为了贯彻落实《国务院关于进一步深化城镇住房制度改革加快住房建设的通知》(国发〔1998〕23号),保障住房售后的维修管理,维护住房产权人和使用人的共同利益,制定本办法。

第二条 在直辖市、市、建制镇和未设镇建制的工矿区范围内,新建商品住房(包括经济适用住房,以下简称商品住房)和公有住房出售后的共用部位、共用设施设备维修基金的管理,均适用本办法。

本办法所称公有住房是指在住房制度改革和拆迁安置中向个人出售的公有住房。

第三条 本办法所称共用部位是指住宅主体承重结构部位(包括基础、内外承重墙体、柱、梁、楼板、屋顶等)、户外墙面、门厅、楼梯间、走廊通道等。

共用设施设备是指住宅小区或单幢住宅内,建设费用已分摊进入住房销售价格的共用的上下水管道、落水管、水箱、加压水泵、电梯、天线、供电线、照明、锅炉、暖气线路、煤气线路、消防设施、绿地、道路、路灯、沟渠、池、井、非经营性车场车库、公益性文体设施和共用设施设备使用的房屋等。

第四条 凡商品住房和公有住房出售后都应当建立住宅共用部位、共用设施设备维修基金(以下简称维修基金)。

维修基金的使用执行《物业管理企业财务管理规定》(财政部财基字〔1998〕7号),专项用于住宅共用部位、共用设施设备保修期满后的大修、更新、改造。

第五条 商品住房在销售时,购房者与售房单位应当签订有关维修基金缴交约定。购房者应当按购房款2%～3%的比例向售房单位缴交维修基金。售房单位代为收取的维修基金属全体业主共同所有,不计入住宅销售收入。

维修基金收取比例由省、自治区、直辖市人民政府房地产行政主管部门确定。

第六条 公有住房售后的维修基金来源于两部分:

（一）售房单位按照一定比例从售房款中提取，原则上多层住宅不低于售房款的20%，高层住宅不低于售房款的30%。该部分基金属售房单位所有。

（二）购房者按购房款2%的比例向售房单位缴交维修基金。售房单位代为收取的维修基金属全体业主共同所有，不计入住宅销售收入。

公有住房售后维修基金管理与使用的具体办法，由市、县财政部门和房地产行政主管部门共同制定，经当地人民政府批准后实施。

第七条 维修基金应当在银行专户存储，专款专用。为了保证维修基金的安全，维修基金闲置时，除可用于购买国债或者用于法律、法规规定的其他范围外，严禁挪作他用。

维修基金明细户一般按单幢住宅设置，具体办法由市、县房地产行政主管部门制定。

第八条 维修基金自存入维修基金专户之日起按规定计息。维修基金利息净收益转作维修基金滚存使用和管理。

第九条 在业主办理房屋权属证书时，商品住房销售单位应当将代收的维修基金移交给当地房地产行政主管部门代管。

第十条 业主委员会成立后，经业主委员会同意，房地产行政主管部门将维修基金移交给物业管理企业代管。物业管理企业代管的维修基金，应当定期接受业主委员会的检查与监督。

第十一条 业主委员会成立前，维修基金的使用由售房单位或售房单位委托的管理单位提出使用计划，经当地房地产行政主管部门审核后划拨。业主委员会成立后，维修基金的使用由物业管理企业提出年度使用计划，经业主委员会审定后实施。

维修基金不敷使用时，经当地房地产行政主管部门或业主委员会研究决定，按业主占有的住宅建设面积比例向业主续筹。具体办法由市、县人民政府制定。

第十二条 物业管理企业发生变换时，代管的维修基金账目经业主委员会审核无误后，应当办理账户转移手续。账户转移手续应当自双方签字盖章之日起10日内送当地房地产行政主管部门和业主委员会备案。

第十三条 业主转让房屋所有权时，结余维修基金不予退还，随房屋所有权同时过户。

第十四条 因房屋拆迁或者其他原因造成住房灭失的，维修基金代管单位应当将维修基金账面余额按业主个人缴交比例退还给业主。

第十五条 各级房地产行政主管部门和财政部门负责指导、协调、监督维修基金的管理与使用。

市、县财政部门和房地产行政主管部门应当制定维修基金使用计划报批管理制度、财务预决算管理制度、审计监督制度以及业主的查询和对账制度等。

第十六条 业主或使用人、物业管理企业、开发建设单位之间就维修基金发生纠纷的，当事人可以通过协商、协调解决，协商、协调不成的，可以依法向仲裁机关申请仲裁，或者向人民法院起诉。

第十七条 公有住房售房单位未按照本办法规定足额提取维修基金的，财政部门和房地产行政主管部门应当责令其限期补提维修基金本息；逾期仍不足额提取的，应当处以自应提取之日起未提取额每日万分之三的罚款。

第十八条 维修基金代管单位违反本办法规定，挪用维修基金或者造成维修基金损失的，由当地财政部门和房地产行政主管部门按规定进行处理。情节严重的，应追究直接责任人员和领导人员的行政责任；构成犯罪的，应依法追究刑事责任。

第十九条 本办法实施前，商品住房和公有住房出售后未建立维修基金或维修基金的建立标准低于本办法规定的，当地房地产行政主管部门和财政部门应当按照本办法规定制定建立或补充维修基金的具体办法。

第二十条 公有住房出售后维修基金的财务管理按照财政部的有关规定执行。

第二十一条 省、自治区、直辖市人民政府房地产行政主管部门会同财政部门可以根据本办法制定实施细则。

第二十二条 非住宅商品房维修基金的管理可以参照本办法执行。

第二十三条 本办法由建设部负责解释。

第二十四条 本办法自1999年1月1日起实行。原有的有关政策和规定，凡与本办法不一致的，一律以本办法为准。